法文化（歴史・比較・情報）叢書 ㉑

革命と戦争

遠藤泰弘・坂井大輔 編

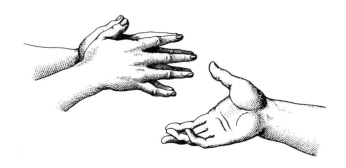

国際書院

Law and Culture Series　㉑

Revolution and War

by

Yasuhiro Endo and Daisuke Sakai（ed.）

Copyright © 2025 by Society for the Study of Legal Culture

ISBN978-4-87791-331-1 C3032 Printed in Japan

叢書刊行にあたって

法文化学会理事長　真　田　芳　憲

　世紀末の現在から 20 世紀全体を振り返ってみますと、世界が大きく変わりつつある、という印象を強く受けます。20 世紀は、自律的で自己完結的な国家、主権を絶対視する西欧的国民国家主導の時代でした。列強は、それぞれ政治、経済の分野で勢力を競い合い、結局、自らの生存をかけて二度にわたる大規模な戦争をおこしました。法もまた、当然のように、それぞれの国で完全に完結した体系とみなされました。学問的にもそれを自明とする解釈学が主流で、法を歴史的、文化的に理解しようとする試みですら、その完結した体系に連なる、一国の法や法文化の歴史に限定されがちでした。

　しかし、21 世紀をむかえるいま、国民国家は国際社会という枠組みに強く拘束され、諸国家は協調と相互依存への道を歩んでいます。経済や政治のグローバル化と EU の成立は、その動きをさらに強めているようです。しかも、その一方で、ベルリンの壁とソ連の崩壊は、資本主義と社会主義という冷戦構造を解体し、その対立のなかで抑えこまれていた、民族紛争や宗教的対立を顕在化させることになりました。国家はもはや、民族と信仰の上にたって、内部対立を越える高い価値を体現するものではなくなりました。少なくとも、なくなりつつあります。むしろ、民族や信仰が国家の枠を越えた広いつながりをもち、文化や文明という概念に大きな意味を与え始めています。その動きを強く意識して、「文明の衝突」への危惧の念が語られたのもつい最近のことです。

　いま、19・20 世紀型国民国家の完結性と普遍性への信仰は大きく揺るぎ、その信仰と固く結びついた西欧中心主義的な歴史観は反省を迫られています。すべてが国民国家に流れ込むという立場、すべてを国民国家から理解するというこれまでの思考形態では、この現代と未来を捉えることはもはや不

可能ではないでしょうか。21世紀を前にして、私たちは、政治的な国家という単位や枠組みでは捉え切れない、民族と宗教、文明と文化、地域と世界、そしてそれらの法・文化・経済的な交流と対立に視座を据えた研究に向かわなければなりません。

このことが、法システムとその認識形態である法観念に関しても適合することはいうまでもありません。国民国家的法システムと法観念を歴史的にも地域的にも相対化し、過去と現在と未来、欧米とアジアと日本、イスラム世界やアフリカなどの非欧米地域の法とそのあり方、諸地域や諸文化、諸文明の法と法観念の対立と交流を総合的に考察することは、21世紀の研究にとって不可欠の課題と思われます。この作業は、対象の広がりからみても、非常に大掛かりなものとならざるをえません。一人一人の研究者が個別的に試みるだけではとうてい十分ではないでしょう。問題関心を共有する人々が集い、多角的に議論、検討し、その成果を発表することが必要です。いま求められているのは、そのための場なのです。

そのような思いから、法を国家的実定法の狭い枠にとどめず、法文化という、地域や集団の歴史的過去や文化構造を含み込む概念を基軸とした研究交流の場として設立されたのが、法文化学会です。

私たちが目指している法文化研究の基礎視角は、一言でいえば、「法のクロノトポス（時空）」的研究です。それは、各時代・各地域の時空に視点を据えて、法文化の時間的、空間的個性に注目するものです。この時空的研究は、歴史的かつ比較的に行われますが、言葉や態度の表現や意味、交流や通信という情報的視点からのアプローチも重視します。また、この研究は、未来に開かれた現代という時空において展開される、たとえば環境問題や企業法務などの実務的分野が直面している先端的な法文化現象も考察と議論の対象とします。この意味において、法文化学会は、学術的であると同時に実務にとっても有益な、法文化の総合的研究を目的とします。

法文化学会は、この「法文化の総合的研究」の成果を、叢書『法文化―歴史・比較・情報』によって発信することにしました。これは、学会誌ですが

学術雑誌ではなく、あくまで特定のテーマを主題とする研究書です。学会の共通テーマに関する成果を叢書のなかの一冊として発表していく、というのが本叢書の趣旨です。編者もまた、そのテーマごとに最もそれにふさわしい研究者に委ねることにしました。テーマは学会員から公募します。私たちは、このような形をとることによって、本叢書が21世紀の幕開けにふさわしいものになることを願い、かつ確信しております。

　最後に、非常に厳しい出版事情のもとにありながら、このような企画に全面的に協力してくださることになった国際書院社長の石井彰氏にお礼を申し上げます。

1999 年 9 月 14 日

革命と戦争

目　次

はしがき………………………………………………坂井大輔　11

第1章　ヨーロッパ法史における三つの革命と戦争の法………山内　進　15

第2章　近世後期ドイツにおける「自然法的」軍法論…………北谷昌大　65
　　　　——クリスティアン・ヴォルフおよびその影響に注目して

第3章　革命前夜のドイツにおける軍人の常備軍論……………鈴木直志　99
　　　　——シャルンホルストの著作を中心に

第4章　非常事態の法的規制………………………………… 遠藤泰弘　123
　　　　——ドイツの事例から

第5章　上杉慎吉の懊悩……………………………………… 坂井大輔　139
　　　　——留学以前（1902-1906）の憲法解釈をめぐって

第6章　昭和戦前期における「国体憲法学派」再考……… 大和友紀弘　161
　　　　——里見岸雄・山崎又次郎・大谷美隆

第7章　憲法を支えるもの………………………………… 荒邦啓介　201
　　　　——変革期の憲法学と日本国憲法無効論

第8章　「戦後法学」のなかの「革命」‥‥‥‥‥‥‥‥‥‥‥‥ 出口雄一　219
　　　　──その夢と挫折

編者・執筆者一覧　254
索引　257

はしがき

坂 井 大 輔

1 本書成立の経緯

本書は、2023年10月に松山大学で開催された法文化学会研究大会のテーマ「革命と戦争」の成果を纏めたものである。研究大会当日に実施されたテーマ報告は下記の通りである。

基調講演：山内進（一橋大学名誉教授）
「ヨーロッパ史における三つの革命と戦争の法」
テーマ報告（1）：出口雄一（慶應義塾大学）
「「戦後法学」のなかの「革命」——市民革命の夢と挫折」
テーマ報告（2）：荒邦啓介（淑徳大学）
「憲法を支えるもの——変革期の憲法学」
テーマ報告（3）：鈴木直志（中央大学）
「近世ヨーロッパにおける軍事の変遷と国家・社会」
テーマ報告（4）：遠藤泰弘（松山大学）
「非常事態の法的規制——ドイツ革命の事例から」

このテーマは、会場校の遠藤泰弘氏と筆者とで企画・立案したものであっ

た。事の発端は、2022年2月以降現在に至るまで続いている、ロシアによるウクライナ侵攻である。この衝撃的な事態に直面した我々は、武力による現状変更の試みそのものを問題として捉えようと試みたのである。

　そもそも歴史を繙くならば、武力による「現状」の変更は至るところで行なわれてきた。それらは場合によっては「革命」と呼ばれるが、かと思えば武力行使を伴わない体制転換が「革命」と呼ばれることもある。近現代日本について見れば、明治「維新」が「革命」と称されることは――部分的にはあるが――一般的ではないし、敗戦という圧倒的な現実によって作り出された現体制が八月「革命」の神話によって語られ続けている。このように、「革命」と「戦争」の関係は実に多岐にわたり、容易には理解し得ないものである。しかしながら、今日眼前に起こっている事態を冷静に捉えるためには、そのような歴史的視座を欠いてはならないのではないだろうか。研究大会の直前、イスラエルによるガザ侵攻が勃発するに至って、企画担当者としては尚更その思いを強くしたのであった。

　研究大会を終えた段階で新たに3名の寄稿者を得て成立したのが本書である。編者を代表して執筆者に御礼を申し上げたい。

2　本書の構成

　本書第1章は、山内進氏の「ヨーロッパ法史における三つの革命と戦争の法」である。聖俗分離革命から近現代の武力行使に至るまでの長期にわたるヨーロッパ史の動きを概観する本章は、山内氏の法制史研究のエッセンスを凝縮したものとも言うべきものであるとともに、本書全体に対するガイドラインとしても実に有益であろう。

　続く第2章は北谷昌大氏による「近世後期ドイツにおける「自然法的」軍法論――クリスティアン・ヴォルフおよびその影響に注目して」である。第1章でも取りあげられるグロティウス『戦争と平和の法』から分離された国内法としての軍法が、ヴォルフの影響の元に「自然法的」に形成されてい

く過程を、北谷氏はここで詳細に論じている。軍法は現在の日本では話題に上りにくいが、その重要性を垣間見ることのできる一篇である。

第3章は、近世・近代ドイツの軍事史を専門とする鈴木直志氏による「革命前夜のドイツにおける軍人の常備軍論 —— シャルンホルストの著作を中心に」である。鈴木氏によれば、近世常備軍に対する啓蒙知識人たちの批判は、当時の常備軍の実態を正確に述べていない可能性がある。それを証するのが、本章に登場するシャルンホルストである。軍人の立場から啓蒙知識人流の常備軍批判に反論したシャルンホルストの議論は、例えば軍隊の貧困対策としての側面などについて、その現実を我々に示してくれるものである。

本書の編者の1人である遠藤泰弘氏が、続く第4章「非常事態の法的規制 —— ドイツの事例から」を担当した。遠藤氏は本章において、ヴァイマル憲法48条に規定された非常権限について、カール・シュミットの未公刊資料を用いて分析している。そこに示されているのは、48条の内容として「法律に代わる命令権」を容認するに至ったシュミットの改説の痕跡である。戦争や革命といった例外状態における政治権力の制御という問題の困難さを改めて示すものと言えよう。

前半の4章はヨーロッパ史についての論考であった。後半となる5章以下には、近現代日本についての論考が集まっており、とりわけ憲法史ないし法学史に焦点を当てている。第5章は筆者による「上杉慎吉の懊悩 —— 留学以前(1902-1906)の憲法解釈をめぐって」である。筆者は研究大会の企画および本書の編集を担っているが、（私事に言及して恐縮だが）研究大会当日は学会事務局代表として運営に従事しており、報告の機会を持たなかった。本章は穂積八束と若き日の上杉慎吉が憲法解釈においていかなる対立を見せたか、についてその概略を述べたものであり、充実した諸報告に対する筆者の僅かばかりの応答である。

第6章は大和友紀弘氏による「昭和戦前期における「国体憲法学派」再考 —— 里見岸雄・山崎又次郎・大谷美隆」である。昭和戦前・戦中期の憲法学史研究において近年隆盛を見ている「国体憲法学派」という枠組みについて、

大和氏は里見・山崎・大谷それぞれの著作を丹念に読み解きながら、その差異を析出していく。「学派」としてのカテゴライズを戒め、個々の人物研究の積み上げを要求する氏の姿は、近い対象を研究している筆者にとっても背筋の伸びるものである。

荒邦啓介氏による第7章「憲法を支えるもの ——変革期の憲法学と日本国憲法無効論」は、八月革命説が流布された結果、今日ではもはや忘れ去られたとさえ言えるかもしれない「憲法無効論」についての論考である。ここに登場する井上孚麿が、八月革命説を暴力による憲法廃棄を承認するものとして批判していることは、本書全体の見地からしても実に興味深い。日本国憲法の無効を説き、由緒の正しい憲法でなければならぬと説いた彼の主張は、革命と戦争についての、我々の常識のちょうど反対側を照らしてくれるように思われるからである。

最後は、出口雄一氏による第8章「「戦後法学」のなかの「革命」——その夢と挫折」である。法学と革命との接点として冷戦終結前後に『講座・革命と法』が編まれていたことを、本書の立場からは見逃すわけにはいかない。出口氏はこの課題を引き受け、戦後におけるマルクス主義法学のあり方を『法社会学講座』『マルクス主義法学講座』にも目を配りつつ論じている。氏の「戦後法学」研究の面目躍如と言うべきであろう。

これら全8章は、それぞれがそれぞれの問題を追いつつ、しかし相互に連関もしている。本書のみによっては題名に掲げた「革命と戦争」の全容をつかむことはもちろん不可能であろう。しかし、各々の取り組みの中から、またそれらの組み合わせの中から、この問題に向き合うヒントが浮上してくるのではないか。そのような書物になるならば、編者としては望外の喜びである。

第1章　ヨーロッパ法史における三つの革命と戦争の法

山　内　　進

はじめに

　ハーバード大学ロースクール教授であったハロルド・J・バーマンに『法と革命　西洋の法的伝統の形成』という名著がある[1]。歴史のなかに革命があるように法制度史においても革命があるというのがバーマンの認識である。私も同様の観点から、ヨーロッパ法史における革命とそれが戦争の法とどう関係するか、という問題をここで考察することにしたい。

1　六つの革命と三つの革命

　バーマンの六つの革命　　バーマンによれば、欧米の法制度は「六つの革命」を経験して、現代にいたっている。その六つとは次の通りである。

・教皇革命
・ドイツ革命（宗教改革）
・イギリス革命（ピューリタン革命と名誉革命）
・アメリカ革命
・フランス革命
・ロシア革命

バーマンのいう革命とは次の特質を備えている。

①変革は根底的なもので短期間に実現し、暴力行為をともない、しかもその成果が永続的であること。

②変革の根拠がキリスト教の教義や、かつてあったとされる理想的な過去、あるいは実現されるはずの理想的な未来に求められる。

③変革期が1世代（30年）以上、続く。

④変革の結果、新しい法制度が登場する。新しく登場してきた法制度によって革命が目指していた理想を実現することが期待される。また法制度が新しく変わっても、欧米の法制度に特有の伝統は存続しなければならない。

　この考え方はおおむね適切と思われるが、革命の要素として、変革が根底的でその成果が永続的、つまり新しい法制度を生み出すというところに革命の本質を見るということであろう。バーマンは教皇革命、ドイツ革命（宗教改革）、イギリス革命（ピューリタン革命と名誉革命）、アメリカ革命、フランス革命、ロシア革命をあげており、これらは、教皇革命を除けば、歴史で一般的に挙げられる革命と合致していてわかりやすい。だが、必ずしも新しい法制度の登場と特質を彷彿させるものではない。法制度における変革ということを表現するならば、通例の革命とは異なった呼び方や区分があってもよいように思える。

　三つの革命　　法制度あるいは法思想史との関連で革命の名称を考えるとすると、どのようなものが考えられるであろうか。この関連で気になるのは、バーマンが最初に「教皇革命」という名称を提示していることである。これは他の革命とくらべると命名法が明らかに異質である。イギリスやフランスなどといった国名ではなく、教皇という革命の主体と新しい制度を彷彿させる名称をとっているからである。

　法史的意味での革命ということを表現するには、このようにある程度具体

性をもって、革命の内容を指し示す表現をとるほうが分かりやすいだろう。この観点からヨーロッパ法史における革命、とくに法制度との関連および人類史的意味において重要な革命をあげるとすると、次の三つの革命がもっとも適切ではないかと思う。

・聖俗分離革命（教皇革命、ドイツ革命）
・主権革命（オランダ革命、イギリス革命）
・人権革命（アメリカ革命、フランス革命、ロシア革命）

　括弧のなかはバーマンの類型と16、17世紀に大きな変革をみせた意義を尊重して付加したオランダ革命で、三つの革命のそれぞれについて中心的役割を果たしたものが示されている。もちろん、三つの革命もその括弧内の革命も相互に関連しあっていて、単純に区切れるものでないことは明らかである。しかし、この三つの革命をあげることによって、ヨーロッパ法史が革命の成果として「聖俗分離」、「主権」、「人権」という概念と制度を具体化し、相当程度実現したことが明確となるであろう。それは、従来の旧制度と比べるならば、やはり革命といってよいほどの大きな変革だった。

　この三つが革命的なのは、ヨーロッパの旧制度を大きく革新して「近代」的制度の柱となっていること、またそのことによってヨーロッパの力を増進してヨーロッパの拡大を可能とし、結果的に異文明世界の変革にも大きな影響力をもったと考えられるからである。異文明世界での自己変革の代表が日本だったことを思えば、この三つの革命は日本にとっても大きな意味をもつ。

　むろん、このそれぞれはヨーロッパという土壌のなかで起きた革命であって、人類の発展段階を意味するものではない。しかし、ヨーロッパに特有の革命によって、この三つの制度、聖俗分離の政治体制、他に武装権力を認めない主権国家、その下での人権の制度化と国際化が進んだ。この三つが重なり合って近代ヨーロッパの制度を生み出し、推進し、合理的主権国家の力と

自由な市民社会の魅力によって法・政治体制における世界のモデルとなることに成功したといってよいであろう[2]。

　この三つの革命は、当然、ヨーロッパにおける戦争の在り方やその考え方に大きな変化をもたらした。旧制度とそれに対応する戦争形態は三つの革命のもとで弱まり、新しい戦争の形態と規制が正戦論や国際法として登場した。その相関は明らかで、戦争の法規制について考えるうえでも、革命と戦争の観点から法の歴史に切り込んでいくことは有益であろう。本稿では、三つの革命と戦争の法の変化、発展の流れを概観することにしたい。

2　聖俗分離革命

（1）　聖俗混淆

　聖俗分離の反対概念は聖俗混淆である。中世ヨーロッパはローマ教皇グレゴリウス7世が推進した教皇革命にいたるまで聖俗混淆社会だった。バーマンは次のように聖俗混淆の政治について記している。

　　　11世紀末まで司教・司祭・修道士を統制下に置いていたのは、皇帝・国王・封建領主であった。教会領は、その大部分が皇帝・国王・封建領主の手中にあり、教会領からあがる収入は皇帝・国王・封建領主のものであった。司教職なども彼らの所有物であり、彼らが近親者を司教に任命していた。……さらに教会は、皇帝・国王の支配下におかれていた。教会会議を招集して教会法を制定していたのも皇帝・国王であった。また司教をはじめ有力な聖職者は、皇帝・国王・封建領主の側近として統治に参加していた[3]。

　たしかに、このような帝国教会制のもとで聖俗の区分は不明瞭だった。神聖ローマ皇帝オットー2世がコトローネ近郊でサラセン軍と戦ったとき皇帝軍の擁する騎士2000名のうち、修道院長と司教が提供した騎士の数は約3

分の2にも達していた。世俗の諸侯が出した騎士数はわずか500名程度だった。また、ローマ教皇レオ4世（在847－855年）はサラセン人に対する戦いを呼びかけ自ら軍を率いたという。教皇は「フランク軍への書簡」（853年）でその戦いで命を失うであろうフランク人戦士に対して「神の褒章」を約束した。ローマ教皇ヨハネス12世（在955－964年）は自ら兵を率いて戦った。リウトプランドの『オットー年代記』によれば、このローマ教皇は「家に火を放ち、武器を持ち、兜をかぶり、鎧をつけて公衆の前に現れた」という[4]。

　　教皇革命──聖職叙任権闘争と聖俗分離　　聖職叙任権闘争とは、「塗油されたる王、キリストの代理者たるものの神権的君主支配」を否定し、「教皇権と教会の自律的地位を脅かすところの、宗教的に塗油された王・皇帝の強権的支配から解放する[5]」ことだった。この戦いはクリュニー修道院に端を発する教会改革運動の延長線上にあった。聖職者が純粋に神に仕えず、世俗的で妻や妾を持つ者すらいた。教皇や司教だけではなく、下位の聖職者たちも同様だった。聖職者に俗人が就くことも大きな問題だった。その一つの理由は聖職者の叙任を世俗の皇帝や国王が行うことだった。これに正面から立ち向かい、叙任権を独占しようとして戦ったのが聖職叙任権闘争を開始したローマ教皇、グレゴリウス7世だった。

　　ローマ教皇グレゴリウス七世は自らが大司教や司教を選び、キリスト教世界の頂点に立つことを望んだ。彼は先鋭な教会改革者であり、ローマ教皇こそカトリック教会の創始者とされる聖ペテロの首位権にもとづく、全カトリック教会に対する最高権威の座であることを強調した。グレゴリウス7世とともに改革を推進した枢機卿で神学者のペトルス・ダミアーニ（1000－1072年）は、「ローマ教会と和合しない者は聖なる教会法は異端と認識する」「なぜなら、それはキリストその人によって創設された唯一の教会だからだ」と主張した。

　　グレゴリウス7世の戦いは単に聖職者の叙任にとどまるものではなかった。それは、それまでの聖俗混淆の神権的君主支配という旧体制そのものに

敵対したのであり、それゆえにそれは革命だった。その革命は教皇によって
開始され進められたので、バーマンによって教皇革命とよばれた。しかし、
その革命が引き起こしたのはローマ教皇を全カトリック教会の最高権威とす
ることだけではなく、聖俗の分離でもあった。グレゴリウス7世の革命の理
念を引き継いだウルバヌス2世が1096年に初めて十字軍を呼び掛けたのも
その革命の一環とみることも可能であろう。なぜなら、聖の最高権威である
ローマ教皇が世俗の皇帝、国王、諸侯に対して異教徒にその武力を向けるよ
うに訴えたのが十字軍だったからである。むろん、それ以前にも聖戦はな
かったわけではない。しかし、それは政俗混淆の神権的君主であるカール大
帝やオットー大帝によって独自に行われたもので、世俗の君侯たちがローマ
教皇の呼びかけに答えて戦う聖俗分離の十字軍とは根本的に異なるものだっ
た。

　権力の世俗化と学識法　　教皇革命によって推進された聖俗分離の動きの
中で、政治は世俗化し、合理化した。世俗の支配者は宗教的な権限と機能を
失い、その任務を世俗的事項に限定して行うようになり、この任務を合理的
に進める方向へと進んだ。また、教皇庁も組織として集権化と合理化をその
内部で推進した。これらの合理化を進めるうえで大きな役割を果たしたのが
法学者である。
　ヨーロッパでは12世紀に法学が登場し、大学で学位を得た法学者たちが
教皇庁や教会そして世俗の行政や司法に向かい、政治顧問、判事や弁護士、
行政官として活動するようになった。そこで大きな役割を果たしたのがロー
マ法である。ローマ法を教える高等教育機関として法科大学が生まれ、ヨー
ロッパ各地からローマ法を学ぶ学生が集まってきた。そこでは、世俗法であ
るローマ法と共に教会法であるカノン法も教えられた。ローマ法学もカノン
法学も聖俗分離のもとにそれぞれ独自に合理的な知的体系と内容を発展さ
せ、中世ヨーロッパの政治と社会の合理化に貢献した[6]。
　象徴的なのは神判の否定だった。神判は政俗混淆の一つの表れであった。

なぜなら、この世の事件に神が関与して、神が成否を決めてくれるというのは聖と俗がまじりあった考え方だからである。教皇革命を経た教会はこれを否定した。教会はむしろ、教会が正しいと考えた文書や証人、自白などを中心に据えることを求めた。インノケンティウス3世は第四回ラテラーノ公会議で、神判に聖職者が関与することを禁じた。「いかなる聖職者であれ、熱湯または冷水あるいは熱鉄の雪冤のために祝福または聖化の儀式を行ってはならない。一騎討ちまたは決闘に関して以前に告示された禁止もまた有効である」（決議第18条）と。

神聖ローマ皇帝フルードリヒ2世も次のような勅法を発している。

　　　余は．真の法学に従い、誤りを正す 。余は、事物の本性を尊重せず真理にかすりもしない単純な者たちによって神判と呼ばれる法制度を廃止する。この法律の公布により．余の王国の全裁判官に対し．余は神判の法を適用することを禁止する。神判は余のキリスト教徒を其理から遠ざける。むしろ．人々は、古の法律（ローマ法）や余の勅法によって始められた通常の証明方法に満足しなければならない。余は命ずる。灼熱の鉄が道理ある理由によらずして微温になるとか、より愚かなことに、冷え切ってしまうなどと信ずる者たち、あるいは刑事事件について裁判されている者がその悪しき良心のゆえに冷水の要素によって受け入れられないと主張する者たちの判断を除かねばならない。否、むしろ正さねばならない、と。冷水に被告が沈むことができないのは、むしろ彼が息を十分に吸って，それをためているからではないか（「メルフィの勅法」第2巻第31章（1231年)[7]）。

「冷水に沈むことができない」というのは、神判では、神は清いものを受け入れるので、犯人は浮かび、無実の者は沈むと認識されることを指している。フイードリヒ2世が求めるのは世俗的な合理的法だった。

さまざまな分野で、復活したローマ法、注釈や注解を施された学識法が支

20

配的になっていった。理性の働きが重視された。

（2）　戦争の法

　武装自弁　　聖俗分離の原則は戦争の法に直ちに大きな変化を与えること
はなかった。なぜなら、古代・中世ヨーロッパの戦争のひとつの特徴は戦士
の武装自弁原則で、それは中世全般に続いたからである。武装自弁とは、戦
士や騎士が自らの負担で武器、装備、糧食を準備し、戦争に参加することで
ある。ゲルマン社会では、武装自弁できる自由人だけが政治共同体の主体的
構成員であり、国王など戦争の統率者ですら本来はその武装自弁者のなかの
最有力者にすぎなかった。戦士たちは、民会に参加して王や最高権力者の選
出を含む重要事項を決定することができた。この伝統は封建社会にも受け継
がれ、ドイツでは、国王は王国のそのような意味での構成員によって選出さ
れる、という形式が長く続いたほどである。マックス・ヴェーバーは、武装
自弁を強力な専制君主が兵士にすべてを支給した中国と対比されるヨーロッ
パのひとつの特徴と考えている[8]。

　武装自弁の世界では、戦争は戦士や騎士たちの利益獲得の手段であった。
戦争の目的は政治共同体の名誉や利益よりも、むしろなによりもまず戦士た
ち自身の名誉や利益であった。とりわけ生産力の低い時代にあっては、戦争
とは戦士たちが行う経済活動にほかならなかった。なぜなら、物を生産する
よりも、奪うほうが簡単で確実だったからである。戦士たちは掠奪に励ん
だ。それは恥ずべきことではなく、習俗であり、自明であり、称賛されるこ
とであった。そのことは近隣との戦いでも、異民族、異教徒との戦いでも同
様であった。とりわけ、異教徒の戦いでは、敵を殺し、敵から掠奪すること
は神の嘉することがらでもあった。第一回十字軍におけるエルサレム攻略時
の惨劇はその象徴である。

　惨劇が繰り広げられたのは、戦時における掠奪が物だけでなく、人にも及
んだからである。相手は敵の戦士や兵士だけでなく、敵の住民でもあった。
武器をもたない住民もすべて敵とみなされた。街や村には火が放たれ、住民

や農民は殺害され、ものを奪われた。女性と子供は連行され、奴隷として使われるか、売買された。地位の高い者は身代金によって解放されるという慣行はあったが、それは高額だった。

合法的私戦　　戦争をして利得を得るのは武装能力者の権利だった。それは武装自弁の対価であり、そもそも目的であった。封建社会においてなお、武装能力者である騎士や貴族など大小の領主は自由に戦い、奪い続けた。彼らは国王の傘下のもとに大規模な戦争に従事したが、それ以外はかなり自由に自らの判断で戦った。これは小規模な戦争で、フェーデあるいは私戦と呼ばれる。フェーデは当時の慣習法のもとでは合法であった。国王は罰則でこれを禁止できず、せいぜい時間的、空間的に限りのある平和を領主たちに約束させることしかできなかった。それのみならず、上位者の国王や皇帝に対してすら、フェーデは合法的に遂行されるものとされていた。むろん、すべてが許されたわけではない。合法性を担保するものは必要であった。これについては、帝国基本法である「金印勅書」（1356 年）の第 17 章「誠実破棄について」が明確な規定を定めている。その規定のもとで不可欠とされているのは正当な理由と手続きである。

正当な理由は「正当原因（iusta causa）」と呼ばれている。また、手続きとしては、第一に「誠実破棄」をすること、それから一定の期間をおいてから攻撃を行うことがあげられている。「誠実破棄」とは、臣下が主君に対して契約の解除を宣告する行為である。臣下が主君に対してフェーデを実行するにはまずその封建的主従関係を解消することが必要であった。ついで、宣告を明示した後に 3 日間をおくことが求められた。主君の親族や同盟者、彼らの従属者たちに防衛の準備を与えるためである。「名誉」をもって相手に損害をあたえるには、以上のことは不可欠であった。しかし、そのような条件が満たされるならば、その後に相手側に対して「放火、掠奪、誘拐」することは自由であった[9]。「金印勅書」を反対解釈するならば、「正当原因」のある戦争において行われる「放火、掠奪、誘拐」は「名誉」ある加害にほか

ならない。

「金印勅書」の「誠実破棄」の章から確認されるのは、戦争する主体が最高権力者である国王に限定されず、国王に対する合法的戦争すらあり得たということである。これは、国家のみが戦争をする権利を有するという近代的制度と根本的に異なる点である。中世の制定法は慣習的規範の成文化を特質とする。「金印勅書」もまた同様で、その第17章はヨーロッパ中世において慣習的に認められていた戦争規範＝戦争法において、その主体が騎士・貴族、大小の領主、都市であったということを反映している。

しかし、聖俗分離によって合理化された世界認識はこれに新しい転換を与えた。主として神学者やカノン法学者によって唱えられた正戦という概念である。代表的な正戦論者はトマス・アクィナス（1225-1274年）である。

正戦論　　正戦という考え方を世に広く伝えたのはトマス・アクィナスであった。

トマスは『神学大全』第二－二部第四〇問題「戦争について」の問題の第1項で「戦争を行うことは常に罪ある事か」と問いかけ、ある戦争は正しいと断言した。「ある戦争が正しいもの iustum であるためには、三つのことが必要となる」。

「第一は、その人の命令によって戦争が遂行されるところの、君主の権威がそれである。というのも、戦争を引き起こすことは、私人 persona privata に属する仕事ではないからである。……他面、国家（respublica）の管理が君主らに委ねられているのであるから、都市や王国やその下に服属する地方の公共の事柄に留意するのは彼らの仕事である」。

「第二に正当な原因が必要とされる。例えば、攻撃されている人達が、何らかの罪のために攻撃を受けるに値するような場合である」。

「第三に、戦争する人達の意図が正しいことが要求される。すなわち、善を助長するとか、悪を避けるとかいうことが意図されていなくてはならない[10]」。

この三つは今日にいたるまで正戦の基本的要素とされている。トマスの影響力の大きさはこれだけでもわかるだろう。とりわけ重要なのは、正当原因と開始者の意図を重視することによってゲルマン社会的で部族制血縁社会的な戦争つまり掠奪を目的とする戦争を明確に否定したことである。正しい意図の説明で「欲望や残酷さ」のための戦争が否定されている。

同時に、トマスは私戦を否定し、君主にその権限を限定する方向性を明確に示した。トマスは同箇所で、「支配者はいたずらに剣を帯びているのではない。彼は神の僕であって、悪事を行う者に対しては怒りをもって報いるからである」(「ローマ人への手紙」第13章第4節)を引いて、君主が「国内の攪乱者に対抗して物質の剣で、正当に、国家の事柄を守るのと同じに」「外敵から戦争の剣で国家を保護するのは彼らのしごとである」と記している。また、「死すべき者達の平和に適った自然的な秩序は、戦争を行う際の全権と決定は君主に属することを要求する」というアウグスティヌスの言葉も引いている。

君主の範囲をどの程度のものとするかという点で曖昧さは残るが、ここでの君主は「国家」や「公共のことがら」をその任務とする存在であるから、自己の利害のみで暴力を行使する者達を排除しようとしたといってよいであろう。君主への限定は無秩序な私戦を否定し、世俗秩序の合理化を進めるものだった。この点で、トマスの戦争論は武装自弁的、部族制的戦争を抑制する一定の効果を持ったといえるであろう。また、戦争に対する学識的整理も大いに進んだ。カノン法学者たちもまた、正戦論に取り組んだ。とりわけ、十字軍のなかで異教徒に対する戦争の正当性に関わる議論は進んだ[11]。しかし、正戦論は戦争の原因について関心を集中し、遂行方法については議論が進まなかった。

ごく例外的に、殺傷能力の高い危険な武器として石弓の使用が第二回ラテラーノ公会議(1139年)などで禁止されることはあったが、現実には効力をもたなかった。ロンドンやパリの商人ギルドは石弓を造り、売り続けたという。攻撃に際して抑制すべきことがらはほとんどなかった。地位の高い者

たち以外の場合には、捕虜を殺すことも、その身体を害することも、そして売ることも依然として自由だった。交戦者はいうまでもなく、非交戦者つまり住民など武器を持たない者たちも加害の対象とされた。彼らの財産も同様である。したがって、家屋を破壊し、火を放つことも自由だった。火を放つと脅して、免焼のための金銭（免焼金）を取ることも頻繁に行われた。敵の交戦能力をこのような形で削ぐことは当然と考えられていた。

　武力行使に関して抑制がなかったのは、敵の交戦能力の問題だけではない。そもそも、中世にあっては、武装能力者とその支配下にある人や物との区別がなかったからである。中世においては、非支配者は支配者の広い意味での所有物と見なされていた。支配という意味の dominium は、ものの所有権という意味を同時に有していた。所有権は支配権の一種で、武装能力者の支配権の、土地や物に関する表現であり、近代における市民の私法的権利とは同じではなかった。したがって、侵害された権利の回復において、敵からそれに見合う財産を得るために、敵対者の支配（所有）下にある村落から人や物を奪うのは自然で、倫理的にも法的にも非難されることではなかった[12]。

　イタリアの権威ある神学者カイェタヌス（Jacobus Cajetanus, 1469-1534年）の次の一文はそのような状況を明白に示している。

　　　正戦にあっては、戦闘員に対してのみならず、正戦が行使されている国家のその他の成員に関しても、兵士が与えた損害は過ちではなく、加害者は物を返還する義務を負わない。たとえ、損害が偶然に無実の者に及ぶとしても、たとえば都市が掠奪に委ねられ、無実の者たちが含まれるすべての市民の財産を奪う許可が出されたとしても、兵士は物を返還する義務をもたない。戦争は正義の執行であるから、市民の一部は不正な敵だが、その他の者は無実である、という区別などまったく必要ない。なぜなら、その際には、国家全体が敵と推定され、敵とみなされるからである[13]

3 主権革命

(1) 主権の思想と紀律化

ドイツ革命　　中世ヨーロッパの政治体制は金印勅書に象徴されるように分権的で、私戦を合法とするものであった。この延長線上に近世ヨーロッパの宗教戦争があった。聖俗分離革命によって、聖と俗が分離し、双方の分野で合理化が進んだにもかかわらず、16世紀に宗教戦争が繰り広げられたというのは矛盾ではないかという疑問もあるかもしれないが、これは聖俗分離の最後の段階だった。

ルターの宗教改革によって新旧両派の戦いがし烈化したが、その解決策であった「アウクスブルクの宗教平和令」（1555年）はその時点での新旧両派の勢力圏の維持を定めたもので、そこで定められた原則「領土が属するところの者に宗教も属する」は「聖」の問題を「俗」の観点から解決するものであった。領民の宗教を決定するのは領主の信仰で、これは俗の支配圏が宗教を管理することを意味した。ドイツにおける宗教改革（バーマンの「ドイツ革命」）の真の勝利者は領邦君主だった。

このような領邦君主の教会監督権は政俗混淆の揺り戻しのように見えるが、君主が行うのは世俗政治の側面から教会を管理するにすぎない。かつてのカール大帝やオットー一世のように自らが「教会の代理人」となったわけではない。政治が管理するのは制度としての教会であって、信仰の内容に直接関与するわけではない。近代的な意味で語られる「聖」とは俗的な政治から離れ、宗教的事柄と個人の救いに徹することである。ルターの宗教改革は信仰の個人化、内面化、私化を決定的に進め、世俗権力による包括的な平和形成への道を準備した。

「アウクスブルクの宗教平和令」は領主と信仰の異なる個人に安全に立ち去ることを認めている。信仰は個人化し、「聖」が「俗」を規定するということはなくなった。本来、教会の業務とされてきた教育や貧者や病者への配

慮、結婚や家族の問題ですら、その多くが国家に移管し始めた。聖俗分離は決定的に進行した[14]。

宗教戦争はドイツにとどまらない。フランスでもサン・バルテルミーの虐殺に代表される宗教的・政治的紛争は盛んだった。ドイツを舞台に繰り広げられた三十年戦争もまた宗教と深く関わるものだった。しかし、それを越える原理も現実化していった。象徴的なのがアンリ4世のナントの勅令（1598年）である。ナントの勅令は結局のところ、諸宗派の共存と諸宗派のうえに国家をおくことを定めたものだった。宗派間の武力紛争は、諸宗派を超える公的な国家によって禁圧される、という認識と体制が強化されていった。これを可能とし、推進したのが主権革命である。

中世ヨーロッパは分権的だった。武装能力をもった地域権力が相互に争い、最高権力に対してすら戦争を行うことができる、というシステムが宗教戦争を強大化する要因でもあった。信仰と結びつく分権的権力の自立的武装能力を剥奪し、最高権力にその能力を集中することによって平和を確立しようとしたのが主権の思想だった。その主張者はいうまでもなく、ジャン・ボダン（1530-1596年）である。

ボダンの主権論　　ボダンの主権論はその『国家論六巻』（ラテン語版、1586年）で明らかにされている。主権とは「国家の絶対的かつ永久的権力である」。「絶対的」とは、「主権的な人物が他の誰の命令にも服従せず、臣民に対して法律を与え、不当な法を抑制するか廃止し、それを他の法律で置き換えることができる」という意味である。つまり、主権とは唯一の立法権である。また、「永久的」とはある者にある期間だけ絶対的権力が与えられるという意味ではなく、時間的に無制限ということである[15]。

「法律」とは「他の……何者の同意を必要としない」「主権者の命令」である。慣習法も主権的君主が正当と考える限りで効力をもつにすぎない。むろん、主権は「立法権」につきない。それはさらに、戦争を宣告し和平を締結する権利、重要官職への任命権、最終審としての裁判権、恩赦権、貨幣鋳造

権、度量衡の統一権、課税権を含む。中世ヨーロッパの法の多くは地域権力の既得権の集合体ともいえる良き古き法としての慣習法だった。中央の裁判所は学識法を尊重したが、それがすべてを支配したわけではない。まして、立法が権力によって自由に行われるという事実も発想もなかった。これに根本から対置されたのがボダンの主権だった。

ボダンの主権は、それにもかかわらず、神法、自然法、万民法の制約をうけるし、そもそも主権的権力が目指すべきは「正しい統治」で、それは「家」とそれらに共通のものとしての「慣習法」を尊重することだった。したがって、ボダンは専制的支配を目指したわけではない。しかし、国家に「絶対的かつ永久的な権力」が存するという認識は権力の分散を克服し、近代的国家を生み出すうえで、決定的に重要な役割を果たした。

主権革命を現実に進めたのはナントの勅令を発して宗教戦争を終結させたアンリ4世のフランスと近代世界システムの最初の覇権国家オランダ共和国だった。このアンリ4世の政治やオランダ共和国の政治に大きな影響を与えたのはレイデン大学教授ユストゥス・リプシウス（1547-1606年）の新ストア主義だった。新ストア主義は主権革命の内実を創りだすプログラムを形成し、人と制度の双方を根本的に変換する作業を進めた。それは、紀律化である[16]。

『恒心論』と『政治学六巻』　新ストア主義の思想を広くヨーロッパに広めたのはリプシウスの二つの代表作だった。一つは『恒心論[17]』で、もう一つは『政治学六巻[18]』である。

『恒心論』の初版（ラテン語版）はオランダのレイデンで1584年に出版され、19世紀半ばにいたるまで、ラテン語のほかに、オランダ語、フランス語、英語、ドイツ語、スペイン語、イタリア語、ポーランド語訳で総数70を優に超える版が出されている。

もう一つの主著『政治学六巻』は1589年にレイデンで初版（ラテン語版）が出されてから、ラテン語版のほかにオランダ語訳、フランス語訳、英語

訳、ポーランド語訳、ドイツ語訳、スペイン語訳、イタリア語訳、ハンガリー語訳が出され、90 を超える版が出されている。ナントの勅令を発布したアンリ四世治下のフランスでは 10 版に及ぶフランス語訳が出されている。アンリ四世自身がリプシウスを高く評価しただけでなく、その高官たちもまた新ストア主義を多かれ少なかれ受け入れていたという。

『政治学六巻』がよく読まれたということは、たとえばジャン・ボダンの『国家論六巻』と比較するとよいだろう。『国家論六巻』は 18 世紀末までにフランス語版で 17 版、ラテン語版で 9 版、イタリア語、ドイツ語、英語の翻訳が一つずつあるにすぎない。

また、ピーター・ゲイによれば、18 世紀においてすら、リプシウスは「グロティウよりもはるかに強い支配力を文化に対して行使」していた。「リプシウスの著作は、一五〇年間にわたって、ベーコンあるいはボダンのそれよりももっと売れた。おそらく彼はモンテーニュよりもさらに有名だった[19]」。

プロテスタンティズムの倫理と新ストア主義　　マックス・ヴェーバーの『プロテスタンティズムの倫理と資本主義の精神』のもっとも鮮やかなところは、きわめて物質主義的な（はずの）資本主義成立の原動力をプロテスタンティズムの倫理という禁欲的な宗教的エートス（精神）のうちに見出したところにある。同じことを利害や野心の渦巻く国家や政治のうちに求めることはできないか、という問いに対する一つの答えが新ストア主義である。

近代の形成における新ストア主義の重要性はつとにディルタイやボルケナウによって指摘されていた。しかし、これを近世主権国家の成立との関係で徹底してその意義を主張したのはゲルハルト・エストライヒ（1910−78 年）というドイツの歴史家であった。エストライヒは、近代的国家形成とエートスとの関係に着目したが、プロテスタンティズムの倫理では説明が不十分だと考えた。それでは、強大なカトリック国フランスの例を説明しきれないからである。そこでエストライヒが着目したのが、信仰の差異を超えた、しかもエートスといってよいような強烈な倫理、近世ヨーロッパの流行の倫理と

しての新ストア主義だった[20]。

新ストア主義の哲学とは要するにリプシウスによって復活された、禁欲的でしかも行動主義的なストア哲学、近代的な生の哲学である。古代ストア哲学は賢者が世間から退き禁欲的に自己を保ち精神の安定を得ることを目的とした。しかし、リプシウスの新ストア主義は禁欲的で理性的、そして堅牢な精神としての「恒心」を求めるが、それは現世から退くのではなく、現世に関わり、現世を変革するためのものであった。

『恒心論』で語られる「恒心」とは「外的なものや偶然的なものによって高められたり、沈められたりすることのない、精神の正しくかつ揺ぎない強さ」である[21]。それは情念に囚われない強さを意味した。欲望、喜び、恐怖、悲嘆という情念にとらわれてはならない。怒ることも悲しむことも抑制し、耐えること、禁欲することが重要だった。情念がほとばしり、互いに殺し合いを続ける宗教戦争の時代にあって、「恒心」の主張は強く人々の心をとらえた。

「恒心」は、ボルケナウによれば、まず「外界での苦悩を免れる能力」であるが、それ以上に「無感動」を可能とするものだった。「つまり、恒心ということが表明されるのは、どんな感動的な拘束も行動の事実適合性^{ザッハリッヒカイト}をそこなうものではない、という点においてである。意志の自由は本来この点にある」[22]。

情念と理性　「無感動」は無為を意味しない。新ストアの「無感動」は、あくまでも冷静で理性的であること、短期ではなく長期を見ること、そしてその先に行為があることを意味した。ヨーロッパ中世の人々は一般に激しやすく暴力的だった。はじめに感動と行為と暴力があった。そこでは「至るところに恐怖があった。人々は利那に生きることを欲していた。現実の運命同様、突然快楽が不安に転じ、不安もまた新たな快楽の追求によって瞬時にして解消した[23]」。ホッブズの自然状態下の「万人」はある意味で、フェーデ（私戦）を自明、合法とし、直ちに武器に走る、そのような中世人のいわば

模写であった。16世紀の宗教戦争はその意味で中世的だった。

リプシウスは狂乱の現実に耐え、生き抜くためにストア哲学の再興を進めた。禁欲的に耐えること、情念を統御し、理性に従うこと、そして生き抜くこと、勝ち抜くことが大切だった。理性とは「理解力」であり、「判断力」である、とリプシウスはいう。「理性に服従することは支配することである。理性に従うことはすべての人間的事象に命令を下すことである。すなわち理性に従うものはすべての欲望と精神の暴騰を支配する[24]」。

エルンスト・カッシーラによれば、これこそ17世紀の「英雄」に求められる姿だった。17世紀において美しく価値あるものと考えられたのは「様式」であり、「抑制」であった。17世紀は「力の単なる表現とか歯止めのない爆発を尊敬しなかった。それが強く望んだのは、自己抑制と自己規制だった[25]」。

政治的新ストア主義　「自己抑制」は禁欲である。この禁欲が結果的に近代を生み出したとヴェーバーはいう。同じことが新ストア主義にもいえる。しかし、新ストア主義は、プロテスタンティズムとは異なった、近代への因果連関をわれわれに示してくれる。

ヴェーバーの理解によれば、プロテスタントは、神の予定＝選びの絶対性を前提として、選びを確認するために現世での成功を求め、世俗内禁欲に励んだ。その内面化された倫理が結果として資本蓄積を生み出し、それが救いの確かさの証明としてさらに再生産を促す。資本主義はこの内的な倫理と結びつきつつ発展した。この考え方にしたがえば、プロテスタンティズムの倫理はひたすら神の意思に服するためのもので、世俗世界の設計図をもたない。つまり、資本主義の発生は偶然の結果でしかない。しかし、新ストア主義は違う。それは政治的新ストア主義によって、恒心をもった人々にこれから創造すべき新しい現世の姿を示した。

感情に囚われる凡愚を嫌ったのはベーコンだった。そのベーコンが求めたのは主権をもった、権威ある国家であり、秩序であり、理性による支配だっ

た。リプシウスが求めたものも同様である。情念とりわけ宗教的情念の跋扈を抑え、私的暴力を管理し、理性的・権威的秩序を形成し、平和を確立すること、それが政治的新ストア主義の目的だった。リプシウスがそのための具体的、実践的青写真を描きだしたのが彼のもう一冊のベストセラー『政治学六巻』だった。

　　ローマ的軍制の復活—国民兵と紀律　　『政治学六巻』の核心は暴力の紀律化にあった。『恒心論』において情念の紀律化を目指したリプシウスは『政治学六巻』で暴力を紀律化し、「命令・服従の秩序」を騒乱のヨーロッパのなかに創り上げることを求めた。

　それは、軍事的紀律の確立と不可分であった。リプシウスはローマの軍制を研究し、その成果を『政治学六巻』の第五巻で詳細に論じた。その議論の柱は二つあった。兵士の選抜と紀律である。

　16、17世紀ヨーロッパにおいては傭兵が主力だった。傭兵は不誠実で、反抗的だった。また、一般民衆に対して危険だった。リプシウスはこれに対して、信義にあつく、命令に服従し、祖国の土地と家を守る、という理由から国民軍（domesticus miles）を勧めた。国民軍は選抜によって構成される。しかし、戦争に相応しい民を雇うほうが効果的ではないか。当時の常識はそう教えていた。リプシウスはこれに反論した。紀律と戦争の理論の復活によって、国民軍は傭兵隊に勝利するであろう、と。

　リプシウスは古代ローマの軍事的紀律の復活を求めた。ローマ帝国に地上の支配をもたらしたのは紀律だったという。その紀律とは、訓練、秩序、抑制、模範からなる。秩序とは軍隊の整然とした編成で、兵力を分節に分け、上位から下位への命令を貫徹させる。「秩序ある軍隊は『どのような要請があっても容易に分かれ、容易に結合する』（リウィウス）」。また、抑制とは兵士を内面的に服従へと向ける作業であり、節制、節度、禁欲からなる。兵士は掠奪にふけることなく、法に従う。兵士は自分勝手に振舞わず、指揮官の命令に服する。「武器と魂は兵士に属する。計画と兵士の勇気のコント

ロールは指揮官に委ねられる[26]」。

　復活したローマ的紀律によって、強力な軍隊が生まれる。指揮官の命令に従い、作戦を実行できる軍隊は強力である。掠奪を自明とする傭兵隊に比し、紀律ある国民軍は物を奪うことをやめる。軍隊は倫理化し、国民の平安を守るための存在へと大きく変わる。紀律ある軍隊のなかで貫徹するのは「命令・服従の秩序」である。暴力はここに紀律化される。

　この紀律化を軍隊だけでなく、社会・政治の全体に及ぼすのが政治的新ストア主義の目的だった。紀律化された軍隊をもつ国家は紀律化された国家である。新ストア主義が目指したのは、古代ローマ国家の精神と制度そして軍事力の復活であった。新ストア主義は、情念と暴力の跋扈を内的、外的に規制し、紀律の精神とシステムを社会全体へと押し広げることを目指した。近世ヨーロッパは紀律の概念のもとにその社会と国家のあり方を変えていった。「ネオローマ的世紀」とも呼ばれる 17 世紀のヨーロッパは、こうしてボダンによって始められた主権革命を内実化し、分散的権力を排除し、新しい主権国家秩序を生み出していくことになる。

（2）　軍事革命と国際法の誕生

　オランダの軍制改革　　リプシウスがレイデンにいたのはオランダ独立戦争（1568 – 1648）の時期であった。独立戦争の軍事指揮官オラニエ公マウリッツ（1567 – 1625 年）はスペインとの戦いのなかで軍制改革を推進した。その模範となったのが古代とくにローマの軍隊だった。

　オラニエ公とその幕僚たちは知識人の助けを借りて古代の軍制と用兵を研究し、独自の戦術を立案していった。とりわけ注目されるのは、マスケット銃（火縄式長銃）隊を 10 列に編成して、ローリングを繰り返し、常に敵に対して発砲可能な状態を生み出す戦法（カウンター・マーチ）だった。これは、古代のエリアヌスの戦術書にヒントを得たものであった。むろん、問題は古代兵士の運動方法をいかにして銃火器の運動方法に転化するかにある。

　これを可能にしたのが紀律と訓練だった。敵が押し寄せてくる恐怖のなか

で、隊列を維持し、縦列の回転を繰り返して発砲し続けるには、戦術と兵士の革新、紀律と訓練が不可欠だった。ここにマウリッツとリプシウスの接点がある。マウリッツは青年時代にリプシウスの授業を 18 ヶ月にわたって聴講し、軍事的紀律について学んだという。リプシウスが記した『ローマの軍隊について　ポリュビオス註解』（1595 年）は出版後直ちにマウリッツのもとに送られている。

　マウリッツは国民軍を創設はしなかったが、冬期に解雇するのが慣わしだった傭兵を雇い続け、その間に訓練を続け、紀律ある軍隊を創り上げることには成功した。傭兵隊は常備傭兵隊となり、国軍化した。その一つの成果が、1600 年に戦われたニューポールトの戦いである。マウリッツのオランダ軍は始めて大国スペインの軍隊に会戦で勝利した。劣勢だったオランダ共和国はこの戦いの勝利によって独立を実現していったといわれるから、これは重大な戦闘だった。

　この勝利は決して圧倒的ではなかったし、会戦におけるカウンターマーチの役割もそう明らかとはいえない。しかし、マウリッツ軍が紀律ある軍隊として戦い、高度な戦術を展開したことは確かである。指揮官の命令に的確に答えて迅速に展開する兵士たちを前にしてスペイン軍は驚愕したという。たしかにマウリッツの改革はすべて成功したわけではないが、彼とその幕僚が行った改革の「指導原則」となったのはリプシウスの諸概念であった。それは「マウリッツとその協力者たちのインスピレーションの源泉となった」と最近の研究は伝えている[27]。

　主権国家秩序　リプシウスの紀律化された国家は軍事・官僚国家の原型ともいえるものであった。紀律化の意義については、マックス・ヴェーバーがこう記している。16、17 世紀の戦争においては騎馬隊が重要な役割を果たしていた。「攻撃的に戦い、実際に敵を粉砕するのは騎兵隊なくしては不可能だった。しかし、最初に転換をもたらしたのは火薬ではなく、紀律 Disziplin だった。最初の近代的に紀律化された、あらゆる『身分的』特権

……を奪い取られた軍隊の一つは、オラニアのマウリッツの下にあるオランダ軍だった」。

　この紀律の観点からすると、封建的な騎士は「家産的あるいは官僚的兵士の最も明瞭な反対像である。「オラニエのマウリッツからワレンシュタイン、グスタフ・アドルフ、クロムウェル、フランス人の軍隊、フリードリヒ大王やマリア・テレジアの軍隊に至る、軍隊の需要を満たすための合理化の増大、フランス革命による職業的軍隊から国民軍への移行、ナポレオンによる（部分的）職業軍への召集兵の紀律化、最後に19世紀の一般的兵役義務の貫徹」が意味するのは「明らかに紀律の意義の増大であり、またあの経済的プロセスの尽きることのない進行である[28]」。ここに、武装自弁と戦士や騎士たちの自由奔放な活動も消滅する。

　紀律化の進展の下であっても、中世の戦争において自明とも目的ともされた戦時下の掠奪もなお否定はされないが、管理は厳しくなっていった。例えば、神聖ローマ皇帝レオポルトの1682年の帝国軍法の第31条は、「戦場もしくは駐屯地、都市や村落にある兵士が、昼夜を問わず路上で暴力によって襲撃し、強奪するならば、この者は奪ったものを返却させられ、剣をもって処刑され、その頭をさらし台に載せられねばならない。さらに、強奪にあたって同時に傷害もしくは殺人をなしたならば、その犯人は刑車によって処刑されねばならない」と規定している[29]。

　近代的主権国家は中世的な暴力の拡散を否定し、情念と暴力の紀律化を実行することによって成立する。新ストア主義はそのための哲学的、政治学的指針を人々に指し示した。耐えること、感動しないこと、命令・服従の秩序に服すること、その秩序の中で命令に黙して従い戦うこと、そのことに高い価値が置かれた。これは組織が有効に機能し、組織としての力を高度に発揮する一つの形態である。オランダにはじまり、グスタフ・アドルフに受け継がれ、ヨーロッパ全域に拡大した軍制ひいては社会体制全般の革新は「軍事革命」と呼ばれることがある。それは、軍事だけでなく社会と国家を変え、国際社会（国際法）を生み出した。軍事革命という概念の創始者マイケル・

ロバーツはそう指摘し、後の研究に大きな刺激を与えた[30]。

　軍事革命を含む主権革命のもとで、経済活動における先進的な組織を国家の基本的構成要素としたのがオランダ共和国だった。共和国には君主は存在しない。しかし、主権は国家に存在するから、商業国家が成り立つ。君主が存在しない分、主権が国家にあることがはっきりする。国家を異次元の屹立した存在とする主権革命の意義を明瞭に示すのがオランダ共和国だった。それは、スペインからの独立と生産、商業、金融における優位とヘゲモニー[31]を確立したインパクトの強さにおいてオランダ革命と言い得る成果をあげた。

　しかし、暴力を独占し、暴力を唯一合法的に行使する組織、それが主権国家である。主権国家は内戦を防ぎ、その意味で国内に平和をもたらした。新ストア的な主権国家は、宗教的情念の跳梁と中世的な暴力行使を否定し、抑圧する。内戦が繰り広げられていた16世紀にあっては、それは大きな救いであったろう。だが、主権国家は新たに大きな課題を示すことになる。

　組織化された主権国家の暴力は強大だった。それはヨーロッパの内部で互いに争い、ヨーロッパの外部に進出した。新しい主権国家相互及び非ヨーロッパ世界との戦いは大規模におこなわれることになった。そこに新しい秩序やルールを生み出すことが必要となり、国際法学が生まれる。フーゴー・グロティウスが16世紀後半のオランダに生を受け、リプシウスがいたレイデン大学で学んだのはあながち偶然とはいえないであろう。

　フーゴー・グロティウス　　聖俗分離の過程で生まれた正戦論はある面では戦争を規制する思想だった。あらゆる武力抗争を自由に任せるのではなく、一定の要件をもったものに限定することによって戦争は制限される。この点で、グロティウスは正戦論者だった。なにが正戦であるかを詳細に語ることによって、グロティウスは戦争に制約を加えようとしたからである。

　グロティウスは戦争を形態として私戦、公戦、公私混淆戦に分けるが、法的カテゴリーからは自然法上の戦争と諸国民の法（万民法）上の戦争に区分

する。諸国民の法は、諸国民の間で慣習的に通用する共通法で、理性に即した規範的な自然法とは区別される。グロティウスは万民法上の戦争を正式戦争と呼び、『戦争と平和の法』の第三巻で詳細に論じている。

正式戦争は主権を有する当事国が相互に行うもので、これには国によって公的に宣言されることが必要である。宣言が必要なのは「戦争は私人の企てではなく、双方の国民またはその首領の意思によって行われることを確かなものとするためである[32]」。この説明から明らかなのは、正式戦争は公戦で国家と国家の戦争を指すということである。グロティウスは、言わば主権国家相互の戦争の慣習法をここで明らかにし、具体的な戦争の法を示そうとしたといってよいであろう。

ところが、その現実の慣習的戦争法は恐ろしい内容をもっていた。それは、中世ヨーロッパの戦争の現実をそのまま引き写すようなものであった。『戦争と平和の法』第三巻第四章「正式戦争において敵を殺害する権利（ius interficiendi hostes）、および身体に対するその他の暴力について」は、その「敵を殺害する権利」の適用範囲が非常に広く、「第一に、この権利は、自身が武器をとる者か、戦争を行っているものの従属者だけではなく、さらに、敵の領土内にあって敵対的であるすべてのものを含む」と明記している。すべてとは、老若男女すべてである。グロティウスはこれを次のように説明する。

その広い許容範囲がどの程度であるかは、幼児や女性の殺害が無罪とみなされ、それが戦争の権利に含まれることから理解される。……トゥキュディデースがいうように、古代にあっては、ミュカレッソスを占領したトラケー人たちは女性と子どもを殺害した。アリアノスによれば、マケドニア人たちは、テーベを奪ったときに、同じことを行った。ローマ人たちは、スペインの都市イルグリアを占領したとき、アピアヌスの言葉を使えば、『無差別に子供や女性すら殺害した』。タキトゥスは、ゲルマニクス・カエサルはゲルマン人の一部族

であるマルシ族の村々を火と剣で攻略したと伝え、こう付け加えている。「性や年齢も慈悲をもたらさなかった。(ローマ皇帝)ティトゥスはユダヤ人の子どもや女性が劇場で野獣たちによって引き裂かれるさまを提供した。しかしながら、この二人の人物は決して残酷な性格の持ち主ではなかったと思われる。あの粗暴さはこれほどまでに慣習化していたにすぎない。それゆえ、プリアモスがピュルロスによって殺されたように、老人が殺害されてもそれほど驚くほどのことではない[33]。

　しかし、驚くべきは、グロティウスがこれを合法と認めていることである。それだけではなく、敵地を荒廃させ、戦争において物を捕獲、掠奪することが合法とされる。捕虜を殺害し奴隷とすることも合法とされる。諸国民の法は慣習戦争法であるから、このような中世的行為が合法とされたのはたしかにあり得ることである。しかし、これでは戦争の規制はないに等しい。これでは、グロティウスが戦争の紀律化を計っているとは到底思えない。
　しかし、グロティウスは、この記述に引き続いて、正式戦争における「無制限の加害」の許容を否定する。

　　　私は、ここまでの足跡を逆に読み直し、戦争を行う者たちに対して、私が豊富に与えているかに見えるかもしれないが、決して与えてはいない、ほとんどすべてのことを取り去らねばならない。最初に諸国民の法のこの部分を説明し始めた時に、私はこう明言した。多くのことが正当であるとか合法であると呼ばれるのは、あるいは強制的裁判がそれらのことがらに自己の権威を与えるがゆえに不可罰だからである。しかしながら、これらのことがらは、あるいは厳密に語られる意味での法あるいはその他の徳の命令のもとにある正しい規則からそれており、少なくともより良心をもって、かつ善き人々のもとでより大きな賞賛をともなうように、はっきりと放棄されねばならない[34]

「厳密に語られる意味での法」とは自然法のことである。自然法が正当とする戦争が正戦で、その根拠は正当原因（iusta causa）の有無だった。そして、その正当原因とはグロティウスの場合、「権利侵害（iniuria）以外のなにものでもない[35]」。より具体的にいえば、戦争を行う正当な理由は自己の「権利」の保全及び執行で、「自衛、財産の回復、刑罰」の三点に集約される。したがって、正戦にあっては、その正当性の根拠は、「権利侵害」に対する自衛、回復、刑罰であるから、その範囲は本来の「権利」の侵害の程度をこえてはならない。

重要なことは、侵害の程度を越えないということだった。グロティウスは、「自分を守るものですら、限界を超えるならば、不正となり得る」というアリスティデスの言葉を引用し、制限のあることを次のように伝えている。自衛ですら、「さし迫っている確実な危険」がなければ、これを行使すべきではない。どのような類の恐怖があったとしても、「先制的殺害の権利」を認めるのは間違っている。暴力が差し迫っているのでなければ、殺害ではなく、他の救済手段や機会によることが可能だからである[36]。

物の掠奪については、より明快である。正戦によって敵産を捕獲することは正義にかなっているが、それは受けた損害の額を超えてはならない。必要に迫られて奪ったとしても、その分は適切に管理して、その分はのちに返還しなければならない。なぜなら、「敵に原因のある債務以上のものを捕獲するか所有することは許されない[37]」からである。

グロティウスは、刑罰についても、応答（meritum）以上に罰せられてはならないことを明示した。アリスティデスがいうように、「人々が復讐するに際して、もし限度を超えるならば不正であり得る」。もし人々が、限度を超えるならば、「第二の加害者」となる。それゆえ、キケローは刑罰には「尺度」と「適度」が必要だという。パピニアヌスが刑罰を「評価」と呼ぶのも同様である[38]。

正戦はこのように、「権利侵害（iniuria）」に対する実力による権利の守護

と実行、正義の実施に限定される。正式戦争は公権力が相互に行う戦争という形式的要件を満たすだけのもので、ヨーロッパ諸国民が過去に形成してきた慣習法を根拠として戦時の加害つまり住民や捕虜の殺害、売買、身代金、物の掠奪や放火などすべてを無限に許すものであった。これと比較すると、戦争の範囲と行使の限度を設定する自然法が正式戦争の加害を規制、抑圧する意味を有するものであったことは明らかである。

　グロティウスはさらに正戦の限界を超えて、「道徳的正義」による緩和を求める。道徳的正義とは、自然法的正義を超える高度な倫理基準である。グロティウスにとって、権利の完全な実現は自然法から判断しても合法だが、必ずしも常にそれが望ましいというわけではない。海賊で一杯の船、山賊であふれる家に対して、そこにわずかな幼児や女性、無実の人々がいたとしても、これを砲撃することは許される。しかし、「隣人愛」は、このような権利を最高限度にまで用いることを認めない。麦とともにある「毒麦も育つにまかせよ」とキリストはいわれた（「マタイによる福音書」13.29）。行為によって生まれる善はその際に生ずる悪よりも大きなものでなければならないからである。悪の排除は、「思慮ある判断」にゆだねられねばならない。疑いのある場合には、自身の利益よりも他人の利益を優先しなければならない[39]。

　グロティウスはたしかに諸国民の法の上でありとあらゆる中世的加害行為が容認されることを現実として認めたが、それを規制するために自然法と道徳的正義の思想を提起した。とりわけ自然法はまさに法であるから、その抑制の度合いは大きい。グロティウスがあえて諸国民の法上の加害行為を詳細に論述したのは、それを規制するためであった。グロティウスは中世以来の慣習法的戦争法を規制し、戦争を紀律化しようとしたのである。プーフェンドルフなどグロティウスに続く自然法学者や国際法学者たちも戦争における加害行為を制御することを目指した。

4　人権革命

　ヨーロッパ法史における三つ目の革命は人権革命である。人命は尊いとか人は皆同じといった認識はおそらく世界中のあらゆる地域にあったといってよいかもしれない。しかし、ヨーロッパはこれを人、それも個人の権利として構成し、個人の人権を法的に守るシステムを構築することに成功した。そのことの意義は計り知れないほど大きい。

　思想史的にいえば、グロティウス、ホッブズ、ロックが相次いで登場し、ピューリタン革命や名誉革命（イギリス革命）が発生した17世紀がその開始期で、制度化（憲法化）した18世紀（アメリカ革命・フランス革命）が決定期というべきであろう。

　人権革命において重要なのは三点ある。一つは自然権という概念によって個人の生命や自由や財産つまり自己保存と自己保全を、初期の段階ではとくに自己保存を権利として肯定したことである。二つ目は、生命・自由・財産あるいは幸福追求を言わば不可分のセットとして構成したことである。三つめは人権を制度化したことである。

（1）　自然権

　自己保存　　17世紀ヨーロッパにおいて人権革命を開始した最初の思想家はグロティウスであった。このように書くと、グロティウスは「国際法の父」で、その主著である『戦争と平和の法』は国際法学の書ではないかという疑問が湧くであろう。しかし、すでに記したように、グロティウスが国家間の戦争の規制、紀律化を求めたのは確かであるが、『戦争と平和の法』の命題はそれだけではなかった。『戦争と平和の法』第1巻第1章第1節で、グロティウスは次のように書いている。

　　　　共通の国家法をもたない人々の争い、すなわち、まだ国民を形づく

るまでに結合していない人々、または相互に異なる国民に属する人々
の間の争いは、私人の争いであれ、王自身や貴族とか自由な人民と
いった、王と同等の権利を有する者たちの争いであれ、戦争の状態か
平和の状態かのいずれかにかかわる。しかし、戦争は平和のために行
われるし、戦争の起源となり得ない争いは存在しないので、通常発生
するであろうすべての争いを戦争の法の題目のもとに扱うのが適切で
あろう[40]。

　グロティウスは、『戦争と平和の法』でこのように私人の戦争を取り扱う
と明言している。私人の戦争を対象とするのは、私戦もまた公戦と同様の性
格を持つからである。それは、正戦と同様に「権利」のための実力行使とし
て認められた。

　　戦争においては、主要な動力因は、多くの場合、それに関係してい
　　る者である。私戦においては私人であり、公戦においては公権、特に
　　最高権力である。……とにかく、我々は、自然の下では、各人が、自
　　己の権利の守護者である、ということを主張しよう。なぜなら、われ
　　われには手が与えられているからである[41]。

　手が与えられているというのは、武器をもって戦うという意味である。グ
ロティウスは、「自然のもとでは」という限定のもとで、権利のための武力
行使を戦争と呼んでいる。ホッブズの有名な「万人の万人に対する戦い」や
「各人の各人に対する戦い」の原語は bellum omnium contra omnes（De
cive, Praefatio）、war of every one against every one（Leviathan, chapter
13）であるが、bellum も war もいずれも「戦争」を意味する。『戦争と平和
の法』の「戦争」も bellum あるいは war である。したがって、「万人の万
人に対する戦争」あるいは「各人の各人に対する戦争」と訳すことも可能で
ある。戦争を国家と国家の戦争とみるのが普通となった近代では個人相互の

武闘を戦争と呼ぶことに違和感があるので、「戦い」や「闘争」とされることが多いだけで、グロティウスのいう私戦と同じである。

　戦争というのは、その戦いが闘争レヴェルのものではなく、生死にかかわるからである。生死にかかわる戦いは、やはりホッブズが強調したように、またそこが革命的であるように、自己保存のための戦いだった。グロティウスはキケローの名を挙げながら、自己保存を肯定した。

　　　動物は生まれるやいなや、自己のことを考え、自己を保存し、自己の状況とその状況を守るものを尊重することへと向かうが、死滅や死滅をもたらすと思われるものから遠ざかる。キケローはこのことを自然の第一原理と呼んだ[42]。

グロティウスは、これもホッブズと同様に、この自然の第一原理を自己保存のための戦いと結合した。

　　　自然の第一原理においては、戦争と矛盾するものは何もない。それどころか、むしろすべてが戦争に好都合である。なぜなら、戦争の目的は、生命と身体各部分の保存（vitae membrorumque conservatio）にして、生活に有用なものの保持または獲得であるから、それは自然の第一原理と完全に合致するからである。このようなことのために力を用いたとしても、これは自然の第一原理に反するものではない。なぜなら、自然は、すべての動物に、自己防衛と自己保全に十全な力を与えているからである）[43]（『戦争と平和の法』第1巻第2章第1節の4）。

　個人の自己保存を権利として認めたのは画期的だった。これは、グロティウスとより鮮明にこのことを主張したホッブズの功績だった。二人の相似性は、自己保存という言葉についても認められる。今日よく知られている、

ホッブズの「自己保存」は英語では通例、self preservation、ラテン語で sui conservatio と表現される。グロティウスの「自己を保存し」という表現はラテン語で se conservandum となっている。ちなみに、バルベイラック版の英訳はこの部分を「his preservation」としている。ホッブズがはじめて自己保存という言葉を使ったのは『市民論』（1642 年）であるが、『戦争と平和の法』（1625 年）のほうが 15 年以上前に公刊されている。ホッブズが当時もっとも著名な著作家であったグロティウスの主著を読んでいないはずがないので、彼がその「自己保存」という概念をグロティウスから引き出した、少なくとも着想を得た、という可能性は大いにある。

　もちろん、ホッブズはグロティウスよりも、より大胆かつ明晰に自己保存の権利を語っており、その点でより革命的だった。彼は自然権という言葉を創造して、それを「各人が、彼自身の自然すなわちかれ自身の生命を維持するために、かれ自身の欲するままにかれ自身の力をもちいるという、各人の自由である[44]」と明快に定義した。ホッブズはこの自由をだれも否定できないと断言した。なぜなら、自分の生命を守る以上の価値はどこにもないからだ、と。『市民論』では、そのことの正当性、権利性がこう記されている。各人は、自分にとってよいことを欲し、自分にとって悪いこと、「わけても死という自然の諸悪のうちの最大の悪」を逃れるように駆り立てられている。それは石が下に駆り立てられる必然性に劣らない「ある自然の必然性によって」いる。「それゆえ、誰かが自分の身体および四肢を、死や苦痛から防衛し、かつ保存するために、あらゆる労力を払ったとしても、それはばかげたことでも非難すべきことでもなく、また正しい理（recta ratio）に反してもいない。しかるに、正しい理に反していないことは、正当に、また「権利に基づいて」行なわれたと皆が言う。なぜなら、「権利」という名辞が意味するのは、各人が有する、正しい理にしたがって自然的能力を行使する自由にほかならないからである。それゆえ、自然「権」の第一の基礎は、「各人が自己の生命と肢体を可能なかぎり保護する」ということである、と[45]。

44

　自然状態　　もう一つ重要なのは、グロティウスもホッブズも自然権の発動をあくまで自然状態のもとにおいている、ということである。グロティウスは国家が機能しないところで、ホッブズは国家成立以前の状態を自然状態と呼び、自然権の相互的発動による恒常的戦争状態を避けようとした。

　ホッブズがリヴァイアサンを設置することによって自然状態と戦争状態を終結させようとしたということはよく知られているので、この方法については触れないが、グロティウスが想定する自然状態とは、国家が裁判権を行使できない状態を指している。なぜなら、国家があるところでは自然は停止すると考えられたからである。グロティウスはいう。

　「あるものは、少なくとも、公の裁判所が設置された後は、私戦は許されないと考えるかもしれない。なぜなら、たとえ公の裁判所が、自然によってではなく、人間の行為によってもうけられているとしても、それにもかかわらず、彼らの権利と考えるところのものを力によって獲得せんとするがゆえに、自己の利害関係をあまりにもしばしば考える個人よりも、なんら利害関係をもっていないものが、紛争事件を審理するほうが、より礼儀正しく、人々の平安（quies）のためにより有益であって、それゆえ、衡平自体および自然の理性は、かくも賞賛に値する制度に遵うべきことを命ずるからである[46]」。

　「私戦にあっては、この権利はほとんどつかの間のものであって、事件が裁判官に求めることが許されるや否や、停止される。しかして、公戦は、裁判所がないか休んでいるところでしか始まらないから、長引き、新しい損害や不法が付け加わって絶えず焚きつけられる。しかも、私戦にあっては、一般に純粋な自衛が考えられるが、公権力は自衛の権利とともに、報復する権利を有する[47]」。

　主権革命を同時に担ったグロティウスにあっては、国家は平和化された国

家であり、裁判が実行される状況にあれば私戦の権利が「つかの間」のもの
であり、裁判に従うべきことが明記されている。しかし、裁判は「より礼儀
ただしく」、「より有益」なものと理解されており、個人の私戦権を前提とし
て「公の裁判所」が設置されるものとしてあげられていることも確かであ
る。

　グロティウスとホッブズは自己保存の権利を主張し、私戦権もしくは自然
権として個人の生来の権利を主張した点で先駆的で革命的であった。

　生命・自由・財産のセット化　　自然権において何を重視するか。この点
においても明快なのはホッブズである。ホッブズにとって、自然権とは「各
人が、彼自身の自然すなわちかれ自身の生命を維持するために、かれ自身の
欲するままにかれ自身の力をもちいるという、各人の自由」であった。生命
維持の自由が自然権である。

　グロティウスはもう少し幅広い。私戦の目的は「生命と身体各部分の保存
にして、生活に有用なものの保持または獲得」とされている。つまり、「自
己保存と自己保全」である。自己保全に必要なものとしては財産があるか
ら、グロティウスは財産を守ることもまた自然権と考えていることになる。
グロティウスはまた、「各人が各人のものを安全に保持する」ことを「社会
の目的」とし、私的所有権が導入される以前においても、「生命と身体各部
分と自由はやはり各人に固有のものであったから、これらに対して他人から
の攻撃があったならば不正なしにはすまなかったであろう」と記している。
グロティウスは「生命と身体の各部分と自由」を各人に属する「各人のも
の」とも伝えている[48]。

　このような方向性をさらに進めて、自然権を明瞭かつ徹底して、われわれ
が今日想定するのに近い形で示したのはジョン・ロックだった。ジョン・
ロックは『統治二論』で、人が政治共同体に結合する主要な目的は「自己所
有物の保存 the Preservation of their Property」（第 2 論第 9 章第 124 節）
であると主張した。そもそも人は生まれながらにして、「完全な自由」と

「自然法上のすべての権利と特権を無制限に享有する権限」をこの世のすべての人々とまったく同様に持っており、その自己所有物すなわち「その生命、自由、財産」を他の人たちの侵害と攻撃に対して守るだけなく、他者による自然法の侵害を裁き、処罰する権力を……生来有している[49]。人が国家と政府を創るのはこの状態が不安定だからである。より安全、確実に自己所有物を違反者から守り、違反者を処罰するために国家が創設される。それは「自己所有物という包括的名称で呼ばれる生命、自由、財産の相互的保存」のための存在である[50]。その意味において、国家は個人の自己所有物を侵害してはならない。なぜならそのために国家が創られたからである。国家の最高権力を掌握する者は国内的には個人の自己所有物を守るために立法し、執行しなければならないし、対外的には外国からの侵入や侵略からその共同体を守るために用いるべきである。「このようなすべてのことは国民の平和、安全、公共善以外の目的に向けられてはならない[51]」。

　ロックはこのように自己保存と自己保全の権利を生命、自由、財産という具体的な名称を用いて表現するとともに、それらを「自己所有物」という「包括的名称」によってそのすべてを一体的に保障すべきことを主張した[52]。これも人権革命における大きな前進で、個人の生命だけでなく、自由と財産（のちには幸福追求）も同時に保障されるべき個人の自己所有物として、それに対する個人の自然的な権利として設定した。生命と自由と財産（幸福追求）が不可分に同時に尊重されねばならないということは、生命は守るがそのためにこそ自由は保障しないという認識が一部の国家や社会で強い力をもっている過去と現在の世界において、人権を考える上で重要なことであろう。

　人権の制度化　　18世紀のヨーロッパにおいてグロティウスやホッブズの思想はドイツではプーフェンドルフやトマジウス、ヴォルフに引き継がれ、スイスの法学者バルベイラク、ビュルラマキ、ヴァッテルによって発展させられていった。その成果を踏まえつつ、ロックの影響を強く受けて公布

第1章　ヨーロッパ法史における三つの革命と戦争の法　47

されたのがアメリカ諸州の権利宣言や国の独立宣言で、それに続いたのがフランスの人権宣言だった。この流れについて、リン・ハントは非常に分かりやすく書いているので、少し長いが次にその説明を引用しておきたい[53]。

　　アメリカ人とフランス人が人間の権利を宣言する以前は、［権利に関する］普遍主義の主要な提唱者は、大国の周辺に住んでいた。まさにこの周辺性のゆえにおそらく、オランダとドイツとスイスの少数の思想家が、権利は普遍的なものであると論じる点で先頭に立つことができたのである。はやくも 1625 年に、オランダのカルヴァン派の法学者フーゴ・グロティウスは、たんにひとつの国やひとつの法的伝統にではなく、あらゆる人間に適用可能な権利という観念を提案した。かれは、「自然権」を沈着に、神の意志とは独立して考えることができるものと定義した。……彼のドイツにおける信奉者で、ハイデルベルク大學の自然法の最初の教授であるザムエル・プーフェンドルフは、1678 年に出版された自然法の教義における概説史において、グロティウスの業績を中心に論述した。プーフェンドルフはいくつかの点でグロティウスを批判したが、彼のおかげで権利思想に関する普遍主義的潮流の主要な起原としてグロティウスの世評が確定したのである。
　　スイスの自然法理論家たちは、18 世紀初頭のこれらの思想を元に議論を展開した。彼らのなかでもっとも影響力をもったジャン＝ジャック＝ビュラマキは、ジュネーブで法律を教えた。彼は、『自然法の原理』（1747 年）で、17 世紀のさまざまな自然法に関する著作を総合した。……ビュルラマキの著作はただちに英語とオランダ語に翻訳され、18 世紀の後半には自然法と自然権＝生得権に関する一種の教科書としてひろく利用された。なかでもルソーは、ビュルラマキを出発点と考えた。
　　ビュルラマキの著作は、西ヨーロッパと北アメリカ植民地の全域に

わたって自然法と自然権理論がより一般的に復活するきっかけとなった。もうひとりのジュネーブのプロテスタントであるジャン・バルベイラクは、グロティウスの主著の新しいフランス語訳を1746年に出版した。彼はそれ以前に、自然法に関するプーフェンドルフの著作のひとつのフランス語訳を出版していた。……グロティウス、プーフェンドルフ、そしてビュルラマキはすべて、法律を勉強したジェファソンやマディソンのようなアメリカの革命家たちにはよく知られていた。

　イングランドは、17世紀に知的関心の広いふたりの重要な思想家を生み出していた。トマス・ホッブズとジョン・ロックである。彼らの作品は、イギリスの北アメリカ植民地でよく知られており、とくにロックは、おそらくイングランド人の考え方に影響をあたえた以上にいっそう、アメリカ人の政治的考え方をかたちづくるのに寄与した。

　1770年代になると、アメリカでは「人間の権利」が語られ、「グロティウス、プーフェンドルフ、そしてとくにロックは、政治的著作においてもっとも頻繁に引用され、ビュルラマキは、ますます多くの公立・私立の図書館でその著作を見ることができるようになった[54]。

　以上が、リン・ハントの説明である。このような状況を経て、アメリカ諸州の権利宣言に続いて出されたのが独立宣言だった。独立宣言は、ヨーロッパ思想の複数の流れを一つの文言に鮮やかに集約している。

　　われわれは、自明の真理として、すべての人は平等に造られ、造物主によって、一定の奪いがたい天賦の権利を付与され、そのなかに生命、自由および幸福の追及の含まれることを信ずる[55]。

　「生命、自由および幸福の追及」の「奪うことのできない権利」がここに明記されている。この宣言文がロックの「自己所有物」すなわち「その生

命、自由、財産」に対する権利の思想を引き継いでいることは明らかであろう。この三点が包括的に一つのセットとして捉えられていることの重要性についてはすでに記したとおりである。財産に代えて、「幸福追求」が使われているのは個人の人格をより尊重することに力点が置かれたためであろう[56]。日本国憲法第13条もまた、個人の人格の尊重を踏まえた包括的権利宣言となっている。

　　　　第13条　すべて国民は、個人として尊重される。生命、自由及び
　　　幸福追求に対する国民の権利については、公共の福祉に反しない限
　　　り、立法その他国政の上で、最大の尊重を必要とする。

　むろん、人権革命のハイライトはフランス革命であり、フランスの人権宣言である。「人および市民の権利の宣言」（1789年）は前文で、国民議会が「人の譲渡不能かつ神聖な自然権」を提示すると決めたこと、それは市民の要求が「すべての者の幸福」に向かうことを可能にするためだと伝えている。第1条で「自由かつ権利において平等なものとして出生し、かつ生存する」としつつ、第2条で、政治的団結の目的を「人の消滅することのない自然権を保全する」こととして、これらの自然権とは「自由・所有権・安全および圧制への抵抗」であると記している。ここでは、自然権として「自由・所有権・安全および圧制への抵抗」がセットになって表明されている。安全が生命の安全を意味しているとすれば、やはり生命、自由、所有への権利が基本的なものとしてあげられていることになる。「幸福」という言葉が前文で使われていることもその前の思想史的連鎖を想起させる。

　「人および市民の権利の宣言」の内容については日本でもすでにすぐれた研究書があるので[57]、ここでこれ以上ふれる必要はないであろう。しかし、ここでとくに強調したいのは「人権宣言」が人権を国家の法制度のなかに明確に組み込んだことである。人権がただ人権として思想的に存在するのではなく、国家が守り、維持すべき規範として確立したということはきわめて重

50

要であろう。人権革命の歴史のなかで「人権宣言」が決定的意義を有するとすれば、人権を国家の規範として制定し、制度化したことである。これは、人権の歴史にとどまらず、法の歴史にとってまさに画期的な事件だった。

（１）　戦争と人権：ルソー・ポルタリス原則

　ヴァッテル　　主権の確立と人権意識の醸成は戦争法の分野にも大きな変革をもたらした。

　スイス学派のエメール・ド・ヴァッテル（1714 – 1767 年）は主権国家の独立と自由を基本とし、個人の人権にまで配慮を示した近代的国際法学者であった。主著『国際法』（1758 年）は国際法について現代語で書かれた最初の書で、その啓蒙主義的な思想によって当時の社会で広く読まれ、独立戦争期のアメリカでも大きな影響力をもった。田端茂二郎の先駆的な研究によれば、ヴァッテルの国際法理論は絶対権力に抵抗する市民的自由の考え方を国際法の部面に適用したものだった。田畑が引用するラプラドールは、「1776年ならびに 1789 年の大事件が勃発する以前に、彼はアメリカとフランスの二つの革命が実現すべきはずの公法の諸原則に基づいた国際法を書いていた。彼の書物の日付は 1757 年であるが、それは、1776 年のアメリカの諸原則および 1789 年のフランスの諸原則にまったく一致していた」と指摘している[58]。この説明は過大評価とはいえない。最近の研究でも、アメリカの独立宣言にヴァッテルが大きな影響を与えていたことが確認されている[59]。

　ヴァッテルの人権感覚は戦争に関する国際法の内容に反映されていた。ヴァッテルは主権者と普通の市民を分け、主権者の軍隊が普通の市民に戦争をしてはならないと論じ、グロティウスが諸国民の法上認めていた捕虜の殺害や奴隷化を否定し、交換か身代金の支払いだけを合法としている[60]。ここに見られるは個人の人権を尊重する認識で、主権をもった国家とその国民個々人の生命、自由、財産を区別し、市民の自己所有物の安全を守ろうとする思想だった。この思想を明確に表現したのはジャン・ジャック・ルソー（1712 – 1778 年）だった。

第1章　ヨーロッパ法史における三つの革命と戦争の法　51

ルソー・モンテスキュー・タレーラン

　　戦争は人と人との関係ではなく、国家と国家の関係である。そこにお
　　いて個人は、人間としてではなく、国民としてでさえなく、ただ兵士
　　としてまったく偶然に敵となるにすぎない[61]

　これは、ルソー『社会契約論』（1762年）中の一文である。国家と社会の
分離を明白に示した表現として有名である。その目的は、戦時における一般
市民の自己所有物の保障だった。同様の認識はモンテスキュー（1689-1755
年）の『法の精神』（1748年）にもすでに見られる。モンテスキューによれ
ば、「征服の権利」という考え方があり、それによって、他の国家を征服し
た国家は、法、制度、人々をそのままにして統治の執行だけを変更する方式
から、すべての市民たちを殺害する方式まで、征服について4種の形態をと
る。最初の形態は今日の諸国民の法に、すべての市民たちを殺害するのは
「ローマ人たちの万民法」に合致している。
　今日の諸国民の法がすでに緩やかな方式をとっているにもかかわらず、こ
の問題を扱う公法の著作者たちは「古代の歴史に基礎をおき」「厳格な場合
を忘れたので」「大きな誤りに陥っている」。彼らは征服に際して「殺害の権
利」というものを想定し、敗者を殺害することを合法とする。しかし、征服
者たちは本来「殺害の権利」などもたない。征服者たちは、「殺害の権利」
の唯一の根拠となる自然的自衛や自己保全の状況のもとにもはやはないから
である。にもかかわらず、「この著作者たちがそのように誤ったのは、征服
者には社会を破壊する権利がある、と信じたからである」。そこから、彼ら
は征服者には社会を構成する人間たちを殺す権利があると結論した。モンテ
スキューは続ける。

　　これは誤った原理から誤って引き出された帰結である。なぜなら、

社会が絶滅されるということから、社会を構成する人間たちもまた絶滅されるべきである、ということは出てこないからである。社会とは人間たちの結合であって、人間たち自身ではない。公民は滅びるかもしれないが、人間は生き残りうるのである[62]。

モンテスキューとルソーの影響について考えるには、タレーランのナポレオンへの急送文書（1806年11月20日付）のことを想起するとよいであろう[63]。これは、外務大臣タレーランによって記されたもので、国際法史に残る注目すべき文章だった。なぜなら、この文書には、「諸国民が、平和の時にはできるだけ多くの善を、戦争の時にはできるだけ少ない悪を相互に行わねばならない」という「原理」のもとに「国際法（ le droit de gens）」が創設された、との一文があったからである。そして、ここにはさらにこう続く文書があった。

　　戦争は人と人との関係ではなく、国家と国家との関係で、個人はただ偶然によってのみ敵となるにすぎない。この原則に基づき、国際法は戦争の権利及びそれに由来する征服の権利を平和で武装していない市民に振り向けることを許さない。

タレーランが最初に記した一文は実はモンテスキューの『法の精神』第一部第一編第三章に載っている。また、続けて記された一文はルソーの『社会契約論』第一篇第四章に因る。ルソーの思想を公的な場で最初に語ったのはナポレオン民法典起草委員として有名なポルタリスだった。ポルタリスは、捕獲審検所政府委員として、1800年にその開所式で「戦争を構成するのは、事物の関係であって、人と人との関係ではない。それは国家と国家の関係であって、個人と個人の関係ではない」と宣言している。

　ルソー・ポルタリス原則とその拡大　　タレーランが急送文書のわずかな

空間に二人の偉大な思想家と一人の著名な法律家の言葉を一気に入れ込み、新しい時代にふさわしい戦争の在り方を簡潔に伝えたのは流石というべきであろう。タレーランのこの一文を紹介しているのはヘフターの『ヨーロッパ国際法[64]』だが、引用の最後に「Moniteur univ. du 5 Dcbr.1806.」との記載がある。ル・モニトール・ユニヴェルセルと思われるが、これは革命期に発行され、ナポレオンのもとで政府公式となった新聞であり、ヨーロッパ各地やアメリカでも発行されていた。したがって、欧米の君主、外交官、政治家たちの多くがこの文書を読んだと考えてよいであろう。また、ヘフターは著名な国際法学者であったから、その著作を通じて戦時における国家と個人の区別、個人の加害の忌避という認識が広まっていったと思われる。

　ケンブリッジ大学国際法教授のベンヴェニスティは、兵士と市民、国家と個人の区別を「法理論」へと最初に転化したのがこのタレーランの文章で、この区別が後に「ルソー・ポルタリス原則」として「一九世紀における戦争法の一般理論」となったと指摘している[65]。

　ルソー・ポルタリス原則とは、戦争が行われるのは国家と軍隊に対してであり、個人や国民に対してではないという基本認識のことである。この原則に基づいて、武装していない市民や個人に対する加害の禁止が規範化される。実際、兵士と市民の区別、市民の安全保証は欧米各国の軍法や国際協定・条約に反映していった。フランス革命時の軍刑法典や1845年のプロイセン刑法、1872年のドイツ軍法、アメリカの「リーバー戦規」（1863年）などが次々に出されている。

　「リーバー戦規」は各国に影響を与えた。プロイセン軍は1870年の普仏戦争時に「リーバー戦規」を翻訳し、兵士へのガイドラインとした。オランダ、フランス、スイス、英国等もこれに倣った便覧を発行した。普仏戦争において、プロイセン国王ヴィルヘルム一世は「余はフランス兵士と戦争を行うのであって、フランス市民と戦うのではない」との声明を出したという。

　ルソー・ポルタリス原則は、一つの国家の規範を越えて、戦時国際法のなかに組み込まれていった。もっとも初期のものとしては「セント・ペテルス

ブルク宣言」（1868年）がある。そこでは「文明の進歩はできる限り戦争の惨禍を軽減する効果をもつべきであること」、「できるだけ多数の者を戦闘外に」置くこと、戦闘外に置かれた者に苦痛や死を与える兵器の使用は「人道の法則」に反すること、したがって破壊的兵器を使用しないことを約束するとの宣言がなされている[66]。ついで「ブリュッセル宣言」（1874年）では、掠奪を厳格に禁制すること（39条）などが決議されている。また、「万国国際法学会戦規提要」（1888年）は、その第一条で戦争は交戦国の軍の間だけで行われるべきとし、第七条で住民の平穏なる生活に加害することは禁ずると定めている。このような一連の宣言、決議を踏まえて定められたのが、ハーグ平和会議で義定された「陸戦ノ法規慣例ニ関スル条約」（1899年、1907年）で、これには日本も参加している。この条約の付属書「陸戦ノ法規慣例ニ関スル規則」はその第46条で個人の生命及私有財産の尊重、第47条で掠奪の厳禁を定めている。ルソー・ポルタリス原則は「陸戦ノ法規慣例ニ関スル条約」に結実したといってよいであろう。

　　日本における受容　　明治日本もルソー・ポルタリス原則を積極的に受容した。1886年に「一八六四年ジュネーブ赤十字条約」を批准して、捕虜の扱いについて「文明国」の水準に従うことを明らかにした。1894年の日清戦争に際しては国際法学者の有賀長雄が軍司令部法律顧問として大山大将率いる第二軍に従い、活動した。有賀は後にフランス語で日清戦争について記し、それを日本語に訳出して出版している。その目的は、日本が「総べて文明国民の遵奉する所の戦律を遵奉した」ことを明らかにし、その行動が「世界一般の万国公法の進歩」における「一大事件」であることを示すことであった。有賀は、「文明国民の戦律に於ける根本の想念」として「敵の戦闘能力を挫くに必要なる加害作用」は正当だが、不要な「加害作用は悉く不当」であることを挙げ、「軍勢に属する者と軍勢以外の一個人とを分明に区別し、前者は闘戦者として殺傷の目的と為し、後者は非闘戦者として之を殺傷加害の外に措くを以て戦律の第一原則とす」と記している[67]。むろん、住

第1章　ヨーロッパ法史における三つの革命と戦争の法　55

民の財産保護も強調している。

　しかし、このようなルソー・ポルタリス原則が現実にきちんと実行された
かというと、そうはいかなかったといってよいだろう。それでも、この原則
は尊重すべきだという認識は相当程度続いた。むしろ、第一次世界大戦が分
水嶺となった。兵器と戦闘の高度化によって、国民の参与の度合いが大きく
高まったからである。たしかに、第一次世界大戦後に平和への志向が高ま
り、国際連盟や不戦条約も生まれた。しかし、その一方で、それを戦勝欧米
諸国の支配する国際秩序とみなし、新しい秩序を求める動きも始まってい
た。自由主義と権威主義が対立した。

　全体戦争　　新しい秩序の構築を目指した権威主義は、国家と社会との自
由主義的分離を批判し、社会を包括する全体国家を目指した。全体国家は戦
争においても社会を包括する新しい戦争像を示した。全体戦争である。
　カール・シュミットが指摘したように[68]、全体戦争という言葉に力を与
え、広く普及させたのはエーリヒ・ルーデンドルフの『全体戦争』という小
著だった。ルーデンドルフは1914年のタンネンベルクの戦いに勝利をもた
らした参謀長で、第一次世界大戦時ドイツ軍のいわば総指揮官だった。ドイ
ツの敗戦を踏まえて、彼が構想したのが全体戦争だった。
　全体戦争は日本では「総力戦」と訳されるが、その特質は「総力」という
よりも「全体」にある。それは国家と社会の分離を前提とする戦争ではな
く、国家と社会が一体化した戦争を意味した。戦争は軍だけの戦争ではな
く、「国民の戦争」であった。戦争の舞台は参戦国の国民の全領域にまで広
がる。重要なのは国民が加害者とも被害者ともなり得るということである。
ルーデンドルフはいう。全体戦争は「国民の総力を文字通り要求するが、そ
れを破壊することを同時に目標とする[69]」。
　全体戦争の眼目は、国民の総動員に尽きない。むしろ、敵国国民を「破壊
する」のが「目標」だった。カール・シュミットもまたこう記している。全
体戦争とは、「戦力の最大の緊張、最後の予備兵力をも含めた戦争への全力

の傾注という意味でも用いられうるが、また敵対態度における総力性、即ちあらゆる絶滅手段を無制約的に用いることの意味でも用いられうる[70]」と。これは、ルソー・ポルタリス原則の根本的否定である。

継続する人権革命　　総力と破壊というルーデンドルフの原則は、ドイツの敗北によって挫折したといってよい。その反対概念としてレムキンによって対置されたジェノサイドの禁止も、国際条約のもとで実効性をもつにいたっている。しかし、現実世界は様々な形で軍事紛争を引き起こし、住民に対する破壊的攻撃も繰り返し行われている。最近もヨーロッパ中世の殲滅戦やルーデンドルフの全体戦争を想起させるような行動が強国によって公然と取られている。

このような状況のなかで、改めて確認すべきは人権革命の理念であろう。個人の生命、自由、財産または幸福追求の権利はもとより国家に対して向けられた国内法的なものであるが、第二次世界大戦後に定められた国際人権規約によって、その権利は国際的なものとなっている。その実現が難しいことは現代世界の現実を見るならば明らかであるが、それでも自国民はもとより他国民に対してもまた人権を尊重することの重要性と自明性が国家の指導者や国民の間で強まるならば、また戦争を抑止し、戦争が勃発しても「戦争の時にはできるだけ少ない悪を」という自制が働くならば、少なくともあからさまな「全体戦争」を避けることは可能となるであろう。

人権革命はなお進行中である。

終わりに

三つの革命と戦争の法の流れを考察してきたが、大きなテーマなので、対象とする時期だけでも何世紀にも及んでいる。しかし、ヨーロッパ法の歴史をとくに公法的観点から考察すると、三つの革命の重要性はヨーロッパ史のみならず、世界の他文明、他文化圏にとっても否定できないように思える。

とくに、戦争との関係性を考えると、その重みは計り知れないとさえいえる
かもしれない。このテーマについて、より広く、より深く考察することが必
要であろう。本稿では、ヨーロッパと他文明、他文化圏の人々との関係につ
いてはあまり触れることはできなかったが、これも非常に重要であることは
いうまでもない。この論点を含めて、今後さらに研究を進めて、より充実し
た記述ができるように努めたい。

注

1 Harold J. Berman, *Law and Revolution : The Formation of the Western Legal
Tradition*, Cambridge（Massachusetts）：, Harvard University Press, 1983,
id., *Law and Revolution II: The Impact of the Protestant Reformations on the
Western Legal Tradition*, 2003. 邦訳　ハロルド・J・バーマン、宮島直機訳『法
と革命Ⅰ　欧米の法制度とキリスト教の教義』（中央大学出版部、2011 年）。同
『法と革命Ⅱ　ドイツとイギリスの宗教改革が欧米の法制度に与えた影響』（中央
大学出版部、2010 年）。

2 モデルであるから、これに対する賛同もあれば抵抗、反発、反対モデルの提供
などが世界中で見られることになる。賛同する場合でもさまざまな葛藤があった
こともいうまでもない。しかし、三つの革命を経たヨーロッパあるいは欧米世界
が 19、20 世紀において多くの国のモデルとしての役割を果たしたことは認めな
ければならないであろう。

3 バーマン、前掲注（1）114 頁。

4 Tomaž Mastnak, *Crusading Peace, Christendom, the Muslim World, and
Western Political Order*, Berkelay：, University of California Press, 2002, p.73.
参照、山内進『十字軍の思想』（ちくま書房、2017 年）、54-56 頁。リウトプラン
ドについては、リウトプランド、大月康弘訳『コンスタンティノープル使節記』
（知泉書館、2019 年）の「解題」に詳しい。

5 カール・ボーズル、山田欣吾他訳『ヨーロッパ社会の成立』（東洋書林、2001 年）
242 頁。

6 参照、ピーター・スタイン、屋敷二郎・関良徳・藤本幸二訳『ローマ法とヨー
ロッパ』（ミネルヴァ書房、2003 年）48-89 頁。

7　*Die Konstitutionen Friedrichs II von Hohenstaufen für sein Königreich Sizilien: nacheiner lateinischen Handschrift des 13. Jahrhunderts*／hrsg. und übers. von Hermann Conrad, Thea von der Lieck-Buyken und Wolfgang Wagner（Studien und Quellen zur Welt Kaiser Fridrichs II.;Bd.2）, Köln : Böhlau Verlag, 1973, SS.216-219 参照、山内進『決闘裁判』ちくま書房、2024 年、82-83 頁

8　マックス・ヴェーバー、世良晃志郎訳『経済と社会　支配の社会学 1』創文社、1960 年、103-4 頁。

9　*Quellensammlung zur Geschichte der Deutschen Reichsverfassung in Mitteralter und Neuzeit* 1, hrsg. von Karl Zeumer, Tübingen：, J. B. Mohr, 1913, S.206.

10　トマス・アクィナス『神学大全』II－II 40、創文社、80-81 頁。St.Thomas Aquinas, Summa Theologiae Secunda Secundae, 40, Green Bay：, Aquinas Institute, 2023, pp.375-376.

11　参照、山内進「異教徒に権利はあるか—中世ヨーロッパの正戦論」山内進編『「正しい戦争」という思想』（勁草書房、2006 年）45-74 頁。

12　参照、山内進『増補　掠奪の法観念史　中・近世ヨーロッパの人・戦争・法』（東京大学出版会、2004 年）。

13　Jacobus Cajetanus, *Summula peccatorum*.in:A. Vanderpol, *La doctrine scolastique du droit de guerre*, Paris：, A. Pedone, 1919, p.149.

14　参照、山内進「「苦闘する神聖ローマ帝国」、木村靖二編『ドイツ史（上）』（山川出版社、2022 年）102-116 頁。

15　Jean Bodin,*Les six livre de ga République*（1583）, Paris：, Le Livre de Poche, 1993, p.74.

16　以下の、「『恒心論』と『政治学六巻』」から「主権国家秩序」までの記述は、山内進「新ストア主義の倫理とヨーロッパ主権国家秩序—情念と暴力の紀律化」、『メルク』第 3 号、2008 年、8-13 頁を用いている。新ストア主義については、参照、山内進『新ストア主義の国家哲学—ユストゥス・リプシウスと初期近代ヨーロッパ—』（千倉書房、1985 年）。

17　Justus Lipsius, *De Constantia（1584）Von der Standhaftigkeit*, Lateinish-Deutsh, Übersetzt, kommentiert und mit einem Nachwort von Florian Neumann, Mainz：, Dieterich, 1998.

18 Justus Lipsius, *Politica* (*1589*) *Six Books of Politics or Political Instruction*, edited, with Translation and Introduction by Jan Waszink, Assen : , Royal van Gorcum, 2004.

19 Peter Gay, *The Enlightenment. An Introducton, The Rise of Modern Paganism*, New York : , Knopf, 1975, p.300.

20 Gerhard Oestreich, *Antiker Geist und moderner Staat bei Justus Lipsius* (*1547-1606*). *Der Neustoizismus als politische Bewegung* (= *Schriftenreihe der Historischen Kommission bei der Bayerischen Akademie der Wissenschaften*. Bd. 38). hrsg. und eingeleitet von Nicolette Mout, Göttingen : , Vandenhoeck & Ruprecht, 1989 (zugleich: Habilitationsschrift, Freie Universität Berlin, 1954).

21 Justus Lipsius, *De Constantia* (*1584*), pp.26-27.

22 フランツ・ボルケナウ、水田洋他訳『封建的世界像から市民的世界像へ』(みすず書房、1965 年) 236-237 頁。

23 ノルベルト・エリアス、中村・吉田・赤井訳『文明化の過程 (上)』(法政大学出版局、1978 年) 377 頁。

24 Justus Lipsius, *De Constantia* (*1584*), p.34.

25 E.Cassirer, *Descartes* (*1939*), Hildesheim : , Gerstenberg, 1978, S.239.

26 Justus Lipsius, *Politica* (*1589*), pp.602-603.

27 J.A.de Moor, Experience and Experiment : Same Reflections upon the Military Development in 16th and 17th-Century Western Europe, Marco van der Hoeven, *Exercise of Arms: Warfare in the Netherland, 1568-1648*, New York : Brill, 1997. pp.24-25.

28 Max Weber, Wirtshaft und Gesellshaft, 5Aufl. 2 Halbband, Tübingen, 1976, S.514. 邦訳、マックス・ヴェーバー、世良晃志郎訳『経済と社会　支配の社会学 II』(創文社、1962 年) 514 頁。

29 Johan Christian Lünig, *Corpus Juris Miritaris des Heiligen Römishen Reiches...*, Facsimiliendruck des Ausgabe Leipzig 1723, Bd.I, Osnabrück : , Biblio Verlag, 1968, S.149. 参照、山内進『掠奪の法観念史』(東京大学出版会、2024) 173-187 頁。

30 M.Roberts, The Military Revolution, 1500-1660, Id. *Essays in Swedish History*, London : , Weidenfeld and Nicolson, 1967, pp.195ff.

31 参照、I. ウォーラーステイン、川北稔訳『近代世界システム　1600 ～ 1750：重商主義と「ヨーロッパ世界経済」の凝集』（名古屋大学出版会 1993 年）、43-89 頁。

32 H.Grotius, *De iure belli ac pacis*（1625）, Leiden, 1939, p.654. グローチウス、一又正雄訳『戦争と平和の法 1、2、3 巻』（酒井書店、1996 年）。

33 *Ibid.*, pp.663-4. 邦訳、972 頁。

34 *Ibid.*, p.731. 邦訳、1069 頁.

35 *Ibid.*, p.169. 邦訳、244 頁。

36 *Ibid.*, p.463. 邦訳、698 頁。

37 *Ibid.*, p.776. 邦訳、1129 頁。

38 *Ibid.*, p.498. 邦訳、733 頁。

39 *Ibid.*, pp.614. 邦訳、906 頁。その一方で、グロティウスが非ヨーロッパ世界への軍事行動を自然法に基づいて肯定したことをわすれてはならない。グロティウスはヨーロッパの世界進出を次のように論じて、肯定した。「人間というよりもむしろ野獣であるような野蛮人について、アリストテレスが時としてペルシア人について述べたこと、つまりか『彼らに対する戦争は自然である』ということや、イソクラテスが述べたこと、つまり『野獣に対する戦争、次いで野獣に近い人間たちに対する戦争はもっとも正しい』ということは正当である、といえよう。それゆえ、われわれは、自然に対して罪を犯している者たちに戦争を行使しうる、と主張する、インノケンティウス（四世）やその他の著作家に賛同し、ビトリア、ヴァスケス、アゾリウス、モリナの説に反対するものである」（『戦争と平和の法』第 2 巻第 20 第 40 節）。グロティウスの植民地主義を指摘した代表的著作としては、Martine Julia van Ittersum, Profit and Principl:Hugo Grotius, Natural Rights Theories and the Rise of Dutch Power in the East Indies (1595-1615) Leiden・Boston:, Brill, 2006 がある。グロティウスの二重性はヨーロッパ近代の二重性と対応している。参照、山内進「第二部　グロティウスとヨーロッパの拡大」『グロティウス『戦争と平和の法』の思想史的研究』（ミネルヴァ書房、2021 年）177-233 頁。

40 グローティウス研究会「『戦争と平和の法（第一巻第一章）邦訳（1）』」『日本法学』第 52 巻第 1 号、1986 年、166 頁。

41 *Ibid.*, p.164. 邦訳 237 頁。「手が与えられた」というのは、他の箇所で紹介され

た次の言葉による。「アリストテレスもまた、「動物の部分について」の第四巻第
十章でいう。「人の場合には、手は槍、剣、その他すべての武器の代わりとなっ
ている。なぜなら、手はそのすべてを使用し、保持することができるからであ
る、と」（*Ibid.*,51. 翻訳 78 頁。）

42　Grotius, *op. cit.* p.48. 邦訳 77 頁。「何よりもまず、あらゆる種類の生きものは、
自然の賦与によって、みずからの生命と肉体を保持し、害になると見るものを遠
ざけ、生きるに必要と見るものを求め……る」（キケロー、泉井久之助訳、岩波
文庫、1961 年、13 頁。

43　*Ibid.*, pp.49-50. 邦訳 77 頁。

44　ホッブズ、水田洋訳『リヴァイアサン』第 1 部第 14 章（岩波文庫、1954 年）
64 頁。

45　ホッブズ、本田裕志訳『市民論』（京都大学出版会、2008 年）40 頁。

46　H.Grotius, *op. cit.*, p.90. 邦訳 130 頁。

47　*Ibid.*,pp.182-183. 邦訳 260 頁。このことは、私戦権が常に自衛権に限定される
ことを意味しない。彼は、「加害者の利益」「被害者の利益」「人類の利益」の観
点から、そのそれぞれについて、犯罪者に私的に刑罰を課すことが自然のもとで
は許されると記している。「人類の利益のための刑罰権の権限もまた自然的には
各人に属する」（*Ibid.*,p.478. 邦訳、712 頁。参照、太田義器『グロティウスの国
際政治思想―主権国家秩序の思想―』（ミネルヴァ書房、2003 年）153 頁。

48　Grotius, *op. cit.*, pp.49-50. 邦訳 79 頁。

49　John Locke, *Two Treatises of Government*, edited by Laslett, Cambridge, 1960,
pp.323-324. 邦訳、ジョン・ロック、加藤節訳『統治二論』（岩波文庫、2010 年）
392-393 頁。ロックの property をどう訳すとよいかは大きな問題で、これまで
所有、所有権、固有権などと訳されている。ここでは、森村進氏がロックの所有
権論を自己所有権という言葉で表現するのに従って、自己所有物と訳しておくこ
とにした。参照、森村進『ロック所有論の再生』（有斐閣、1997 年）。同、「21 世
紀初頭におけるロック所有論」『一橋法学』第 4 巻第 1 号、2005 年、81-96 頁。

50　*Ibid.*, p.350.　同前、441 頁。

51　*Ibid.*, 353. 同前、447 頁。

52　オーアは、ロックの自己所有物とグロティウスの「各人のもの」の相似性を
伝えている。Cf.Andreas Harald Aure, "Hugo Grotius—Individual Rights as

the Core of Natural Law", in Guttorum Fløistad(ed.), *Philosophy of Justice*, Springer : , Dordrecht, 2014, p.85.

53　リン・ハント、松浦義弘訳『人権を創造する』（岩波書店、2011 年）120-122 頁。Lynn Hunt, Inventing Human Rights A History, New York. London : , W.W.Noton & Company, 2008, pp.117-119. リントは次のように指摘することも忘れてはいない。「グロティウスが自然権を生命、身体、自由、名誉（これらは、とくに奴隷制を疑問視させるようにみえる項目である）と同一視したのにたいして、ロックは、自然権を『生命、自由、財産』と定義した。ロックは財産権を強調したので、奴隷制には異議申し立てをしなかった。彼は、正当な戦争でとらえられた捕虜を奴隷とすることを正当化した」（邦訳、122 頁）。グロティウスが名誉を「各人のもの」に含めたのは『戦争と平和の法』第 2 巻第 17 章第 2 節である。しかし、グロティウスが財産を「各人のもの」から除外しているとはいえないであろう。

54　ハント、前掲注 53、123 頁。

55　高木八尺・末次三次・宮沢俊義編『人権宣言集』岩波書店、1957 年、114 頁。

56　参照、種谷春洋『近代自然法学と権利宣言の成立―ビュルラマキ自然法学とその影響に関する研究』（有斐閣、1980 年）153 頁。

57　辻村みよ子『人権の普遍性と歴史性：フランス人権宣言と現代憲法』（創文社,1992 年）。澤登文治『フランス人権宣言の精神』（成文堂、2007 年）。

58　田畑茂二郎『国際法』（岩波書店、1956 年）58-59 頁。

59　William Ossipow, Dominik Gerber, The Reception of Vattlel's Law of Nations in the Declaration of Independence, *The American Journal of Legal History*, Vol.57, 2017, PP.521-555.

60　Emer de Vattel, *Le Droit des Gens ou Principes de Loi Naturelle*, Vol. Ⅱ. Washington D.C., in : , Carnegie Institutin of Washington, 1916, pp.104ff.

61　ルソー、桑原・前川訳『社会契約論』（岩波文庫、1954 年）25 頁。

62　モンテスキュー（野田良之・上原行雄・稲本洋之助他訳）『法の精神　上』（岩波文庫、1989 年）265 頁。

63　以下は、主として山内進「平和の時にはできるだけ多くの善を、戦争の時にはできるだけ少ない悪を」『UP』623、（東京大学出版会、2024 年）1-5 頁による。

64　August Wilhelm Heffter, *Das europäische Völkerrecht der Gegenwart*, Berlin : ,

第 1 章　ヨーロッパ法史における三つの革命と戦争の法　63

Schröder, 1844.S.202.

65　Eyal Benvenisti, *The International Law of Occupation*, Oxford : , Oxford University Press, 2012,p.24.

67　有賀長雄『日清戦役国際法論』（陸軍大学校、1896 年）53 頁。

68　カール・シュミット、長尾龍一訳「全面の敵・総力戦・全体国家［1937］」、長尾龍一編『カール・シュミット著作集Ⅱ（1936-1970)』（慈学社出版、2007 年）26 頁。

69　エーリヒ・ルーデンドルフ、伊藤智央訳『総力戦』原書房、2015 年、23 頁。
Erich Ludendorff, *Der totale Krieg*, München : , Ludendorffs Verlag, 1939, s.10.

70　シュミット、前掲書、26-27 頁。

第2章　近世後期ドイツにおける「自然法的」軍法論
―――クリスティアン・ヴォルフおよびその影響に注目して

北 谷 昌 大

問題の所在

　近代国民国家とは、一定領域内部で正当な暴力行使を独占する存在であり、そこにおいては国内法によって兵役制度が定められるものとされる。当該国家の国民の一部は、一定の要件を満たすと一定期間の軍務に服することとなった。そしてそのような主権国家は、主として兵役義務者からなる軍隊を用いて他の主権国家との間で、国際法に従った形で戦争を行った。このようなモデルはこれまで近代以降のヨーロッパにおいて典型的とされ、また現代にもある程度は妥当すると考えられている。しかし、実際の歴史において、近世から近代、そして現代に至る過程がこのようなモデルに収れんするものでないことは改めて言うまでもない[1]。本稿は、近世ドイツにおいて形成された「軍法学」、とりわけ「自然法的」といわれる軍法学の分析によって、法学において、「近代」的な軍隊理解がどのように形成されたか、の一端の解明を試みるものである。

　近世ヨーロッパにおいては、近代的な意味での「主権国家」が存在せず、また、戦争形態やそこに用いられる軍隊および軍人の性格が「近代」的なそれと同視できるものではないことは今日広く知られる[2]。近代市民社会の成員の一部が兵士として軍務に服するのとは前提が異なる前近代ヨーロッパも社会にあって、同時代の法学は兵士の法的地位をどのように把握してきたの

か。最近では新しい軍事史の影響もあり、同時代の軍隊生活や兵士の法的地位に関する法理論についての研究や[3]、同時代における軍法知識の専門家に関する研究も蓄積されている[4]。

これに対し、法学史研究においてはこれまで、前近代の戦争、軍事に関する議論は主に国際法史研究によって研究が進められてきた[5]。こうした中でも、近世ヨーロッパ、とりわけドイツの戦争、軍事思想潮流の概観としては、ミヒャエル・シュトライスの『公法史』が優れているが、近世後期については国際法に帰着する潮流が主に取り上げられるだけで、同書は近世における戦争および軍事に関する法的思考の全体を描き出すには至らなかった[6]。他方で、近時では、これまでの研究では十分注目されてきたとは言い難い、新教徒の戦争法論や近世に特有の平和思想といった、近世の軍事、戦争に関する法議論の再構成、評価が進んでおり[7]、近世の戦争に関する法的議論の全体像は、近代国際法の形成に至る過程のみを辿ることではその特質を十分にとらえることはできないように思われる。

こういった状況下で、もともととりわけ近代国際法論の淵源としての自然法による戦争の規律に関心を有しつつ[8]、そういった枠組みを超えて近世に特有の法学、すなわち軍法学（Kriegsrecht / ius militare）の研究に着手したのがディートヘルム・クリッペルである[9]。クリッペルの2016年の研究によれば近世後期のドイツにおいて軍法学は、同時代の事典などの定義では今日での用語でいうところの、国際法、国法、行政法、刑法、懲戒法および私法にまたがる内容を含む広範な法分野であったとされる[10]。軍法学がクリッペルによって指摘されるような特質を持っていたとすれば、その学問的状況の全体像を明らかにすることによって、前述した近世の戦争に関する議論の潮流を見通す一つの視座となることが期される。このような視点に立ったときクリッペルの議論においてとりわけ注目されるのが、近世後期ドイツの軍法学は、一方には自然法的軍法があり、他方ではドイツ私法の一部であった、という主張である[11]。クリッペルによれば、前者は2つの内容を含んでいたとされる。すなわち第一には軍事、戦争および平和についての国際法

（Völkerrecht）であり、第二には、一般国法が臣民と君主の関係を基礎づけるのと同様、軍務も自然法によって基礎づけられていたとされる。クリッペルは、とりわけ第二の意味の自然法的軍法論に関する同時代的見解としてレグネルス・エンゲルハルト（Regnerus Engelhard, 1717-1777 年）という人物の『科学的方法によって執筆された軍人の自然法の模範』（Specimen juris militum naturalis methodo scientifica conscriptum）を引用する[12]。シュティンツィングおよびランツベルクの『ドイツ法学史』によれば、エンゲルハルトはクリスティアン・ヴォルフの法学方法論から方法の点でも理念の点でも影響を受けた人物と評価され、レーエン法や刑法に関する著作、そして軍法学に関する著書『模範』などがヴォルフの影響を受けた諸著作として評価されている[13]。ヴォルフは論証的方法ないし科学的方法による自然法論を展開した人物であり、多くの同時代的批判を受けつつもヴォルフおよびその継承者たちの方法論は 18 世紀を通じて実定法学にも影響を及ぼしたことで知られる[14]。しかしクリッペルはエンゲルハルトとヴォルフの関係には触れず、またヴォルフの見解とエンゲルハルトの影響関係も明らかにはしていない。

このことから 2 つの疑問が生ずる。第一に、ヴォルフはその著書『国際法』において、自然国際法とは区別される実定国際法のうち、「世界国家」の国法たる意思国際法が科学的法学方法論によって取り扱われうるとしたのであり、「国際法」（Ius Gentium）を自然法から分離した人物として評価される[15]。クリッペルは自然法的軍法の第一の性格を国際法的内容として挙げるが、この自然法観はヴォルフの上述の見解とは相いれないように思われる。このことから、ヴォルフ自身およびその影響下にあるとされるエンゲルハルトの軍法論を分析することで、クリッペルのいう第二の意味の「自然法的」軍法論がどのような立場として形成されたのかを明らかにする必要が生ずる。

第二に、筆者のこれまでの研究によれば、18 世紀前半にはすでに軍法学が学問分野として完成をみている。とりわけ、1710 年代以来、アドリアン・

バイアーの軍法論が軍法や軍司法制度に関する著作に対しても、また大学法学部における軍法学講義にも影響力を有していたことが知られる。これらのことから、いわば「後発」であるエンゲルハルトの「自然法的な」議論はこれに対してどのような態度を取ったのかが疑問となる[16]。

そこで本稿では、エンゲルハルトの軍法学の基礎構造を分析し、これがヴォルフの法論とどのような関係にあったか、また軍法学の先行学説に対していかなる位置付けとなるかを検討することで、「自然法的」とされる軍法論の内容を明らかにし、ひいては戦争、軍事に関する法的議論の展開を解明するための一つの手がかりとしたい。本稿は3つの部分から構成される。初めに、18世紀前半におけるエンゲルハルト以前の軍法学の状況を概観する（第1節）。次に、ヴォルフの軍法論を分析し、「自然法的」とされる軍法論の意図するところを明らかにする（第2節）。最後にエンゲルハルトの軍法論の内容を分析し、彼の先行者たちとの関係を示す（第3節）。

1　軍法学の形成――アドリアン・バイアーとその影響

（1）　アドリアン・バイアーの軍法学

近世ドイツにおける法学の一分野としての軍法学の形成に決定的な影響を与えたのが、アドリアン・バイアー（Adrian Beier, 1634-1712年）である。バイアーはイェーナ大学で学修し、1690年からは没するまで同地の法学部教授として教鞭をとった。バイアーは17世紀末以来法学部での自身の講義において頻繁に軍法学を講じるとともに、1712年に大著『学問の形態へと整えられた軍法学』を出版したことで知られる[17]。同書はユスティニアヌス帝（以下ユ帝と略記）『法学提要』に倣うことで、軍法（ius militare）を「学問の形態」（artis forma）に整えることを目指した著作である[18]。

バイアーは、軍法を学問の形態に整えることを以下のように理由づける。バイアーの意図は軍司法実務を念頭に、「熱心な学修者に対して、この軍法学におけるファロス灯台を建てる」ことを目指すものであった[19]。バイアー

によれば、軍法はフーゴ―・グロティウスの『戦争と平和の法』を代表とする先行諸著作によって論じられ、とりわけグロティウスは「戦争の公法」(jus belli publicum) を中心に論じたが、これに対して自身は「私法」(jus privatum) を優先すると述べる[20]。このような課題設定をしたバイアーは、「軍法が諸原理によって完結され、学問の形態へと整えられうるか否か、何らかの軍法学が形成されうるか否か」を問題とする[21]。そして、それらへの肯定的な答えとして、軍人が自身の権利を追求できることが必要であること、商人など他の職業でも法学分野が構成されたことから、軍人においても可能であること、部分と全体が調和することの快さ (jucundo) および事案の吟味や判断の案出を行うことができる軍事裁判官 (tribunal casrensis) を育てるという有用性、の４点を挙げる[22]。そして次にバイアーはそれらがユ帝『法学提要』の方式をとりうるかが問題になるとし、軍法は部分であるが、法学全体の理に服するならば戦争に関する事物も部分としてそのような全体に反せず、例外も規則群において最も快く配されることの２点を挙げ肯定する[23]。ここでバイアーはユ帝『提要』および『提要』の方式に倣った著作で、同時代の法律実務家に好まれたゲオルク・アーダム・シュトルーフェ (Georg Adam Struve, 1619-1692 年) の『ローマ・ゲルマン実務法学』(Jurisprudentia Romano-Germanico forensis) を範型とすることを明言する[24]。バイアーが名を挙げる『法学提要』は周知の通り近世後期の法学において教育上の範型として受容され続け、シュトルーフェの著作は 17 世紀後半から 18 世紀にかけての法学文献として非常によく流布した著作であった[25]。このバイアーの姿勢は、序言の内容からも、法学学修者がとりわけ軍事法廷実務に習熟することを本書執筆の目標としたことによるものと解される。

　バイアーはユ帝『提要』に倣った形で、法学の目的は正義であるところ、「軍事的正義とは、権利を軍事条章に従って、定められたように各々に配分する不変かつ永続的な意思である」とし[26]、「軍法学とは、戦時に軍人相互または民間人と軍人とに生ずる事案についての知見であり、またそれらの事案

のそれぞれにおいて正または不正である事柄の、学問である」と定義する[27]。

　バイアー軍法学はこうした認識を背景として、ユ帝『提要』に倣った形で、軍法学を「すべての軍事の状態にかかわる法」であるところの軍公法（jus militare publicum）と「個々の人々の争訟を判断し、それらの者たちの便益に係るところの」軍私法（ius militare privatum）とに二分し[28]、グロティウスが前者を論じたものと理解する。そして後者は「それぞれの軍人の、そしてまた軍人に訴訟を提起する民間人の事件はアドヴォカートに任せるのがより正当であり、これらの者たちへの教示がむしろ必要である」[29]。バイアーの理解では、前者における当事者が戦争によって決着をつけるのとは異なり、後者における両当事者は法律によって決着するよう義務付けられており、その争訟を裁く裁判官はそれ以前に習熟しているものであるため、そのような法曹を養成するために軍私法を論じなくてはならない、と理由づける[30]。

　以上がバイアーの軍法学の基本的な意図である。バイアーはとりわけ軍隊の成員が当事者となる争訟の解決を担う法曹の養成を目指し、グロティウス、シュトルーフェといった、ある法分野の全体像を描いた法学者たちを範とする。そして、その目的のためには、同時代の法学教育上入門書の位置を与えられたユ帝の『法学提要』こそ、形式の点でも内容の点でも範型を提供する著作であった。また、バイアーはこのような入門的軍法学の構築に際し、武器（arma）による争いである戦争と法律（leges）による争いである争訟とをパラレルに把握する。バイアーが軍法学を軍公法と軍私法に分け、グロティウスを前者の代表者と捉えつつ、自らが後者を論ずるという方策をとるのもこの点と対応する。このような構成をとることでバイアーは同時代の軍人の関わる法的紛争を解決するために要請される知識の全体像を描くことを目指し、この観点に従って個別の論点、とりわけ人、物、訴訟の個別制度について、同時代の立法の内容をも参照しつつ、極めて浩瀚な同時代的制度・思想を整理した。例えば人の法では古代ローマの軍事理論家であり、近世の軍事理論形成の範の一人となったウェゲティウスの議論を頻繁に引用し

つつ、兵士や将校となるべき者について身体的性質、年齢や出自、さらに宗派の観点から詳述し、また物の法で掠奪に関する諸規範を財産類型ごとに区分して扱っている。バイアーは人・物・訴訟を3つの軸とする『法学提要』という枠組みによって、軍事理論までも法学の枠内に導入し、議論の内容に同時代性と広範性とを付与したといえる。

（2） バイアー軍法学の影響

【1】 大学法学部の講義への影響

　バイアーの議論は18世紀前半のドイツにおける議論の展開に大きな影響を与えた。まず、大学法学部での軍法学講義においてである。別稿で指摘した通り、ハレ大学法学部で教授を務めたヨーハン・フリーデマン・シュナイダー（Johann Friedemann Schneider, 1669-1733年）は1710年代から1730年代にかけバイアーに倣った軍法学講義を継続しているほか、ケーニヒスベルク大学、フランクフルト・アン・デア・オーデル大学でもバイアーの影響がうかがわれる講義が見られる[31]。

【2】 学問的議論への影響

　次に、学問的議論への影響である。18世紀前半のドイツでは、軍司法制度の整備と相まって、軍司法手続に関する手続文献が数多く執筆された。中でも、18世紀初頭にハレ大学法学部で正教授を務めたヤーコプ・フリードリヒ・ルドウィキ（Jakob Friedrich Ludovici, 1671-1723年）の『軍事手続入門』[32]や、同じくハレ大学法学部正教授であったカール・ゴットリープ・クノレ（Karl Gottlieb Knorre, 1696-1753年）の『軍事手続基礎手引』[33]の手引文献は18世紀初頭の大学での講義でも広く用いられた。これらの著作では多くの箇所でバイアーの『軍法学』に基づく記述が見られる。

　また、バイアーは軍法の全体像を視野に収める著作類型にも影響を及ぼした。例えばヨーハン・シュテファン・ダンコ（Johann Stephan Dancko, ?-1730年）は1725年にドイツ語で出版した『軍法の簡潔な綱要』[34]および1728年にラテン語で著した『ユスティニアヌス帝の法学提要の順序に基づ

く軍法の素描』[35] の２つの著作において、いずれもバイアー同様法学提要の構成を採って同時代の軍事に関する法制度の全体を概観させる点で特筆される。一層注目されるのがケーニヒスベルク大学法学部教授であった、シュテファン・ヴァーガ（Steohan Waga, 1702-1754）の軍法論である[36]。ヴァーガもまた軍法学講義を断続的に開講したことで知られるが、それのみならず、自らが推薦教授となった一連の学位論文でバイアー軍法学を強く志向した軍法学論を展開している[37]。

　ヴァーガの議論は、総論に相当する部分で軍法学の構成および定義を述べ、その後人・物・訴訟の順で論を進めると述べる。ヴァーガはバイアーと同様に軍公法と軍私法の二分論を採り、「軍公法は諸民族によって導入されたところ、軍私法は誰であれ命令権者が自身の状態の理に応じて自身の軍勢において定立するものである」[38] としたうえで後者を重点的に取り扱うと述べる。ただし実際には、５点の学位論文で人の法の途中まで述べるにとどまり、以降の内容は出版されていない。

　ヴァーガの議論はバイアーと異なり基本的に各法制度を同時代のドイツの各邦国の立法に依拠して根拠づける。そしてとりわけ注目されるのが、人の法に関する学位論文の２番目、全体では４番目に出版された議論でヴァーガが「戦闘権」（jus belligerandi）を論ずる点である。ヴァーガはこの概念を「あるいは開戦について、あるいは終戦について必要なすべての戦争の手段について定める権能である」と定義し[39]、それを踏まえて宣戦および講和の権利の所在の歴史的変遷について述べる。そして同時代の神聖ローマ帝国の状況について、

　　　今日皇帝は戦争権を自らのみに留保しており、とりわけ防衛戦争においてはそうである。しかし、帝国事項について、あらゆる審議において、とくに戦争が決定されるべき場合、帝国等族に対して票決権はやはり確立されており、それについて皇帝たちは最新の協約で誓約している。それゆえ宣戦布告は前もっての〔帝国〕議会における全等族に

よる審議が行われない限り発されない。[40]

と述べ、明確に「戦争権」、とりわけここでは帝国防衛戦争について軍法学の枠内で言及し（11 節）、これに続く節ではさらに帝国等族の戦争権が認められることについても論究する（12-14 節）。帝国防衛を含む帝国軍制も、帝国等族の戦争権も通常帝国公法論で論じられる問題であり[41]、軍法学の祖であるバイアーの議論には見られない。ここに我々は 18 世紀半ばの軍法学のいわば拡大を見て取ることができるのである。そしてこのような軍法学の議論の拡散を背景として、自然法的軍法論が展開されることとなる。

2　クリスティアン・ヴォルフの軍法論

　クリスティアン・ヴォルフ（Christian Wolff, 1679-1754 年）の学問的功績は多岐にわたるが、とりわけ法学分野においては、周知のとおり「科学的方法」による自然法および万民法（国際法）論において顕著な功績を残した[42]。しかしこれまで、ヴォルフがその著書『国際法』において軍法（ius militare）にも言及していることはほとんど知られていないように思われる。そうした中にあって、近時フィヒテは軍事服務関係の自然法的基礎づけの代表的論者としてヴォルフの議論に注意を促している。フィヒテの研究は、本稿でも後述するエンゲルハルトをヴォルフと対照させつつ、とりわけ強制的な軍務の法的正当化に関する理論について、ヴォルフを軍務の自然法的な基礎づけに寄与した人物と評価するものの、ヴォルフの軍法論そのものには立ち入っていない[43]。実はヴォルフは、フィヒテが指摘するような個別的な内容のみならず、軍法（ius militare）の一般的性格にも言及している。

　ヴォルフの軍法論を理解する上では、彼の軍人（miles）論をまず確認する必要がある。ヴォルフによれば、軍人は「その者たちによって、戦争実行者（autor belli）が暴力を、自身が戦争を行っている相手である他方当事者に対して行使するところの人々は軍人と呼ばれる」と定義される[44]。このよ

うなヴォルフの理解は、彼がグロティウスの『戦争と平和の法』第1巻第5章第3節の内容を示しつつ、戦争実行者を戦争の作用因（causa efficiens）のうちの第一原因（causa principalis）として、軍人を戦争の作用因のうち道具的原因（causa instrumentalis）として捉え、後者が前者の意思によって行為すると考えることに由来する。このような軍人理解は、ヴォルフの国際法論においては戦争権がもっぱら国家に帰属すると解されることと極めて整合的であり[45]、彼の言う公戦が「民族間で、または最高の命令権を有する実行者によって行われる」ことを踏まえるならば[46]、軍人とは戦争実行者たる国家の意思に従って実際に戦闘に従事する者と解することができる。

このような軍人の定義の下で、ヴォルフは「軍法」（ius militare）を『国際法』第770節において以下のように定義する。

> そこにおいて、軍人および彼らの指揮官によってなされるべき事柄、なされてはならない事柄、または彼らに許される事柄について定められているところの法律は軍法と呼ばれる。ゆえに軍法においては、軍人およびその指揮官の義務、義務を懈怠する者たちへの刑罰ならびに軍人の指揮官および最上級の将軍の権利について扱われる。[47]

ヴォルフは以上の内容に注記して、

> 軍法は実定法であり、もし注意力が同時に軍事的な行動へと向けられるならば、すでに『自然法』第8巻で国法理論について論証されたことがこれに対しても適用されうる。自然法および万民法ならびに特に戦争法および戦時法を熟知した者によって、吟味へと容易に至らされるところの、多くの国々の諸軍法が存在する。それらの法において自然的なものを単に実定的なものから区別し、または軍法の何らかの自然的な理論を構築することは、目下われわれの課題ではないように思われる。なぜなら、目下の目的が拒絶するところの冗長さ自体がその

ような回り道へと入り込むことを禁ずるからである。[48]

　ヴォルフによれば、「軍法」は軍人および指揮官への命令、義務ならびに指揮官および将軍の権利を定める実定法、すなわち意思にかかる法である[49]。その帰結として、このような軍法が多くの民族（Gentes）に存在するのであり、これらの軍法は仮にその主題に精力を傾けた場合、自然法、万民法、戦争法および戦時法に通暁した者によって容易に吟味される、すなわちヴォルフによる『自然法』第8巻、すなわち国法の自然理論によって論証されうると認められる。しかしながらヴォルフは、それらの法において自然法に属するものを実定法から区別し、またはなんらかの軍法の自然法的理論を形成することは、冗長さ回避のため、自身の著書『国際法』の役割ではない、とする。以上よりヴォルフが、実定法たる軍法の中でも自然法に属する内容に対して自身の説く国法の自然理論を適用することで軍法の自然法理論が構築されうることを肯定していることは明らかである[50]。またこの時、ヴォルフは、同時代の軍法学の状況には一切言及せず、自然理論の適用可能性にのみ仮定の形で触れていることから、自身にとって十分と思われる方法論に拠った議論の展開が執筆当時においてなおなされていないと認識していたということができる。ただし彼が望ましい自然法的軍法論を自ら作り上げることはなかった。この課題の解決はエンゲルハルトの自然法的軍法論の形成を待つこととなる。

3　レグネルス・エンゲルハルトの自然法的軍法論

　ヴォルフが言及しつつも自ら取り組むことを避けた課題は、レグネルス・エンゲルハルト（Regnerus Engelhard, 1717-1777 年）によって果たされることとなった[51]。本節では彼の生涯およびこれまでの研究における評価を確認し、次節でその軍法論の構造を分析する。

（1）エンゲルハルトの生涯

　エンゲルハルトの父ヨハネスは、ヘッセン＝カッセル方伯子ゲオルク（1691-1755年）の家令（Haushofmeister）を務めた。8歳の時に父親が没したため、エンゲルハルトはゲオルクの庇護の下1736年からマールブルク、イェーナ（1739年）およびライプツィヒ（1741年）で法学を学んだ。マールブルクでは当時同地で教鞭をとっていたヴォルフの講義を熱心に聴講した。ライプツィヒでの学修を半年で切り上げた後、1741年からエンゲルハルトはオーストリア継承戦争の時期にあって故国ヘッセン＝カッセル軍の連隊軍法務官を務め、ハノーファー、低地地方やライン川流域およびマイン川流域への遠征に従軍した。その後1744年にはカッセルの軍事評議会（Generalkriegscommission）の書記兼法務官となり、1755年には軍事顧問官（Kriegsrat）に就任、在任のまま1777年に死去した。

　これまでの研究でも、エンゲルハルトはヴォルフ法学の理念および方法論の継承者として知られ、上述した通りシュティンツィングおよびランツベルクの『ドイツ法学史』はヴォルフの影響下にあった法学者の一人としてエンゲルハルトを取り上げている。エンゲルハルトは複数の法学文献を著したが、本稿においてとりわけ注目に値するのが『科学的方法によって執筆された軍人の自然法の模範』（Specimen juris militum naturalis methodo scientifica conscriptum）である。同書は書名から察せられる通りヴォルフの法学方法論に大幅に依拠して理論を構築している。ランツベルクによれば、本書はエンゲルハルトの実生活上の地位である軍法務官職に動機づけられたものと評される[52]。ここではとりわけエンゲルハルトの戦争および軍人の概念と、それらと軍法との関連を明らかにしつつ、彼の軍法学の特質を分析する。

（2）「科学的方法による」軍法学

　エンゲルハルトは『科学的方法によって執筆された軍人の自然法の模範』の序言において自らが議論を展開する理由を以下のように述べる[53]。すなわ

ち、軍法の著述家はいないわけではないが、「軍法の全体の範囲 (ambitum) を包括するよう着手し、その体系を構築し、または学問の形態へと軍法を整序した者はごくわずかしか見いだされない」[54] という現状認識を示し、そのわずかな者の第一人者としてバイアーを評価する。しかしエンゲルハルトはそれに続けて、バイアーの方法が「正しい方法の概念」 (genuinae methodi notitionem) を持たないと批判する[55]。また、エンゲルハルトより少し前に軍法論を著したグニューゲについても、「あらゆる努力を終えたとは彼自身確信していない」と指摘する[56]。エンゲルハルトは、とりわけグニューゲを念頭に、実定軍法は君主の判断によって定められるため、各国の軍人の権利および義務は一致しない、と述べる[57]。それゆえ、それらを多様なものとして列挙するという方法に拠る限り軍法の体系は構築されえないこととなる。そのような状況では軍事法廷での判決の基礎あるいは軍法の体系の構築の基盤となるような原理 (principia) は存在しえない。ここでエンゲルハルトは、市民法の状況を例に、実定法に規定されていない事柄は、自然法によって規定されていなくてはならないことから、軍法学の基礎づけにも自然法の認識が不可欠であると断ずる[58]。したがって、軍人の権利および義務として、自然法自体が定めることを認識することが同書の課題となる[59]。エンゲルハルトによれば、「このような課題がグロティウスによっても言及されて」おらず、ヴォルフは軍法に関連することは多く扱っているが、「しかしヴォルフも以下のことを認めた。すなわち、その〔＝軍法の〕自然法理論を形成するほどの回り道へと入り込むことは自らの原理には属さぬと」[60]。そこで、エンゲルハルトは同書によって自然法自体によって明らかとなる軍人の権利および義務の探究を行うことを意図し[61]、確たる学 (solida scientia) へともたらすことを目指す[62]。

　以上のような序言の内容をもとに、エンゲルハルトは本論を展開する。本論は前提となる予備的考察（1節 -13節）とこれに続く6章から構成され、第1章では軍人および軍法の概念が明らかにされる（14節 -117節）。第2章は軍人の義務（118節 -314節）、第3章は軍人の権利（315節 -535節）、

第4章は軍人の犯罪（536節-760節）、第5章は軍人の刑罰（761節-1095節）、第6章は軍事法廷および軍事手続を内容とする（1096節-1289節）。ここではとりわけ、同書第1章におけるエンゲルハルトによる軍法学の基礎づけに着目して議論を進める。なぜならその方法こそバイアー以来の軍法学に対するエンゲルハルトによるアンチ・テーゼであり、その後18世紀後半の議論の展開に影響したと考えられるからである。

　エンゲルハルトはまず冒頭に予備的考察（praecognitio）を配し、戦争の定義およびその区別について概観する。すなわち戦争とは「自己の権利を何らかの方法で侵害または否定する他者に対する力による自己の権利の追求」と定義され（1節）[63]、そのような戦争を行う権利は「自己の権利を何らかの方法によって侵害または否定する他者に対して力によって自己の権利を追求する権利」である（5節）[64]。その戦争権は「一方では自然によって各々の人間に帰属し、他方で諸民族（gentes）に、または、もし最高のまたは国家の命令権がその者へと移されたならば、国家の統御者に帰属する」（6節）[65]。すなわち前者は私戦、後者は公戦として区別され「もし戦争が単数かつ個々の私人によって個人に対しまたは複数の私人によって複数の私人に対し適切な権威を伴って行われる場合私戦である。もし戦争が諸民族間または最高の命令権を持つところの実行者同士で行われる場合は公戦と呼ばれる」（7節）[66]。公戦は「国家の統御者またはお上」（rector civitatis, seu superior）、すなわち最高の命令権を保持する者によって行われ（8節）、その者が公戦における「戦争の実行者」（auctor belli）となる（10節）。公戦は国家（civitas）を前提とする（supponit）ところ（12節）[67]、公戦は「民族間で行われるゆえに、公戦においては一方の民族によって力が他方の民族に対して投入されねばならない。さらに民族とは多数の人間を覆うものである（ヴォルフ『自然法』〔第8巻第5節〕）。したがって、公戦においては数多くの者の結合された力によって、民族が、戦争を行う相手の民族を攻撃し、ゆえに多数の者によって多数の者に対して力が投ぜられねばならない。そのことから、公戦は人々、多くの人々またはより多くの人々なしには行われえない、

と明らかになる」（13節）[68]。

　このような戦争の公私への区分、その定義および性格について、エンゲルハルトは一貫してヴォルフの『自然法』および『国際法』の内容に依拠して議論を進める。そしてとりわけ10節から13節の議論では、定義の論理的帰結から国家の統御者が戦争実行者となる公戦は多数の人間を要することを指摘し、14節以降の第1章で展開される軍人の性格規定の前提を構築する。

　これを踏まえてエンゲルハルトは第1章冒頭で軍人（miles）を「公戦を行うのに用いられ任ぜられる人々」と定義する（14節）[69]。このような軍人もまた、公戦が国家を前提とすることの帰結として国家を前提とする（18節）。軍人には国家の必要によって募集される者（lecti）と意思による者（couducti）とが存在するところ（22節）、前者は臣民（subditi）のみであり（34節）、後者は臣民または外国人（peregrini）である（36節）。エンゲルハルトは他国が常備軍を備える同時代的状況を踏まえ、可能であれば常備軍を給養する必要を前提として（29節註）、軍務への招集および契約の特質を詳述したのち、それらに基づいて、軍人は募兵に応じた外国人であれ（75節）、募兵、招集された臣民であれ（77節）、当該国家の国民（cives）であることを強調する。

　エンゲルハルトはここから軍人の地位と軍法の関係の解明に移る。ここではとりわけ強くヴォルフの議論に依拠して行論が進められる。すなわち、軍人は「〔国民（cives）ではあるが、〕戦争を行うために、すなわち君主の権利を力によって追求するという、ほかの〔軍務に服していない〕国民または非軍属によっては目指されえない一定の目的の追求のために用いられ、それどころか義務付けられる」[70] ため、「非軍属の義務および権利から区別される、軍人に固有の義務および権利が存在する」[71] と述べ、公戦遂行のために用いられるというその定義から、義務（obligationes）および権利（jura）の点で非軍人（pagani）とは区別される存在であることを導出する（81節）。権利義務が特有であることから、したがって軍人の行為（actiones）もまた軍人に特有である（84節）。行為を規律するものが法律であるゆえ

に、軍人の法律もまた、軍人に固有な「軍事法律」（leges militares）である（85節-87節）。そして、「軍法」（ius militare）は、軍事法律の総体（complexus）である（89節）。軍人が国家を前提とすることから軍法もまた国制（civitatem constitutam）を前提とするところ（90節）、「共同体一般と同様に、国家（civitas）は法律または何らかの法なしには存在しえない（ヴォルフ『自然法』第7巻第46節）。国家において生きる人々、すなわち国民——国民である限りで——の行為を決定する法が（定義によって）国法（jus civile）と呼ばれるゆえに、軍法もまた国法を前提とすることが明らかである」こととなる（91節）[72]。一般に国民の行為を規律する法の制定権はお上（superior）に属するゆえに、軍法もまたお上によって定められる（92節）。理性的存在の意思にかかるところのあらゆる法は実定法と呼ばれるところ、軍法は君主の意思によって定められているため、これも実定法である（93節）。国法と軍法との関係は、国民の特殊の行為を規律する法が国法の特別法であるから、軍法もまた国法の特別法である（97節）。

　そして、エンゲルハルトはさらに、軍法の性格を次のように述べる。軍法は、立法者たる君主の意思によるものであるため、国民（populus）毎に異なる（102節）。そして、「軍法はなんらかの特別の国法である（97節）。したがって、軍法は軍事法律の総体であるゆえに（89節）、軍事法律は国家法律、もちろん特別の国家法律でもある。したがって、国家法律は一般に自然法律に矛盾してはならないゆえに（ヴォルフ『自然法』第8巻973節）、軍事法律も自然法律に矛盾してはならない」と述べ[73]、軍事法律の総体であるところの各軍法は国法の特別法であるという性質から、国法は自然法に反してはならないという原則が軍法にも妥当する、とする（103節）。軍事法律は自然法に一致しなくてはならないゆえに、自然法自体によって軍人に関して命令、禁止または許容されている事柄が存するところ（104節）、命令・禁止の自然法が定める事柄は軍法によって変更されえないが、自然法が命令、禁止する内容は各国の軍法において警告されなくてはならない（105節）。これに対し、許容の自然法が定める事柄は、軍法によって変更される

ことがあり、それゆえにその内容は国ごとに異なりうる（106節）。このことから、各国の軍法においては、自然法が定める事柄（107節）と実定法に属する事柄とが存在する（108節）。

　そして、「一般に国民の法律または国法の自然理論が存在する」ところ、「軍法は特別の国法である。したがって、国法の種である。ところで類にあてはまることが種にもあてはまる」ため、「〔国法に対するのと同様に〕軍法の自然理論もまた存在しなくてはならない」（111節）[74]。前者の理論が自然法に属することから後者も自然法に属する（112節）。そして、軍人およびその行為に関して命令、禁止または許容される事柄を論じる自然法こそが、普遍的な自然軍人法（Jus militum naturale universale）と呼ばれる。軍事法律または実定軍法（jus militare positivum）の制定に際しては、その内容が自然法の命令、禁止する事柄に抵触しないよう、自然法の内容を理解している必要があることから（114節）、実定軍事法律を判断する（dijudicare）ためには軍法の科学（juris militaris scientia）が必要である（115節）。そしてその軍法の科学から、軍法学（juris prudentia militaris）が構成される。すなわち、「軍法の科学、または、もちろん軍人の――軍人である限りにおいて――行為を道徳的なものとして定める法の科学は、軍法学（Juris prudentia militaris）と呼ばれる。それゆえ、軍法学は軍人に関して定められる権利および義務の科学〔という内容〕によって定義されうる」（116節）[75]。そして、命題を確固たる原理に基づいて証明するヴォルフに依拠した学問観に基づいて、自然法的な軍人の法を認識するという軍人の自然法学なしには軍法学は存在しえない、と結ぶ（117節）。これらを踏まえ、エンゲルハルトは第2章以降で軍人の義務、権利、刑罰、法廷手続といった各論的議論を進めることとなる。

　エンゲルハルトによる軍法学の基礎づけはおおよそ以上の通りである。エンゲルハルトは論理性と明証性を重視した自身の軍法学の基礎づけに際して、バイアー以来の軍法学の潮流を強く意識している。序言において既にバイアーの方法論を批判したエンゲルハルトであるが、89節においても改め

てバイアーらの軍法学の構造を批判している。エンゲルハルトは、自らの言う「軍法」（ius militare）が「法学（jurisprudentia）として把握されるならば、軍人に関して妥当する権利および義務についての知識（scientia）である」と述べる[76]。エンゲルハルトによれば、彼の「軍法」はほかの論者が言うところの「軍私法」（jus militare privatum）である。エンゲルハルトはバイアー以下の論者を念頭に、「戦争の法または戦闘を行う者たちの権利を決定する法が、彼ら〔他の論者〕によって軍公法と呼ばれる。しかしこれはむしろ戦争法と呼ばれる」[77]と主張する。エンゲルハルトの理解では「その言葉〔＝戦争法〕によって、グロティウスもそれを戦争と平和の法に関する偉大な労作で論及した」[78]のであり、「そして〔戦争法は〕万民法の一部であって、そこで論じられるのが常であるところ、もしこれを軍公法と呼ぶよう望むならば、必要性がないのに本質が増やされるように思われ、行論の曖昧さが加わってしまう」と断じる[79]。ここにおいて、エンゲルハルトはバイアー以来の軍公法概念を解体し、グロティウスを軍法学の枠組みから解放する。すなわち、バイアーのいう「軍法学」が軍公法と軍私法の二分野からなっていたのに対し、エンゲルハルトのいう「軍法学」は後者のみからなるのである[80]。

　ここまで確認してきた通り、エンゲルハルトの議論はとりわけ方法の点でヴォルフの著作、中でも自然法論に強く依拠している。また、このことの裏返しとして、とりわけ軍法学の基礎をなす第1章ではヴォルフ以外の人物からの引用、参照はほとんど見られず、何らかの立法を根拠とすることもない。中でもバイアーからの引用がほとんど見られないことは特筆すべきである。エンゲルハルト以前の論者たちは何らかの形でバイアーに言及することが常であったが、エンゲルハルトにおいては、序言でバイアーの労作に一定の評価を与えつつも、方法の点で評価しておらず、ヴォルフのグロティウスに対する評価を想起させる[81]。エンゲルハルトはバイアー軍法論を批判するとともに、その継承者たちである、ダンコ、ヴァーガ、グニューゲらによって展開された、各国の軍事条章などの立法から共通あるいは類似する規定を

引用、比較することで議論を根拠づける方法による軍法学を否定する。それに替えてエンゲルハルトは、命題を提示し、それ以前に確定した内容あるいはヴォルフの自然法論を中心とする著作を根拠として証明していくという手法を一貫して採用することでヴォルフ流の国法論に倣った、いわば「軍法の自然理論」の構築を試みたものと評価できる。

　なお、エンゲルハルトの立論では、ヴォルフとの相違点も存在する。重要なのが、軍人の定義の相違であり、この点でエンゲルハルトはヴォルフの軍人の定義に直接には拠っていない。先述の通り、ヴォルフは軍人を「その者たちによって、戦争実行者（autor belli）が暴力を、その者と戦争を行っているところの他方当事者に対して行使するところの人々は軍人と呼ばれる」と定義しており、公私戦の区別と明示的には関係づけられない。これに対して、本稿で検討した通り、エンゲルハルトは軍人を公戦に用いられるものと捉え、その定義をよりどころとして軍法学の定義にまで至る。この点について、エンゲルハルトは 15 節の註においてヴォルフの定義に触れたうえで、「実に、後に続く事柄の論証のためにはより適していると思われたゆえに、軍人の概念において公戦に言及した」と述べ、定義に基づく論証およびその帰結を重視した結果、定義を一層明確にする必要があったと述べる[82]。先述の通り、ヴォルフの議論では「『戦争権（ius belli）』、または『戦争〔の開始〕に対する権利（jus ad bellum）』」は国家に帰属するものと解され[83]、ヴォルフの軍人の定義もまた国家により遂行される公戦が前提となっていた。エンゲルハルトはこのヴォルフの議論をより直接に表現することで、公戦に従軍する軍人を拘束する法として軍法を定義することができたといえよう。公戦遂行者たる君主によって制定される、軍事条章をはじめとする立法が同時代の軍司法の基礎であったことから、軍人の定義を公戦に直接係らしめることはエンゲルハルトの理論の全体に整合し、そしてまた彼が直面した現実にも適合する。

　フィヒテもまた、ヴォルフとエンゲルハルトの相違に言及する。フィヒテによれば、エンゲルハルトは臣民の招集の正当化に際し、ヴォルフのいう

「卓越権」（ius eminens）に言及しない点でヴォルフとは異なるとされる。フィヒテは、ヴォルフは卓越権について、臣民の服務を求めるには極度の必要がある場合に限られるとするのに対し、エンゲルハルトは必要さえあれば足りるとしていること、またヴォルフは支配権行使の主体を国家形態にかかわらない形で「国家の支配者」（rector civitatis）とするのに対し、エンゲルハルトは「君主」（princeps）または「戦争実行者」（auctor belli）と呼ぶことを指摘する。フィヒテは後者の点からエンゲルハルトが証明しようとする権利がどこに所在するかが明らかになるものと解する[84]。また、フィヒテはこのほかに、ヴォルフによれば、自由意思によって募兵に応ずることで服務関係を締結できるのは外国人のみであるとされるのに対し、エンゲルハルトは臣民もまた自由意思によっても軍務に服することができるとする点で2人が異なっていることを指摘する。フィヒテによれば、この点はヴォルフが例外的な処理をしているのであり、エンゲルハルトは他の論者と一致している[85]。この点、とりわけ第一点目は本稿の分析で明らかとなった、エンゲルハルトの理論の基盤、すなわち軍人は君主によって遂行される公戦に従事する存在であるという点に整合的である。

　エンゲルハルトの軍法学は、従来の軍法学が軍事法廷での判決の基礎あるいは軍法の体系の構築の基盤となるような原理を構築できていないという問題意識の表れと解される。一方において既存の軍法学が対象領域を拡大させ、知的領域の輪郭が不明確となる中で、他方でヴォルフの自然法論の全体が完成し、ネッテルブラットなどヴォルフの影響下にある法学者が活躍する時代にあって、エンゲルハルトはヴォルフが未解決に残した問題を、国法の自然理論の適用というヴォルフが示した方向性に従って取り組んだ。なお、先述の通り、エンゲルハルトは連隊付軍法務官を経て軍事評議会に在任している期間に本書を執筆している。そしてこの時期1753年から1755年にかけ、カッセルにおいては方伯ヴィルヘルム8世のもとで軍事条章が兵種ごとに相次いで発布されそこでは将兵の規律、軍司法制度について定められていた[86]。エンゲルハルトもまた職務上こうした動向に無縁ではなかったと思わ

れ、この点でランツベルクの評価は妥当であろう。しかし、こうした実務上の立場は、軍法学を論ずる理由とはなりえても、なぜヴォルフの理論に依拠した自然法的な手法を採らねばならないかという必然性は導かれない。バイアー以来、ドイツの軍法学の蓄積は極めて大きく、それに依拠することは可能だったはずである。事実、ハレ大学法学部などでの軍法学講義では、バイアーやその影響下にあった諸著作に基づいて軍法学教育が継続的になされていた。エンゲルハルトが敢えてそうしなかったのは、彼にヴォルフの下での学修経験があったことと、すでにヴォルフが『国際法』で問題の所在を明確にしており、バイアー以来の軍法学の枠組みに依拠することがエンゲルハルトには考えられないものとなっていたことによる。以上のことから、軍人の行為規範を定め、判決を下すための確たる基盤となりうる軍法学を、ヴォルフの法学方法論に従って構築することがエンゲルハルトの意図であったということができる。

結論

　クリッペルが自然法的軍法の第二の内容として捉えた、軍務、軍司法制度の正当化を担うという機能は、エンゲルハルトの自然法的軍法論の理解としては妥当である。しかし、そこで問われねばならないのは、どのような自然法論が何故採用されねばならなかったかである。本稿の分析の結果、クリッペルの指摘する自然法的軍法論の第二類型とは、エンゲルハルトが明証性を基盤に、軍人の権利義務のみをもっぱらの対象として形成した軍法学である。これは、バイアー以降展開された、多様な議論を包含し、同時代の立法を多く論拠とする広範な軍法学に対するアンチ・テーゼであり、さらにその試みは、ヴォルフが明示的に残した課題を解決するものであった、という文脈で捉えられねばならない。

　そしてその結果成立したのは、共通の法学方法論に基づく、戦争法を含む国際法と、それとは区別された、もっぱら国内法である軍法であった。もち

ろんこれは近代国際法や近代国家の国内法を意味するのでないことは言うまでもない[87]。しかし、ヴォルフ—エンゲルハルトの議論を、それ以前の、軍公法と軍私法という形で戦争法の要素をも含む軍法学と比較したとき、戦争遂行と、その戦争＝公戦に従事する軍人の法律関係に関する法理論とが分離され、全体の整合性が高められていることは明らかである。ヴォルフ流の自然法論に基づくエンゲルハルトの自然法的軍法論は、戦争に関する法的議論について、「国法の自然理論」という同一の方法論を採用して、国際法と、国内法たる軍法という二層からなる理論枠組みを完成するものであり、やや時代錯誤な表現となることを恐れず言えば、戦争、軍事を規律する法学の一分野たる軍法学の位置づけを君主立法＝国内法の位置に転換させたものと評価できる。

　このことに関連して、本稿での分析結果から生じた課題を 2 点指摘せねばならない。第一に、クリッペルは近世後期の軍法論について、自然法的軍法論とともに、ドイツ私法としての軍法の存在に触れていた。この点については本格的な検討を要するが、例えばヴォルフの影響を受けたことで知られる、18 世紀の著名な法学者ヨーハン・シュテファン・ピュッター（Johann Stephan Pütter, 1725-1807 年）は、法学諸分野をまとまりある全体に捉えることを試みた 1757 年の著書『法学エンツュクロペディー講義案』において、軍法（Kriegsrecht）を身分・行為の点で特殊な私法としてドイツ私法の一下位分野と位置付けられるものと捉えている[88]。これはエンゲルハルトによる軍法学の位置づけに親和的な軍法の理解であるように思われ、さらに検討を重ねたい。

　第二に、本稿ではエンゲルハルトの軍法学の総論部分の分析により、その学問史上の位置づけを明らかにしえたが、各論部分の個別の法制度の分析を通じたその内容の解明については触れることができなかった。この点については、上で簡単にのみ記した、エンゲルハルトが仕えた 18 世紀半ばのヘッセン＝カッセルの軍司法制度との具体的関連において理解されねばならないため、自然法的軍法理解が現実の制度との連関においていかに機能したのか

についての検討を要する。

注

1　冷戦の終結以来、戦争の形態は顕著に変化するという見解も有力であったが、2022 年 2 月以来のロシアによるウクライナ侵攻は、一方で技術等においては新しい面を多く含みつつ、他方でこのようなモデルを想起させる面があるように思われる。さらに 2 年半近いその長期化によって、現在兵役を停止しているドイツでも、2024 年に入ってから国防相を中心に、成年男性からなる新たな兵役制度の導入が提起されるに至るなど、「近代」のモデルに回帰するかのような影響も見られる。Vgl. "Pistorius will »Richtungsentscheidung zur Wehrpflicht« bis 2025", *Der Spiegel*, 05.03.2024, https://www.spiegel.de/politik/deutschland/bundeswehr-boris-pistorius-plant-wehrdienstmodell-fuer-deutschland-bis-2025-a-a3ad74ba-b8c1-47e8-949a-6aef54bddab4（letzter Zugriff: 30.07.2024）. なお、20 世紀後半以降の戦争形態の展望について、メアリー・カルドー／山本武彦・渡部正樹訳『新戦争論』（岩波書店、2003 年）。

2　近世の国家形態については、近時「複合国家」論が、近代「主権国家」との相違を強調している。この点についてさしあたり、古谷大輔・近藤和彦編『礫岩のようなヨーロッパ』（山川出版社、2016 年）所収の諸論考を参照。

　　また、近世の軍隊の特質を解明するに際しては「新しい軍事史」研究が大いに寄与してきた。「新しい軍事史」の背景、内容については鈴木直志による概観がすぐれている。鈴木直志『広義の軍事史と近世ドイツ：集権的アリストクラシー・近代転換期』（彩流社、2014 年）、特に第 1 章および第 2 章。

3　司法利用の視点を含み、近世プロイセンの軍司法制度の研究を行ったリシュケ＝ネースの研究や、前近代の兵士の服務関係の法理論および制度を論じたフィヒテの研究が重要である。Janine Rischke-Neß: *Subjekrivierungen und Kriminalitätsdiskurse im 18. Jahrhundert. Preußische Soldaten zwischen Norm und Praxis*, Göttingen 2021; Robby Fichte: *Die Begründung des Militärdienstverhältnisses（1648–1806）. Ein Beitrag zur Frühgeschichte des öffentlich-rechtlichen Vertrages*, Baden-Baden 2010.

4　Markus Meumann: Forum militare. Zirkulation, Transfer, Professionalisierung und Verwissenschaftlichung militärgerichtlichen Wissens im 17. und frühen 18.

Jahrhundert – ein Problemaufriss, in: *Militär und Gesellschaft in der Frühen Neuzeit,* 22（2021）, S. 173-207.

5　我が国の研究に限ってみても、国際法学者による国際法史研究として伊藤不二男、大沼保昭、柳原正治、明石欽司らの研究が注目される。特に柳原正治『ヴォルフの国際法理論』（有斐閣、1998 年）、明石欽司『ウェストファリア条約 ――その実像と神話』（慶應義塾大学出版会、2009 年）。また、法史研究においては山内進、周圓らの研究が重要である。

6　Michael Stolleis: *Staat und Staatsräson in der frühen Neuzeit : Studien zur Geschichte des öffentlichen Rechts*（2. Aufl.）, München 2012, S. 191-197.

7　従来の戦争法研究が、とりわけ旧教のスペイン・サラマンカ学派を中心としていたことへの問題意識から、論者が新教徒であることに着目して戦争法論を概観した研究として、Michael Becker: *Kriegsrecht im frühneuzeitlichen Protestantismus: eine Untersuchung zum Beitrag lutherischer und reformierter Theologen, Juristen und anderer Gelehrter zur Kriegsrechtsliteratur im 16. und 17. Jahrhundert,* Tübingen 2017. 三十年戦争期の法学識者ニコラウス・シャフハウゼンという人物の著作について、著者の生涯およびテクストの内容とその変化を丹念に跡付け、同時代の戦争法論と対比することで、「戦争」の裏返しではない、近世に特有の「平和」思想が存在したことを解明し、近世の戦争に関わる思想を再構成する研究として、Volker Arnke: *„Vom Frieden" im Dreißigjährigen Krieg: Nicolaus Schaffshausens „De pace" und der positive Frieden in der Politiktheorie,* Berlin / Boston 2018.

8　Diethelm Klippel / Michael Zwanzger: Krieg und Frieden im Naturrecht des 18. und 19 Jahrhunderts, in: Werner Rösener: Staat und Krieg. *Vom Mittelalter bis zur Moderne,* Göttingen 2000, S. 136-155.

9　Diethelm Klippel: Kriegsrechtsgelehrsamkeit. Die Literatur des Militärrechts im Deutschland des 18. Jahrhunderts, in: Jutta Nowosadtko u. a.（Hg.）:*Militär und Recht vom 16. bis zum 19. Jahrhundert. Gelehrter Diskurs – Praxis – Transformationen,* Göttingen 2016, S. 29-46.

10　Klippel（Fn. 9）, S. 35.

11　Klippel（Fn. 9）, S. 39-44.

12　Klippel（Fn. 9）S. 40-41. エンゲルハルトの著作は、Regnerus Engelhard:

第 2 章　近世後期ドイツにおける「自然法的」軍法論　89

Specimen juris militum naturalis methodo scientifica conscriptum, Frankfurt am Main und Leipzig 1754.

13 Roderich von Stintzing und Ernst Landsberg: *Geschichte der Deutschen Rechtsgeschichte*, III 1, München und Leipzig 1898, S. 282 f.

14 Jan Schröder: *Recht als Wissenschaft. Geschichte der juristischen Methodenlehre in der Neuzeit* (*1500-1990*), Bd.1 (3. Aufl.), München 2020, S. 185-188.

15 柳原正治「クリスティアン・ヴォルフ」(勝田有恒・山内進編著『近世・近代ヨーロッパの法学者たち　——グラティアーヌスからカール・シュミットまで——』(ミネルヴァ書房、2008 年、第 13 章))、218 頁。

16 軍法学の大学法学部講義における定着について、北谷昌大「18 世紀前半のドイツにおける軍法学 (ius militare) の形成—ブランデンブルク＝プロイセンの状況を中心に—」(『法と文化の制度史』第 5 号 (2024 年)、99-124 頁)。

17 バイアーによる軍法学講義について、北谷・前掲注 (16)、103-104 頁。

18 Adrian Beier: *Juris militaris prudentia in formam artis redacta [⋯]*, Jena 1712. なお、バイアーの著作のうち、ユスティニアヌス帝『法学提要』の表現に倣った個所の訳出に際しては、末松謙澄訳・註解『ユスチニアーヌス帝欽定羅馬法学提要』(帝国学士院、1913 年)、津野義堂他訳「私たちの主，永遠に尊厳者であるユースティーニアーヌスの法学提要または法学入門」(『比較法雑誌』第 37 巻第 3 号 (2003 年)、59-104 頁、第 38 巻第 2 号 (2004 年)、143-179 頁、第 39 巻第 4 号 (2006 年) 29-76 頁) および田中創「ユースティーニアーヌス『法学提要』(1)」(『ローマ法雑誌』第 2 号 (2021 年)、222-303 頁) を適宜参照した。

19 Beier (Fn. 18), Gratiose ac honoratissime lector.

20 Beier (Fn. 18), p. 3.

21 Beier (Fn. 18), p. 9. Prima quaestio est: *Utrum* praeceptis includi, & in artis formam redigi Jus militare, fierique aliqua militaris juris prudentia possit ?

22 Beier (Fn. 18), pp. 10-11.

23 Beier (Fn. 18), p. 12

24 Ebenda.

25 「パンデクテンの現代的慣用」の時代のドイツにおけるユ帝提要の意義について、Rolf Knütel u. a.: *Corpus Iuris Civilis. Die Institutionen Text und Übersetzung* (4.

90

Überarbeitete und erweiterte Aufl.), Heidelberg u. a. 2013, S. 290.

26 Beier（Fn. 18）, p. 7. Justitia militaris est constans & perpetua voluntas, jus articulis militaribus, ut statutum, ita cuique tribuendi.

27 Beier（Fn. 18）, pp. 8-9. Prudentia juris militaris est eorum, quae in bello seu Milites [*sic* !] invicem, seu paganis cum eis intercedunt, negotiorum notitia: & quod in unoquoque eorum justum injustumve est, scientia.

28 Beier（Fn. 18）, p. 16. Hujus studii, quod est de jure militari, duae sunt positiones: PUBLICUM, quod ad Statum totius rei militaris spectat: & PRIVATUM, quod singulorum actiones metitur, ad eorumque utilitatem pertinet.

29 Beier（Fn. 18）, p. 17. Causae singulorum, Militum aeque ac Paganorum lite illos pulsantium, rectius ad Aduocatos deferuntur, horum instructio magis est necessaria.

30 Ebenda.

31 北谷・前掲注（16）、113-115、119 および 123 頁。

32 Jacob Friedrich Ludovici: *Einleitung zum Kriegs=Proceß [...]*, Halle 1715. 同書は 7 版を重ねた。

33 Karl Gottlieb Knorre: *Gründliche Anleitung Zum Krieges-Proceß [...]*, Halle 1738. こちらは初版の後 1754 年に再版された。

34 Johann Stephan Dancko: *Kurtzer Entwurf des Kriegs=Rechts […]*, Frankfurt an der Oder 1725.

35 Johann Stephan Dancko: *Delineatio juris militaris ad seriem Institutionum Imperatoris Justiniani*, Frankfurt an der Oder 1728.

36 ヴァーガの生涯について、Rolf Straube: "Hofgerichtsrat Stephan Waga (1702-1754)", in: ders.: *Bographisches Handbuch der preußischen Verwaltungs- und Justizbeamten 1740 - 1806/15*, München 2009, S. 1060.

37 近世の学位論文の著者性については個別に検討する必要があるが、本資料は複数年にわたって同一テーマで連続性を保った形で出版されているため、学位請求者たる学生ではなく、推薦教授ヴァーガに帰してよいものと考える。Vgl. Gertrud Schubart-Fikentscher: *Untersuchungen zur Autorschaft von Dissertationen in Zeitalter der Aufklärung*, Berlin 1970. ヴァーガを推薦教授とするこれらの学位

第2章　近世後期ドイツにおける「自然法的」軍法論　91

論文は1738年から1745年にかけ、それぞれ別の学位請求者（respondens）によって論じられ出版されている。詳細は下記の通り。① Stephan Waga（prae.）/ Karl Friedrich Glogau（resp.）: *Dissertatio ex jure militari praeliminaris prior, de natura et constitutione juris militaris*, Königsberg 1738;　② Stephan Waga（prae.）/ Johann Friedrich Schnell（resp.）: *Dissertatio ex jure militari praeliminaris posterior, de natura et constitutione juris militaris*, Königsberg 1738;　③ Stephan Waga（prae.）, Friedrich Aemilius Cabrit（resp.）: *Dissertatio ex jure militari. I. sistens libri I. caput I. de iis, quibus ius belligerandi competit*, Königsberg 1738;　④ Stephan Waga（prae.）, Johann von Sanden（resp.）: *Dissertatio ex jure militari II. sistens libri I. caput II. de militibus in genere et caput III de militibus in specie, inprimis de eorum delectu*, Königsberg 1739;　⑤ Stephan Waga（prae.）/ Georg Wilhelm von Brandt（resp.）: *Dissertatio ex jure militari III. eaque inauguralis, sistens lib. I. cap. IV. De militum habilitate seu qualitate*, Königsberg 1745. なお、③は1739年にヴィッテンベルクで単独で再版されている。

38　Waga / Glogau（Fn. 37）, pp. 16-17. Quemadmodum jus militare publicum a gentibus est introductum, sic jus militare privatum quilibet Imperans, pro status sui ratione, in exercitu suo, constituit.

39　Waga / Cabrit（Fn. 37）, p. 69. Jus belligerandi est potestas constituendi de omnibus belli instrumentis, aut circa illud inchoandum aut finiendum, necesariis.

40　Waga / Cabrit（Fn. 37）, p. 69. Quanquam hodie Imperator jus belli sibi soli reservet, inprimis in bello defensivo; nihilo tamen minus jus suffragii, in omnibus deliberationibus, Statibus Imperii, super negotiis Imperii, praesertim ubi bellum decernendum, stabilitum est, ad quod Imperatores in novissimis capitulationibus sese obstrinxerunt[.] Inde belli declaratio non nisi praevia omnium Statuum deliberatione in Comitiis instituta, publicatur.

41　帝国防衛時の皇帝の権限についての同時代的議論として、例えばJohann Jacob Moser: *Grund=Riß der heutigen Staats=Verfassung des Teutschen Reichs [⋯]*, Tübingen 1745, S. 200. 帝国クライスや帝国等族の戦争権および軍制について扱ったモーザーの著作として、Johann Jacob Moser: *Von der Landes=Hoheit in*

Militar=Sachen [···], Frankfurt am Main und Leipzig 1773.

42　ヴォルフのとりわけ法学上の貢献について、マルセル・トマン／佐々木有司・柳原正治訳「クリスティアン・ヴォルフ」（ミヒャエル・シュトライス編／佐々木有司・柳原正治訳『十七・十八世紀の国家思想家たち—帝国公（国）法論・政治学・自然法論—』（木鐸社、1995 年、421-464 頁）。また、本稿の対象とのかかわりが深いヴォルフの国際法論について、柳原・前掲注（v）が重要である。

43　Fichte（Fn. 3）, S. 155-165.

44　Christian Wolff: *Jus gentium methodo scientifica pertractatum [···],* Halle 1749, p. 487. *Milites* dicuntur personae, per quas autor belli vim infert parti alteri, cum quo bellum gerit.

45　柳原・前掲注（5）、152 頁。

46　Wolff（Fn. 44）, p. 485. *Bellum publicum* dicitur, quod geritur inter Gentes, seu auctoribus iis, qui summum imperium habent.

47　Wolff（Fn. 44）, p. 624. *Jus militare* dicuntur leges, in quibus disponitur de iis, quae a militibus eorumque praefectis fieri, aut non fieri debent, aut quae iisdem permittuntur. Quamobrem *in Jure militari agitur de officiis militum eorumque praefectis, de poenis eorum, qui officio suo desunt, et de jure praefectorum militum, summorum etiam ducum.*

48　Wolff（Fn. 44）, p. 624. Jus militare jus positivum est（§. 149. Part. 1. Phil. pract. univ.）, & ad id quoque applicari possunt, quae de theoria legum civilium in parte octava Juris naturae demonstrata sunt, modo animus simul attendatur ad actus bellicos. Prostant Jura militaria multarum Gentium, quae ad examen facile revocantur ab eo, qui Jus naturae & Gentium ac praesertim Jus belli & in bello intime perspectum habet, ut nostrum jam non esse videatur, quod in iis naturale est ab eo, quod mere positivum est, discernere, aut theoriam quandam naturalem Juris militaris condere. In tantas enim ambages descendere ipsa prolixitas, quam respuit praesens institutum prohibet. ここでヴォルフは『自然法』第 8 巻の国法理論で論じた事柄（[...], quae de Theoria legum civilium in parte octava juris naturae demonstrata sunt, [...]）としか述べないが、内容上第 8 巻第 5 章の「国法の自然理論」である。柳原正治によれば、同書では当該理論は理路整然とは論じられておらず、『ドイツ政治学』など他の著作をも参照す

る必要がある。柳原の研究はヴォルフの法論における自然法と国法の複雑な関係を解明している。柳原・前掲注（5）、136-144 頁。軍法論については国際法論とは異なりヴォルフが十分に議論を展開してはいないため、個別の準則の対応関係をヴォルフの議論において明らかにすることは困難である。後述するエンゲルハルトは、軍法の自然法的基礎づけに関して、もっぱら『自然法』論第 8 巻に依拠しており、柳原が指摘する、ヴォルフの理論の複雑さを反映してはいないように思われる。

　なお、これに関連して、本稿では原則として ius civile を「国法」、leges civiles を「国家法律」と訳し分けている。ただし、theoria naturalis legum civilium については一貫して「国法の自然理論」としている。参照、柳原・前掲註（5）、135 頁。

49　Christian Wolff: *Philosophia practica universalis, methodo scientifica pertractata, pars prior*, Frankfurt am Main & Leipzig 1738.

50　ヴォルフにおける自然法と実定法の関係について、柳原・前掲注（5）、133 頁。

51　エンゲルハルトの略歴について、Carl Altmüller: "Engelhard, Regnerus", in: *Allgemeine Deutsche Biographie* (ADB), Bd. 6 (Neudruck der 1. Aufl.), Berlin 1968, S. 138; Filippo Ranieri (hrsg.): *Biographisches Repertorium der Juristen im Alten Reich 16.-18. Jahrhundert "E"* (Ius Commune Sonderhefte Bd. 35), Frankfurt am Main 1987, S. 356-357. 以下第 1 節の内容は断りのない限りこれらに依拠する。

52　Stintzing und Landsberg (Fn. 13), S. 283.

53　同書の序言（praefatio）にはページ番号が振られていないため、便宜上フォリオ番号で特定する。同書の序言は b[1]-[b4] である（b1 は番号を、b4 はそもそも記号を欠く）。例えば b2 の裏面であれば、b2 v. と、[b4] の表面であれば b4 r. と記すこととする。なお、本文部分のフォリオ番号は大文字のアルファベットで記される。

54　Engelhard (Fn. 12), b1 r. Pauciores sane deprehenduntur, qui totum juris militaris ambitum complecti sint aggressi, & systema quoddam ejusdem exstruere, aut in formam, quam artis vocant, illud redigere.

55　Engelhard (Fn. 12), b1 r.

56　Engelhard (Fn. 12), b1 v. Ipsemet vero tantum sibi non habet persuasum, ut opus omne absolverit. グニューゲとは、フリードリヒ・アンドレアス・ゴットリープ・グニューゲによる『軍法への基本入門』である。Friedrich Andreas Gottlieb Gnüge: *Gründliche Anleitung zum Kriegs-Recht [...], Jena und Leipzig 1750.

57 Ebanda.

58 Engelhard（Fn. 12）, b2 r.

59 Ebenda.

60 Ebenda. Ipse tamen fatetur, quod instituti sui non sit, in tantas ambages descendere, ut ejusdem theoriam naturalem condat（schol. ad §. 770.）.

61 Engelhard（Fn. 12）, b2 r.-b2 v.

62 Engelhard（Fn. 12）, b4 r.

63 Engelhard（Fn. 12）, p. 1. *Bellum* est persecutio juris sui violenta adversus alterum, qui id ullo modo violat, aut denegat.

64 Engelhard（Fn. 12）, p. 3. *Jus belli* scilicet gerendi dicitur jus persequendi jus suum vi adversus alterum, qui id ullo modo violat vel denegat.

65 Engelhard（Fn. 12）, p. 4. *Jus belli tam homini unicuique a natura competit, quam gentibus, aut rectori civitatis, si nempe imperium summum seu civile in ipsum translatum est.*

66 Ebenda. Quodsi bellum a persona singulari seu privato cum privato, seu a pluribus privatis cum privatis pluribus propeia auctoritate geratur, *bellum privatum*; Quod si vero geratur inter gentes, seu auctoribus iis, qui summum imperium habent, *publicum* dicitur.

67 Engelhard（Fn. 12）, p. 5. *Bellum publicum supponit civitatem constitutam.*

68 Ebenda. Quare cum bellum publicum inter gentes geratur（§. 7）: In bello publico a gente una vis inferri debet genti alteri. Gens vero multitudinem hominum involvit（l. c. J. N. WOLF）. In bello publico itaque vi unita multorum gens adoritur gentem, cui bellum infert（§. 607. J. G. WOLF.）, adeoque a multis vis inferri debet multis. Hinc patet, quod bellum publicum absque hominibus, iisque multis seu pluribus, geri non possit.

69 Engelhard（Fn. 12）, p. 6. Homines, qui ad bellum publicum gerendum adhibentur vel destinantur, milites dicuntur.

第2章　近世後期ドイツにおける「自然法的」軍法論　95

70　Engelhard（Fn. 12）, p. 28. Milites enim ad bellum gerendum（§. 14）, adeoque ad certum finem consequendum adhibentur, imo obligantur（§. 38）, qui per reliquos cives seu paganos non intenditur（§. 80）, vi scilicet persequendi jus principis.

71　Ebenda. *Dantur obligationes et jura militum ab obligationibus et juribus paganorum diversa, adeoque ipsis propria.*

72　Engelhard（Fn. 12）, p. 31. Civitas vero, quemadmodum societas in genere subsistere nequit absque legibus seu jure quodam（§. 46. Part. 7. Jur. nat. WOLF.）. Quamobrem cum jus, quod determinat actiones hominum in civitate viventium, hoc est, civium, qua talium, dicatur jus civile（per def.）: Patet, quod jus militare supponat jus civile.

73　Engelhard（Fn. 12）, p. 36. Jus enim militare est jus quoddam civile particulare（§. 97.）. Quare cum jus militare sit complex legum militarium（§. 89）: Leges militares etiam leges civiles, particulares nempe sunt. Cum itaque leges civiles in genere naturalibus contrariari nequeant（§. 973. Part. 8. Jur. nat. WOLF.）: Nec leges militares naturalibus contrariari possunt.

74　Engelhard（Fn. 12）, p. 39. Legum enim civilium seu juris civilis in genere theoria naturalis datur（§. 966. Part. 8. Jur. nat. WOLF.）. Quare cum jus militare sit jus civile particulare（§. 97.）; Adeoque species juris civilis; Speciei autem competent, quae generi（§. 348. Log. WOLF.）: Juris quoque militaris theoria naturalis detur, necesse est.

75　Engelhard（Fn. 12）, p. 41. Scientia juris militaris, seu juris, quod determinat actiones militum morales nempe, qua talium（§. 89）, *Jurisprudentia militaris* dicitur. Quae & adeo definiri potest per scientiam jurium & obligationum, quae circa milites obtinent.

76　Engelhard（Fn. 12）, p. 31.

77　Ebenda. Illis enim *jus militare publicum* dicitur, quod jura bellorum & belligerantium determinat. Sed hoc jus belli potius vocatur.

78　Ebenda. Quo nomine etiam GROTIUS illud tradidit in egregio opere de Jure belli & pacis.

79　Ebenda. Et cum sit pars juris gentium, in eoque sractari soleat : Entia absque necessitate multiplicari videntur, & ambiguitas loquendi introduceretur, si illud etiam jus militare licet publicum, dicere velimus.

　なお、最後の、本質（entia）が増えることを理由とする批判については、すでにバイアー自身想定しており、その著『軍法学』において、軍法学という学問を構想することへの仮想の批判として挙げている。ただしバイアーはこれに直接応答した形の反論は行わず、先に挙げた肯定の理由を４つ挙げている（本稿第１節参照）。エンゲルハルトはここで、バイアーが意識していた軍法学批判を利用する形で、軍法学の存在自体を否定するのではなく、バイアーの設定した軍公法概念のみ否定し、バイアーの言う「軍私法」（jus militare privatum）こそが「軍法」（jus militare）としてありうるのだという議論を展開している。Vgl. Beier（Fn. 18), p. 9.

80　ただし、繰り返しになるが、バイアーおよびその軍法学構想の継承者たちは、軍公法学を直接論じてはおらず、グロティウスをその主唱者として明示するにとどまることに注意。

81　柳原・前掲注（5）、77-78 頁。

82　Engelhard（Fn. 12), p. 7. Quum vero ad demonstrationem eorum, quae sequuntur, aptius visum fuerit, in notione militum belli publici meminisse.

83　柳原・前掲注（5）、152 頁。

84　Fichte（Fn. 3), S. 159-160.

85　Fichte（Fn. 3), S. 176-177.

86　Othmar Hackl: Zur Geschichte der Militärgerichtsbarkeit in Kassel und Nordhessen vom 17. bis 20. Jahrhundert, in: Georg Wannagat（Hg.）: *Kassel als Stadt der Juristen（Juristinnen）und der Geschichte in ihrer tausendjährigen Geschichte*, Köln／Berlin／Bonn／München 1990, S. 206.

87　18 世紀後半の状況についていえば、一方で国際法理論の面では、ヴォルフの立場を一層進め、「近代国際法」の形成を促したと解されるヴァッテルのいう「主権国家」さえ帝国のような上位権力に服することがありうる存在であり、他方軍制の面でも外国人傭兵が大規模に用いられ「国民軍」などではなかった点で、「近代的」なものとは捉えがたい。

88　Johann Stephan Pütter: *Entwurf einer Juristischen Encyclopaedie [...]*, Göttingen 1757, S. 88-89. ピュッターはエンゲルハルト同様マールブルク時代の

ヴォルフの講義を聴講したことでも知られる。Vgl. Wilhelm Ebel: *Der Göttinger Professor Johann Stephan Pütter aus Iserlohn*, Göttingen 1975, S. 9. ピュッターのエンツュクロペディーを含む法学教育改革について、石部雅亮「啓蒙期自然法学から歴史法学へ――十八世紀ドイツの法学教育の改革との関連において――」（河内宏他編『市民法学の歴史的・思想的展開――原島重義先生傘寿――』（信山社、2006 年）、153-201 頁）。

〔付記〕本研究は日本学術振興会特別研究員奨励賞「近世ドイツにおける法学識者の「軍法」論」（課題番号：22J20038）の成果の一部である。

第3章　革命前夜のドイツにおける軍人の常備軍論
──シャルンホルストの著作を中心に

鈴木　直志

はじめに

フランス革命前夜の1770〜90年代は、後期啓蒙の時代と呼ばれる。この時期、言論活動がよりいっそう活発化したドイツでは、軍事についても啓蒙知識人たちの強い関心が寄せられるようになった。エプスタインによれば、常備軍の問題は、1789年以前のドイツにおいてアメリカ独立戦争とならんで大きな注目を集めた話題であり、特に1760年代末から世紀末までの時期は、軍隊への批判が集中した時期であった[1]。実際、批判の声はかまびすしかった。常備軍は領土欲を満たそうとする専制君主の道具である、軍隊は兵士を家畜や奴隷のように扱う非人道的な組織である、常備軍の維持のため住民には重税が課せられている、兵士の素行が悪くて治安が脅かされている、等々。

これらの批判は、今日ではその多くが、近世常備軍の一般的な歴史像の中に溶け込んでいる。それは例えば、近世ヨーロッパ軍事史の教科書ともいうべきバルベーロの著作に、常備軍の兵士が「下僕のような制服の着用を強要され、非人間的な訓練や残酷な肉体的処罰の下に抑圧されていた［強調は筆者］」と記されているのを見ても明らかであろう[2]。もとより、批判の多くは事実に立脚していたのだから、そこで示された常備軍の姿に高い信憑性があって当然である。

だが、こうした市民的啓蒙（民間知識人の言論活動）の軍隊批判だけをもとにして革命前夜の常備軍を評価するのは、速断に過ぎるかもしれない。というのも、この直後にフランス革命が起こった結果、市民的啓蒙の一部が唱えていた国民軍が突如として現実のものとなり、軍隊の新たなスタンダードになったからである。この歴史的展開ゆえに、国民軍の提唱者たちの言葉はひときわ重く受けとめられ、近世常備軍は近代国民軍という到達点から回顧的に再構成される危険性にさらされてしまったのである。革命前夜の常備軍を評価する際には、こうした危険性を十分に見据えておかねばならない。

このような問題点を意識しながら、本稿では当時の軍人たち（といっても対象はもっぱら、著作を残すことのできた軍人文筆家に限定されるけれども）の戦争観や軍隊観、常備軍に関する論議を取り上げる。彼らの言説は、市民的啓蒙のそれと交わりながらも別筋の展開を示しており、当時の軍隊をめぐる論議をより立体的に把握できる可能性が高いのである。はたして後期啓蒙時代の軍人たちは戦争や軍隊をどのように認識し、軍隊のどこに問題を見出し、解決しようとしていたのか。そして、彼らの言説は市民的啓蒙のそれとどのような関係をとり結び、後期啓蒙全体の中にどのように位置づけられうるのか。本稿ではこれらの問題を、軍人と市民的啓蒙それぞれが抱いた戦争観・軍隊観（第1章）、兵士の待遇改善をめぐる軍人たちの論議（第2章）、シャルンホルストの常備軍論（第3章）に即して考えてみたい[3]。

1　市民的啓蒙の見た戦争と軍隊、軍人の見た戦争と軍隊

1770年代以降、ドイツではコミュニケーション活動が従来以上に盛んになり、それとともに啓蒙そのものが変質していった。出版物は激増した。雑誌の創刊は、1780年代の十年間だけで18世紀全体の約三割に及んだといわれる。また結社も大いに発達し、教養市民たちの読書協会が激増した[4]。こうした趨勢の下、これまで体制と共存する穏健な知的運動だった啓蒙が、に

わかに急進化の傾向を強めてゆく。教養（Bildung）理念の重視、公共善の促進といった基本的特徴はたしかに以前と変わらなかったが、啓蒙は次第に人道や人間の解放といった新たなプログラムを掲げて、既存体制を批判し始めていったのである。

　常備軍をめぐる議論もその一環であり、知識人たちはこの問題を盛んに論じた。それはとりわけ、戦争論との関連の中で語られることが多かった。戦争はこの時期まで国家活動の深奥に属するもの、つまり為政者の専権事項と見なされていたが、18世紀半ばに市民的公共圏が台頭すると、にわかに知識人の議論の対象になったのである[5]。戦争論において特に顕著だったのは、平和主義と結びついて戦争を倫理的に思弁する動きであった。

　この倫理的思弁の典型は、やはりルソーの永久平和論であろう。彼は1782年の論文「永久平和論批判」の中で、ヨーロッパ君主連合という形で永久平和を目指したサン＝ピエールを、幼児と呼んで手厳しく批判した。サン＝ピエールが、永久平和の実現を君主たちの意志に委ねたからである。絶対君主制が自己の支配権を国内外で拡大し、貫徹しようとする性質を持つ以上、ルソーにとって、君主が永久平和という「本当の利益」を選ぶことはありえないのであった。この点について、彼は次のように述べる。

　　　　王たちの、あるいは王からその職務の委託を受けている人々の念願は、ひたすらただ二つの目的につながっている。つまり、王の支配を、国外に対しては拡大し、国内に向かってはさらに絶対的なものにすることだ。そのほかの立論はどんなものだろうと、あるいはこの二つの念願の一つに結びつくか、あるいはその連中の口実として使われるだけだ[6]。

　常備軍に対するルソーの言葉もきわめて手厳しい。1772年の「ポーランド統治論」で彼は、常備軍のことを「ヨーロッパのペストであり人口減の元凶」と強い言葉で非難してはばからない。この軍隊は「隣国を攻撃し征服す

るか、市民を鎖につなぎ隷属させるか」のいずれかの目的にしか役立たない
代物であり、絶対君主制の支配権拡大の道具であると断罪するのである[7]。
このように論ずる彼にとって「国家の真の防衛者は、その構成員」なので
あった。したがって、既存の常備軍は廃絶され、「立派な国民軍、よく訓練
された真の国民軍」があるべき理想の軍隊として要請されることになる。

　ドイツにおける常備軍論議は、ルソーほどの直接的な体制批判を伴っては
いなかったものの、それでも基本的方向性は同じであった。もっともよく知
られるのは、カントが『永遠平和のために』の中で、常備軍の全廃を永久平
和の前提条件にしたことであろう。彼によれば、戦争は常備軍の維持負担の
軽減のために生じるから、常備軍は戦争の原因であった。また機械や道具と
して使用される常備軍の兵士は、人間性の権利と相反するので、常備軍は廃
止されねばならなかった[8]。カント以外には、戦争肯定論者のエムプザーが
常備軍を「奴隷の軍隊」と呼び、これを厳しく批判した[9]。古典文献学に精
通し、ツヴァイブリュッケンのギムナジウム教授を務めた啓蒙知識人である
彼は、主著『われらが哲学の世紀の偶像たち。第一の偶像：永久平和』
（1779年）の中で次のように述べた。

　　　今日の軍隊を構成しているのは、だまされて力ずくで連れてこられ
　　た雇い人や奴隷か、困窮や怠惰、自堕落や野心から兵役へ追い立てら
　　れた者たちかのいずれかである。この奴隷の軍隊の中で奴隷たちは、
　　軍の指揮官の鞭の下で道具のごとく扱われる。入営の動機がこんな事
　　情だから、軍隊もそうならざるを得ないのである[10]。

エムプザーは永久平和論を否定し、戦争が社会の中で果たす役割を積極的に
評価した。たしかにこの点において、彼はルソーやカントと大きく異なって
いる。しかし、他方で彼が既存の常備軍を強く非難し、「敵に抗う勇気を十
分に持つ国民は専制政治の軛に屈することはない」と述べて[11]、国民から成
る軍事組織を専制政治（の軍隊）と対峙する点においては、彼は永久平和論

者たちとまったく変わるところがないのである。

　以上のような、常備軍に対する厳しい批判があった一方で、これを擁護する民間知識人もいた。『ユダヤ人の市民的改善について』で名声を博した啓蒙家にして、外交官でもあったドームはそうした立場の一人である。彼は同著の第二巻で、常備軍に対する非難が強すぎると指摘した上で、軍隊の経済的効用を次のように述べる。

　　　　人口に占める常備軍の割合が過剰で、それによってあまりに多くの労働力が農業や他の産業から奪われてしまうなら、常備軍は有害この上ないものであり、人類最大の災厄である。それは明らかである。しかし、これまで見過ごされてきたのは、この欠陥は回避しうるということである。適正規模の常備軍の維持は、非常に望ましいかたちで金銭の循環を増大させ、労働力の需要を生み出し、農工業の発展にとっての新たな呼び水になるのだ[12]。

常備軍が国内の労働力を奪い、経済を損ねるという批判は非常に根強く、強力なものであった。しかしドームによればそれは、軍隊の規模が適正以上だから生じた問題である。適正規模の常備軍はむしろ、経済循環や産業発展の促進要因なのである。

　軍隊の効用はそれだけではない。そこでの日常生活を通じて若者の心身が鍛えられることは望ましいことであるし、人間にとって重要な様々な力、例えば将校なら名誉心や洞察力、判断力、兵士なら紀律や服従などを、軍隊を通じて学び、高めることができる、とドームはいうのである[13]。ただし、この点に関する彼の議論は、現存する常備軍の効用というよりは、むしろ一般論として軍隊を論じているようであり、鞭打たれる常備軍兵士の現状を批判するカントやエムプザーの議論と噛み合っているとは言いがたい。

　このような市民的啓蒙の常備軍論に対して、常備軍のインサイダーである軍人たちはどう反応したのだろうか。ジコラによれば、この時期の開明軍人

は、シャルンホルストの論文「常備軍がもたらす利益と弊害について」を除いて、市民的啓蒙の批判にほとんど反論しなかったという[14]。このシャルンホルストの論文については後段で取り上げる。ここではさしあたり、啓蒙軍人の論議の基礎をなした、彼らの軍隊観、戦争観を確認しておきたい。

　後期啓蒙の開明軍人は、自分たちの時代の戦争が、以前に比べて知的かつ文明的になったと理解し、これを強く自負していた。そのことは、フランスの著名な軍人文筆家であるギベールが「あらゆる技術が進歩をとげる世紀にあたって、軍事技術もこの光明の伝播の恩恵を蒙っているということは、軍人にとって、名誉あるしかも頼もしいことである」と述べたことからも明らかであろう[15]。文明的な戦争はまた、彼らにとって、市民生活を脅かさない戦争のことでもあった[16]。中世はおろか、近時の三十年戦争においてもなお、戦争は多数の民間人を巻き添えにして、彼らに塗炭の苦しみを与えてきた。しかし18世紀の戦争はそうではない。かつての傭兵と比べれば、常備軍が住民に危害を加える可能性は大幅に低下した。さらにこの軍隊は、戦場近辺を除けば住民を巻き込むことなく、戦争のルールと紀律を守りながら戦闘をする。それゆえこのような、軍隊ないし戦争と社会の分離は人類の進歩に他ならない、と彼らは賞賛するのである。進歩史観から現状を肯定的に評価する軍人たちは、ルソーやカントとはおよそ異なる地平に立っていたのである。

　常備軍もこれと同じ文脈で理解された。常備軍は、人間の能力の限界まで高められた合理的秩序の表現であり、文明の進歩を象徴するものであった。特に、七年戦争を戦い抜いて高い声望を獲得したプロイセン軍では、自分たちこそが最強・最高の軍隊で、どの国もこの軍隊を乗り越えられないとの強い自信に満ちていた[17]。ここでもまた、現状の肯定的評価が一般的だったのである。あるプロイセン将校が1790年代後半に記した以下の文章は、こうした軍人たちの現状肯定をよく伝えているので、本章の最後に引用しておこう。

常備軍が人類にとって大いなる恵みであると、歴史が証明している。三十年戦争はいまだにドイツのいたるところで恐るべき戦禍の爪痕を残しているが、常備軍が存在する限り、このような戦争は二度と起こらないだろう。戦争は今や、どんなに長くても四〜五年で終わる。最大数の常備軍が一年間荒らし回ったとしても、その被害は、農民戦争で一カ月間に生じた被害よりも少ない。なぜなら農民戦争には、戦争のルールも秩序もまったくなかったからである。常備軍の戦いには血が流れるが、その血の量は、無軌道な暴徒たち［筆者註：革命的群衆のことと思われる］が戦う時に比べて十倍少ない。この者どもには戦争の技芸もルールも準備もなく、際限なく戦うからである[18]。

2　兵士の待遇改善をめぐる論議

次に、軍人たちが相互に重ねていた議論について検討してみよう。18世紀の軍人たちの間でひときわ注目を集めた論議の中に、兵士の待遇改善に関する問題があった。日常的に兵士に殴打や鞭打ちする常備軍の慣行は、もちろん市民的啓蒙によって批判的に論じられたが、彼らだけでなく、啓蒙軍人の中でも議論を呼び起こしていたのである。ここではこの問題について、いくつかの代表的な見解を瞥見する。

そもそもこの問題は、近世常備軍が身分制社会の軍隊であったことに起因した。すなわち、この軍隊における命令服従関係は、たんに職務上の秩序であるだけでなく、命じる者＝貴族と命じられる者＝平民の身分差をも内在するものであった。将校と兵士は人間としてもちろん同じではなく、兵士はどれほど劣悪に扱われようとも、服従するのが身分制社会の通念上、当然視されたのである。

また近世常備軍は、兵士の士気を必ずしも必要としない軍隊だった。当時の横隊戦術では、機動と射撃に際しての一糸乱れぬ動きがとりわけ重要だっ

たため、軍隊はいわば人間で作る戦闘機械であることを求められたのである。したがって、この軍隊において兵士に戦う意志があるかどうかは二の次で、とにかく機械部品のように正確に動けばそれでよかった。つまり、兵士は意志なく命令に従うロボットとして把握されていたのである[19]。近代軍隊におけるナショナリズムや革命理念といった、士気を支える情念が近世常備軍で必要なかったのは、こうした事情ゆえであり、だからこそこの軍隊では、外国人兵士を数多く抱えていても問題なかったのである[20]。さらに、戦うモチベーションの乏しさに加えて、厳しい教練と懲罰に彩られた日常生活は、必然的に多くの兵士を脱走へと導いた。脱走が近世常備軍の「構造的問題」と呼ばれる所以である[21]。

　兵士の待遇改善をめぐる論議は、この士気の問題、脱走の問題との関わりから生じた。特に、軍紀の厳しさで有名だったプロイセン軍では、この問題は後期啓蒙よりずっと前の七年戦争以前からすでに提起されていた。シュヴェリーンが 1747 年から 1757 年までの間に書いたとされる『軍事に関する考察』は、まさしくこの問題に関する論考である[22]。シュヴェリーンは、メクレンブルク＝シュヴェリーン公国軍からプロイセン軍に転籍し、スペイン継承戦争や大北方戦争を戦った歴戦の名将であるが、その彼が兵士の脱走原因と見なしたのは、マイナス思考の不平家将校であった。将校が戦局の不利や現状に対する不満を兵士の前で述べ立てるから、兵士たちも戦う意欲を失うのであった。たとえ苦境にあっても、将校はそれを決して兵卒に話してはならず、逆につねに彼らを鼓舞せねばならない。シュヴェリーンはこう述べた後、次のように続ける。

　　かなり厳しい状況下で、連隊がなおも強行軍を余儀なくされた時、または物資の欠乏が著しくなった時、将校は配下の兵士たちとじっくり対話をせねばならない。そして彼らに、自分たちがとても信頼されていること、この労苦をどうしても耐え忍ばねばならないことを分からせねばならない。そうすれば、兵士も労苦をすすんで受け入れ、不

快に思う者も減るだろう。不幸な気質を持った幾人かの将校が連隊を不幸にするのであり、多くの脱走の原因となっているのである[23]。

　シュヴェリーンにおいて兵士は、将校の態度や言動に影響を受ける受動的な存在であった。その前提の上に彼は、兵士と対話し説得する将校の必要性を説いたのである。このような彼の見解は、軍の強化をめぐって当時のプロイセン軍を二分した議論の、一方の極をなしていた。対話や教育を通じて兵士から士気を導き出そうとしたシュヴェリーン派に対して、もう一つの極は、紀律と服従のいっそうの徹底が軍を強化すると考えたアンハルト派である[24]。この議論はその後、徐々にシュヴェリーン派が優勢になっていった。
　彼の提案で今ひとつ注目されるのは、兵士に名誉心を認めたことである。

　　　精強な軍隊の一員であることを名誉に思う気持ちが大切である。それゆえ兵士はできる限りそうした気持ちを持たねばならないし、今以上にそうした気持ちを持つよう諭さねばならない。ギリシア人やローマ人が巧みな言葉で軍隊に呼びかけたのはそのためであり、これこそ彼らが数多く勝利した原因であった[25]。

　身分制社会において、名誉を徳目とするのは貴族＝将校であり、平民、しかもその底辺層が貴族と同じ徳目を共有することなど、許されることではなかった。兵士身分の徳目はあくまでも服従であった。ところがシュヴェリーンは、彼ら兵士に名誉心を認めようと試みたのである。もとより、この名誉は「精強な軍隊の一員であること」から生じる集団的名誉であり、貴族の持つ個人的名誉と同じではない。とはいえ、身分制的社会秩序との対応関係が近世常備軍の大前提である以上、どのようなものであれ、兵士の名誉を認める行為は国制と軍制を危機にさらしかねなかった[26]。シュヴェリーンのこの「精強な軍隊に所属する名誉」は、身分制社会を背景に持つ軍隊の秩序を壊さずに兵士の士気を高める試みとして、許容可能な境界線あたりに位置して

いたように思われる。

　なお、シュヴェリーンはこの論考において、兵士の人間としての尊厳について何も言及していない。それは、1740年代や50年代の議論ではまだ人道主義が主流でなかったからである。したがって兵士の待遇改善案といっても、それはまだシュヴェリーンの時代においてはあくまでも脱走防止のための議論であり、それ以上のものではなかった。

　人道主義や博愛主義が混入し、もっぱらその立場から兵士の待遇改善が論じられるようになったのは、シュヴェリーンの時代から30年ほど経過し、後期啓蒙の時代になってからである。プロイセン軍でそうした動きを代表したのがショルテンであった。彼は典型的な啓蒙結社である「学識と良俗の友の会」を組織するだけでなく[27]、自ら「教養ある将校」を体現して、軍隊の啓蒙を率先する「フィロゾーフ」であった。その彼が認識していたプロイセン軍の問題点とは、次のようなものであった。

　　　道徳の退廃はつねに上から下へ降りてゆく。高貴な人々の考え方や作法は、やがて下々の者たちのものともなる。残念ではあるが、今日まさにこのことが生じている。業務への熱意についても同じことがいえる。不熱心で、献身的に仕事をしない将校が、やりたい放題に命令し、罰で脅しているのである。そんなことをしたところで、優れた兵士を育成するという目標に到達はしないだろう。このような将校は暴君として怖れられるだけで、彼が教育しているのは奴隷か、せいぜいのところその場を取り繕う偽善者であり、やる気のある兵士、忠実で勇気のある兵士ではまったくないのだから[28]。

　ショルテンは待遇問題の元凶を、一部の横暴な将校にあると考えている。この点はシュヴェリーンとまったく同じである。それだけでなく、受動的存在としての兵士、教育的視点の重視といった点も共通している。しかし、彼が次のように言う時、シュヴェリーンとは決定的に異なっていた。

兵士は人間として、悪党は悪党として扱われなければならない。…少なくとも私は、自分の中隊の兵士たちに対しては厳正な態度で臨み、処罰もした。だがそれ以上に多く許した。大隊や中隊の長は、部下の模範にならなければならないのである[29]。

とりわけ日頃の素行のよい兵士が、教練でもっとも上手くできた時には、彼に誇りを持たせてあげよう。他の兵士たちの面前で彼を褒めてあげよう。そうすれば、彼は暑さ寒さにも、飢えにも渇きにも、不眠や強行軍にも耐えられるにちがいない[30]。

「兵士を人間として扱わねばならない」の言葉にはっきりと表れているように、ショルテンの唱える兵士の待遇改善要望は、シュヴェリーンとは異なり、啓蒙の博愛主義の傾向を強く帯びている。命令と処罰による威嚇では、優れた兵士を育成することはできず、むしろ奴隷か、その場を取り繕う偽善者しか作り出せない。必要なのは、兵士に人間の尊厳を認め、成果を上げた時に褒めることだ、とショルテンは言うのである。兵士の待遇改善はここに至って脱走抑制論の域を超え、それ自体が啓蒙の博愛主義の下に自己目的化したのであった。

ショルテンにとっても、シュヴェリーンにとっても、兵士の待遇改善の要は将校であった。将校が教養と良識を備えて兵士の模範となり、兵士を教育・訓育することが、両者の構想の共通点であった。だがこの前提そのものを批判する者もいた。ブラウンシュヴァイク公フリードリヒ・アウグスト（1792年にブラウンシュヴァイク宣言をした公爵の弟）の副官を務めたブレンケンホフである。彼の目に見えていたプロイセン軍の問題点は、ショルテンらとはまったく異なっていた。

　　幸福な軍隊とは、配下の者たちが皆、上官との上下関係を当たり前だと考える軍隊であり、不幸な軍隊とは、下級将校どころか一般の兵

卒までもが哲学をして、「われわれは皆アダムの子孫として同根であり、上官よりも部下の方が功多く、優れた見解を持つことも往々にしてある」などという考えがもっともらしくはびこる軍隊である[31]。

　今やほとんどどの連隊も図書室を備え、将校は読書し、あらゆることについて思考をめぐらすのがよしとされるようになった。私はまさにこうした風潮のせいで、この軍隊がかつて達していた高みから、少しずつ落ちているのではないかと危惧している。昔は、頭脳となるほんの数人の者以外、将校は教練以外の楽しみを知らず、自らの仕事を手職と心得、読み書き計算ができればそれで十分知的だと見なされていた。それに比べて現在は、日常業務の処理が明らかによくなった。これは矛盾のように見えるが、実はそうではない。…なぜなら、いずれも軍隊が軟弱になったことを示すからである[32]。

　どんな末端の士官でも戦術の専門書はよく読めるが、自分の任務をどう務めるかよく心得ていない。こんな軍隊などよりも、頂点に数人の頭脳を持ち、残りはひたすら機械のような働きをするが、各自が自分の任務をよく心得た軍隊の方が、私の考えではずっとましだし、有用である[33]。

　ブレンケンホフが問題視したのは、啓蒙が既存社会に対する疑問を抱かせること、そして将兵がこれに触れることによって、命令服従関係が掘り崩される可能性のあることであった。「教養ある将校」の実践はむしろ将校の軟弱化をもたらすのであり、かつてのように少数の参謀将校を除き軍人に学問は不要である、と彼は主張する。彼にとって軍隊の啓蒙は有害だったのである。それゆえ彼にしたがえば、兵士は従来どおり機械部品のように扱われるべきで、彼らに尊厳や名誉を認める必要はない、ということになる。

　このような言葉から、ブレンケンホフは啓蒙に背を向ける伝統主義者、反動主義者と見なされるかもしれないが、それは必ずしも適切ではない。というのも、彼も多くの著書や翻訳を世に問うた、立派な軍人文筆家だからであ

る。特に彼の主著『逆説』は、3版を重ねるほど多くの読者を獲得したのだった。それ以外にも彼は、フランスの兵学書の翻訳を数多く手がけ、とりわけ軽装部隊の創設と運用に関する論文の翻訳は、この領域に重要な貢献をしたといわれる[34]。要するに、彼は啓蒙に対する反動主義者ではなく、ショルテンと立場は異なるものの、同じ啓蒙の一員だったのである。反啓蒙というより彼はむしろ、前述のアンハルト派を支持する開明将校だったと考えるのが適切であろう。その意味ならば彼は伝統主義者といってもよいかもしれない。

3　シャルンホルストの常備軍擁護論

　フランス革命勃発後の 1792 年、著名な論壇誌『シュレーツァー国家事報』に「現今の軍隊全体の体制、とりわけ歩兵部隊のそれがもたらす害悪についての考察」という匿名論文が掲載された[35]。この論文における軍隊批判の論点は、冒頭部分で箇条書きされた以下の七点に集約される。すなわち、①軍隊維持のために生ずる重税、②農業と工業からの労働力の収奪、③人口増加の阻害（独身兵士とその悪弊の他の身分への影響、重税の結果懸念される貧困層の出生児数の減少）、④「無為の学校」たる軍隊による不道徳の流布、⑤異分子である兵士の国家に対する責任感のなさ、⑥帝国都市における募兵の弊害、⑦失業兵や連隊解散による治安の悪化、である。これらの非難はいずれも、具体的な事例から導き出されたものでない。それは、従来の常備軍批判ですでに指摘された論点を総合したようなものであり、著者自身の言葉によれば「大多数の人々が首肯することを想定した」一般論である[36]。描かれる兵士の姿は、ヘーンのいうように、経済状態においても素行面においても卑しさに満ちており、そこには当時の市民が常備軍に対して抱いていた強い不快感が示されている[37]。

　この常備軍批判に対しては、シャルンホルストが猛然と反論を試みた。周知のように彼は、後にプロイセン軍制改革を主導した改革者であり（論文発

表当時はハノーファー軍に在籍）、「近代ドイツ国民軍の祖」と称される人物である。彼は「常備軍がもたらす利益と弊害について」と題する論文を執筆して、これを自らが編集長を務める『新軍事ジャーナル』誌上に寄せて、『国家事報』に対する徹底的な反批判を展開したのである[38]。この論文は、当時一方的な批判にさらされた軍隊の側からの数少ない弁明であった。

シャルンホルストは論文の冒頭で、『国家事報』における軍隊批判を、国家や臣民への経済負担、労働力の収奪、人口増加の阻害、道徳の退廃という四点に整理し、それぞれについて逐一反論を述べてゆく。これらの論点以外にも、彼はいくつかの点において注目すべき発言をしているので、ここではそれを考慮して、彼の反論を便宜的に経済、社会、政治の三つの問題に大別して検討する。

まず経済の問題についてであるが、これには①軍隊維持のために生ずる重税、②農業と工業からの労働力の収奪の問題が含まれる。①について、状況は『国家事報』の主張とまったく逆であるとシャルンホルストはいう。彼の説明によれば、ハノーファー軍の維持費はもっぱら消費税から捻出されているが、「その大部分は奢侈品への課税」であり、「生活に不要な物品に対して課された税が、国民の最貧困層（すなわち兵士）に与えられ、彼らの需要を満たしている」。この財政的基礎の上に軍隊が貧しい者を雇用するのだから、「豊かな者の余剰金が、軍隊を通じて貧しい者の財布へ行く」のである[39]。

軍隊は貧困対策の一環であるから、オスナブリュックやブレーメンのように常備軍のない国々では、税負担が近隣諸国と比べて極端に軽いにもかかわらず、下層民が糊口の道を求めてオランダなどへ出稼ぎに行く。したがって、軍隊の存在は経済的な重圧であるどころか、豊かな者にとっては自分の財産の安全のために下層民へいくらかの金銭を与えることに他ならず、貧しい者にとっては生計安定のための絶好の就労機会であるとシャルンホルストは言う[40]。その意味で軍隊は社会的公正の実現手段なのである。軍隊を貧富両階層の連結管と位置づけ、そこにおける金銭の循環を肯定的に評価するという見解を、彼はハノーファー軍の事例から具体的な数値を引用して力説し

ている。

　次に②の農工業の労働力収奪の問題については、ハノーファーだけでなく「他の国々においても、兵役が農業の損害にならないような制度がある」という。ここでプロイセンのカントン制度の例をとり、農村から徴募された兵士は毎年十カ月の休暇があり、その間は農作業に従事していること、また兵士として勤務するのはたいてい農繁期を避け、農業に支障なく家を空けられる時期に限られていること、職人や工場主たちもまた、彼らが利益をもたらす場合には軍籍登録されないことを述べる[41]。

　社会問題としては、③常備軍が人口増加の障害になること、④軍隊が道徳の退廃をもたらすこと、⑤⑥⑦失業兵や強制徴募など、兵士の無規律が市民生活の安全を脅かすことが挙げられる。まず③に対してシャルンホルストは、ほとんどの国で軍隊が人口増加の障害ではないという。なぜなら、貧民は軍隊で雇用され、生計をある程度安定させることで結婚が可能になるからであり、たとえ入隊してすぐに結婚するのは許されないとしても、勤務を数年終えた後なら許可されているからである。彼によれば、兵士のほぼ全員が最終的には結婚しているという事実が、この批判を論破しているという[42]。

　道徳の退廃との関連においても、シャルンホルストは『国家事報』の主張を全面的に否定する。「常備軍があろうとなかろうと、怠惰と道徳の腐敗は同じくらい生ずる」からである。その上で彼は次のようにいう。

　　　　無節度な行為は軍隊によって生み出されるのではない。放縦な者たちは、入隊してもしばしば軍隊の中で悪事を働き続けるのである。軍隊は、その構成員の選抜においてさほどの選択権をもっていないので、無節度な行為もまた生じざるを得ないのである[43]。

こう述べた上で彼は、逆に軍隊は「自堕落な人間に一定の秩序を教え込む場」として有益に機能している、と主張する。

　最後に、市民生活の安全との関連では、『国家事報』をはじめ、まったく

の偏見から悪意に満ちた兵士像を伝える市民的啓蒙の論調に対して、シャル
ンホルストは激しい怒りを示す。兵士を「ぶつぶつ文句ばかり言い、喧嘩早
くて高慢、皮相で虚栄心が強い。そして怒りの奴隷である」という非難、あ
るいは「年老いた兵士が生活苦から盗みをする」といった見解は、むやみに
一般化して論ずると現実を大きく見誤るという[44]。プロイセンやハノー
ファー、オーストリアといったドイツ諸国は、いずれも国の規模に比べて多
くの兵士を抱えているけれども、世界でもっとも安全な国々である。これら
の国々の治安を、軍隊のないイタリアや、ごくわずかな兵員しか持たないイ
ギリスと比較すれば、常備軍が市民生活を脅かすという一般論は成立しない
はずである、と彼は説くのである[45]。

　以上の経済、社会問題における主張が、『国家事報』に対する彼の反論の
大部分を構成している。しかしシャルンホルストはそれ以外にも、常備軍批
判全体に通底する反戦反軍思想に対して、ところどころで反論を加えてい
る。政治問題と総称しうるこの領域では、まず常備軍がほとんどの国で不可
欠であると喝破する。常備軍を不要だと唱える者たちは「完全な破局から身
を守るために、武力に訴える以外にないと予見される場合についてはどう答
えるのか」と彼は問いただしている。興味深いのは、常備軍は大国のみなら
ず、ハノーファーなどの中小国においても必要だと述べる点である。彼はロ
アン公の著書から「小国が十分な防衛手段や要塞、部隊を持たなければ、他
の大国が支援に現れる前にその小国は征服される」などの言葉を引用して、
次のように述べる。

　　　すべての小国は、特別な防衛手段を講じなければたちまち没落して
　　しまう。……弱小国は、外交活動と術策だけでその弱さを埋め合わせ
　　ることができない。……弱小国はそれゆえ、常備軍なしに自己を主張
　　することはできない。よく訓練された活力ある常備軍はさらに、それ
　　がなければ得られなかった同盟国を弱小国にもたらす[46]。

第3章　革命前夜のドイツにおける軍人の常備軍論　115

　次いで、永久平和論ならびに常備軍全廃論に対するシャルンホルストの主
張を見てみよう。前者について、彼は「永遠平和は幻影である。人間に情念
がある限り、その情念は今後も露わになるだろうし、野心や復讐心がきっか
けとなって戦争へともつれてゆくことだろう」と述べて、現実主義的立場か
ら永久平和論を一蹴する[47]。また軍隊を専制君主の手先、市民的自由の抑圧
手段と見なす見解も、シャルンホルストによれば誤った思いこみであった。
たしかに、軍隊に対する無制限の権力が君主に与えられることは事実だが、
だからといって強力な軍隊のある国で人々が恣意的に罰せられているわけでは
ない。これを証明する最良の事例がプロイセン一般ラント法である。つま
り、プロイセンは強大な兵力を擁しているが、この法典ほど人権を擁護する
法典を他国は持っていない、と彼は主張するのである[48]。専制主義と常備軍
との因果関係についても否定される。例えば、ロシアは長い間常備軍がな
かったけれども、それを有する現在のヨーロッパ諸国よりもはるかに専制的
な支配であった。シャルンホルストによればむしろ、専制主義は総じて、常
備軍のあるところよりもないところの方に、そして知的水準と国民の徳性が
低いところに現れるとされるのである[49]。

　このように、シャルンホルストの論文には、市民的啓蒙の軍隊批判に対し
てほぼ全面否定の立場が貫かれている。注目すべきは、常備軍の害悪と批判
されたもののうち、認めるところは認めながらも、常備軍の効用を説き、現
状を肯定する彼の姿勢である。シャルンホルストは兵士の素行の悪さを認め
るが、他方で軍隊が社会的公正の実現手段として機能すると主張した。また
常備軍が専制君主の道具であると認めつつも、国家防衛の手段として不可欠
であると説いた。先に見たような手放しの常備軍礼賛ではないが、シャルン
ホルストもまた、啓蒙の普及しつつある現状を積極的に評価し[50]、その軍隊
を肯定的に受けとめているのである。その意味で彼は、フリードリヒの啓蒙
の伝統を自負するプロイセン開明将校と基本的に同じ立場を共有していたと
いうことができる。

おわりに

　後期啓蒙時代のドイツでは、軍人たちが市民的啓蒙とならんで常備軍を論じた。民間知識人の間では、常備軍を専制君主の道具、兵士を奴隷と呼んでこれを否定的に評価する傾向が強く見られる一方、軍人たちはしばしば、常備軍を合理的秩序の極み、文明の進歩の象徴と見なして肯定・礼賛したのであった。市民的啓蒙の中には常備軍擁護論を唱える者もいたが、やはり彼らと軍人は基本的に別筋の関係にあったということができる。

　兵士の待遇改善をめぐる議論では、ショルテンに代表される啓蒙の人道主義が唱えられる以前に、軍隊の中でこの議論が、脱走抑制論として存在していた点が注目される。このテーマは一見すると、軍隊における人道主義の浸透の問題として扱われがちだが、実のところ、戦闘力向上という実務的問題としてすでに議論されてきたものであった。人道主義は、後にこれに覆いかぶさるような形で議論の主軸になったのである。また、この問題を解決するために提起された改革が成果をほとんど上げられなかったことにも、注意が必要である。改革を徹底して兵士に個人的名誉を認めた場合、それは身分制的秩序を背景とする近世常備軍を根本から揺るがしてしまうことから、多くの軍人がこれを支持しないのも当然であった。市民的啓蒙と軍隊はこの問題において若干交差したが、後者の自己保存の意志を前にして、それ以上の進展を見せることはなかったのである。

　シャルンホルストの論文は、批判にさらされた軍隊の実務担当者の言葉として強い説得力を持っている。それだけではない。この論文には彼の現実主義的・経験主義的指向が強く現れており、それを通じて、理念や理論から判断を下しがちな市民的啓蒙に冷水を浴びせているのである。実際シャルンホルストは、市民的啓蒙は哲学的命題や理論ばかりを優先し、現実を直視していないという[51]。そもそも理論は現実にそのまま応用できないのであり、むしろ現実に応じて臨機応変に変更を加える必要があるのだから、彼にとって

は過去の経験や歴史の方が理論よりも重要なのであった。だからこそ彼は、軍隊への偏見を打破するために具体的な数値や他国との比較を多用したのであり、永遠平和論を斥けたのである。シャルンホルストはいみじくも、市民的啓蒙の言説に含まれるバイアスを指摘したのであった。革命前夜のドイツにおける常備軍をより正確に把握しようとするなら、このような彼の議論にもっと耳を傾ける必要があるかもしれない。「近代ドイツ国民軍の父」の言葉としてではなく、その登場を誰も想定していなかった時代の啓蒙軍人の証言として。

注

1 Klaus Epstein, *The Genesis of German Conservatism*, Princeton : Princeton University Press, 1966, pp.289.

2 アレッサンドロ・バルベーロ、西澤龍生監訳、石黒盛久訳『近世ヨーロッパ軍事史――ルネサンスからナポレオンまで』論創社、(2014 年) 113 頁。

3 研究史を一瞥しておくと、後期啓蒙時代の軍制論議を正面から扱ったわが国の研究はそれほど多くない。ドイツについては、筆者は以前に「『教養ある将校』と『気高い兵士』――一八世紀後半のドイツにおける軍隊の自己改革運動」阪口修平・丸畠宏太編著『近代ヨーロッパの探求⑫ 軍隊』(ミネルヴァ書房、2009年) で「軍隊の啓蒙」の概要を述べたことがある。またこの時代の戦争論・平和論については「ベローナが解き放たれる時――啓蒙期ヨーロッパの戦争論と平和論」『史林』93 巻 1 号、2010 年で戦争肯定論を中心に論じた。フランスに関する近年の研究には、芹生尚子「啓蒙の世紀と軍事改革――想像／創造された兵士たち」高澤・カレ編『身分』を交差させる――日本とフランスの近世』(東京大学出版会、2023 年) がある。この論文で示されている啓蒙と身分制社会の関係性は、本稿の論点とも相通じており、大いに示唆的である。ドイツの研究は数多い。ここでは代表的なものとして、Michael Sikora, „Ueber die Veredlung des Soldaten" Positionsbestimmungen zwischen Militär und Aufklärung, in: D. Hohrath ／ K. Gerteis (hrsg.), *Die Kriegskunst im Lichte der Vernunft: Militär und Aufklärung im 18. Jahrhundert. Teil 1 (Aufklärung, Jg. 11, Heft*

2), Hamburg 1999. と Heinz Stübig, Berenhorst, Bülow und Scharnhorst als Kritiker des preußischen Heeres der nachfriderizianischen Epoche, in: P. Baumgart u.a. (hrsg.), *Die preußische Armee zwischen Ancien Régime und Reichsgründung*, Paderborn : Ferdinand Schöningh, 2008. だけを挙げておく。

4 鈴木・「教養ある将校」前掲註 (3)、147 頁以下。

5 鈴木・「ベローナ」前掲註 (3)、76 頁以下。

6 Jean-Jacques Rousseau, Jugement sur le projet de paix perpétuelle (1782), in: *Œuvres Complètes*; édition publiée sous la direction de B. Gagnebin et M. Raymond, Paris 1964, vol.3, p.592. (ルソー、宮治弘之訳「永久平和論批判」『ルソー全集 第 4 巻』(白水社、1978 年) 355 頁)

7 Jean-Jacpues Rousseau, Considération sur le gouvernement de Pologne, et sur sa réformation projetée (1772), in: *Œuvres Complètes*; vol.3, pp.1013-14. (ルソー、永見文雄訳「ポーランド統治論」『ルソー全集 第 5 巻』(白水社、1979 年) 430 頁)

8 Immanuel Kant, Zum ewigen Friden (1795), in: *Kant-Studienausgabe* (*Werke in zehn Bände, Bd.9*), Darmstadt 1981, S.197f. (カント、中山元訳「永遠平和のために――哲学的な草案」同『永遠平和のために／啓蒙とは何か』(光文社、2006 年) 152 頁以下)

9 鈴木・「ベローナ」前掲註 (3)、90 頁。

10 Johann Valentin Embser, *Die Abgötterei unsers philosophischen Jahrhunderts. Erster Abgott: Ewiger Friede*, Mannheim : E. F. Schwan, 1779, S.190f.

11 鈴木・「ベローナ」前掲註 (3)、88 頁。

12 Christian Wilhelm Dohm, Über die bürgerliche Verbesserung der Juden. T. 2. Berlin u. a., : Friedrich Nicolai, 1783, S.233f.

13 「軍事教練を数年でも経験したことのある農民は、畑から一度も出たことのない農民よりも優れているのがふつうである」。Ebd., S.235.

14 Sikora (Anm. 3), S.29.

15 ロジェ・カイヨワ、秋枝茂夫訳『戦争論――われわれの内にひそむ女神ベローナ』(法政大学出版局、1974 年) 94 頁から再引用。

16 Rainer Wohlfeil, Vom Stehenden Heer des Absolutismus zur Allgemeinen Wehrpflicht (1789-1814), in: H. Meier-Welcker (hrsg.), *Handbuch zur deutschen*

第 3 章　革命前夜のドイツにおける軍人の常備軍論　119

Militärgeschichte 1648-1939, Frankfurt a. M. : Bernard & Graefe, 1964, S.89.

17　Ebd., S.92.

18　Olaf Jessen, "Preußens Napoleon"? Ernst von Rüchel 1754-1823; Krieg im Zeitalter der Vernunft, Paderborn : Ferdinand Schöningh, 2007, S.173.

19　Werner Gembruch, Zur Diskussion um Heeresverfassung und Kriegführung in der Zeit vor der Französischen Revolution, in: W. v. Groote u. K-J. Müller (hrsg.), *Napoleon I. und das Militärwesen seiner Zeit*, Freiburg : Rombach Verlag, 1968, wieder in: Ders., J. Kunisch (hrsg.), *Staat und Heer. Ausgewählte historische Studien zum ancien régime, zur Französischen Revolution und zu den Befreiungskriegen*, Berlin : Duncker & Humblot, 1990, S.245.

20　18 世紀後半のプロイセン軍は、名目的には約半分、実質的には三分の一の兵士が外国人であった（鈴木直志「連隊簿からみた近世プロイセン軍隊社会（上）——1792 年の歩兵第三連隊の事例」『中央大学文学部紀要』（史学）第 62 号（2017 年）150 頁以下）。外国人兵士といっても他のヨーロッパ諸国の者は比較的稀で、大半は神聖ローマ帝国の他領邦出身者であった。

21　Michael Sikora, Disziplin und Desertion. Strukturprobleme militärischer Organisation im 18. Jahrhundert, Berlin : Duncker & Humblot, 1996.

22　[Kurt Christoph von Schwerin], Des königl. Preußischen Feldmarschalls Grafen von Schwerin Gedanken über einige militärische Gegenstände, Wien und Leipzig : Rudolph Gräffer, 1779. シュヴェリーンはこの著作の手稿を残したまま没した。出版されたのは、彼の死後になってからである。

23　Ebd., S.169

24　Jürgen Kloosterhuis, Kritik vor der Krise. „Gedanken über militärische Gegenstände" zweier preußischer Generale vor und nach dem Siebenjährigen Krieg, in: Ders./ S. Neitzel (hrsg.), *Krise, Reformen-und Militär. Preußen vor und nach der Katastrophe von 1806*, Berlin : Duncker & Humblot, 2009, S.126.

25　Schwerin（Anm. 22）, S.169f.

26　鈴木・「教養ある将校」前掲註（3）、175 頁。

27　1781 年、駐屯都市トロイエンブリーツェンに設立された学識と良俗の友の会では、毎月一回、将校とその妻、都市とその近隣の名望家が市庁舎に集って軍事や歴史、道徳、経済に関する講義を毎回聴講し、社交ダンスが行われた。Ursula

Waetzoldt, *Preußische Offiziere im geistigen Leben des 18. Jahrhundert*, Halle : Akademischer Verlag, 1937, S.13f. 鈴木・「教養ある将校」前掲註（3）、163頁。

28　Scholten, *Rede des General von Scholten beym Abschiede von seinem Bataillon*, Berlin : Friedrich Maurer, 1786, S.12

29　[Anonymus], Edle Grundsätze des Kriegswesens von Preußischen Feldherren, in: *Berlinische Monatsschrift*, Bd.8, 1786, S.223.

30　Ebd., S.16.

31　Leopold Schönberg von Brenkenhoff, *Paradoxa, größenteils militärischen Inhalts*, 3.Aufl., Leipzig : August Friedrich Leo, 1798, S.9f.

32　Ebd., S.20f.

33　Ebd., S.25.

34　Samuel Baur, *Allgemeines Historisches Handwörterbuch aller merkwürdigen Personen, die in dem lezten Jahrzehend des achtzehnten Jahrhunderts gestorben sind*, Ulm : Stettinische Buchhandlung, 1803, S. 139.

35　[Anonymus], Versuch über die nachteiligen Folgen der jetzigen Verfassung des KriegsStandes überhaupt, und der, der InfanterieCorps insbesondere, in: *Schlözers Stats-Anzeigen, 17. Band*, 1791.

36　Ebd., S.59.

37　Reinhard Höhn, Reinhard, *Revolution - Heer - Kriegsbild*, Darmstadt : L. C. Wittich Verlag, 1944, S.158.

38　Gerhard Scharnhorst, Ueber die Vor- und Nachtheile der stehenden Armeen, in: *Neues militairisches Journal*, Bd.6, 1792, S.234-254, S.345-380.

39　Ebd., S.245.

40　Ebd., S.247.

41　Ebd., S.351f.

42　「多くの貧民は軍隊を通じて結婚できるようになる。さもなくば、生活費に事欠いてインドへ渡ることだろう。彼らが入隊してすぐに結婚するのは許されないが、何年かの勤務を終えた後なら許可されている。一覧表が示すように、兵士のほぼ全員が実際には結婚している。他の社会層ほど彼らは子だくさんでないというのは、まったくの偽りである」。Ebd., S.354.

43　Ebd., S.252.

44 Ebd., S.356.

45 Ebd., S.356f.

46 Ebd., S.241f.

47 Ebd., S.244.

48 Ebd., S.364.

49 Ebd., S.377.

50 例えば、彼は「現在の君主たちを、あの野蛮な時代の君主たちと比べてみるが
よい。ここ最近でどれほど多くのことが変わったことだろう。宮廷での奢侈は
廃され、その金銭は貧しい人たちに、つまり兵士に与えられた」と述べている
(Ebd., S.365.)。彼はドイツの諸領邦で展開する啓蒙絶対主義的統治の功績を率直
に讃えるとともに、それによるさらなる改良を期待し、信頼もしているのであ
る。

51 「社会の利益を享受しようとするのなら、人間の持ついくつかの権利を社会の
ために犠牲にせねばならない。また、哲学の命題それ自体に矛盾はないとして
も、現実にそれを応用する時には少なからずその変更が余儀なくされる。これら
を理解できない者たちが中途半端に正しい文章を書き広め、人と人とを（その道
徳心の持ち具合に応じて）徐々に結びつけてきた大きな絆を崩壊せしめるのであ
る」。Ebd., S.361f.

第4章　非常事態の法的規制
―― ドイツの事例から

遠 藤 泰 弘

はじめに

　ドイツ帝国崩壊後、ドイツ革命を経て 1919 年に成立したヴァイマル共和国は、当時最先端と見られた民主的憲法を備えていたにもかかわらず、政治や経済は安定せず、やがてナチスが台頭し、独裁政権下で憲法は停止状態に追い込まれることとなった。ここで決定的な鍵となったのが、ヴァイマル憲法 48 条のいわゆる非常権限であった。従来の研究では、ヴァイマル末期における運用の問題に関心が集中する一方、48 条が導入された経緯やヴァイマル初期におけるその運用については、ヴァイマル末期の対極的な前史として扱われるにすぎず[1]、本格的な研究の蓄積は希薄である。そして、憲法起草者であるフーゴ―・プロイス（1860-1925）の国家論や 48 条の導入過程については、議会制民主主義に対する理解不足という批判的な観点から断罪されることが多かった[2]。

　本稿は、ヴァイマル憲法 48 条のライヒ大統領の非常権限の問題を、ヴァイマル末期から逆照射して評価するのではなく、プロイスや同時代知識人の目線から内在的かつ立体的に解明することを目指す取り組みの一環である。ヴァイマル憲法 48 条のライヒ大統領の非常権限は、制定当時の政治的危機状況の中で、起草者であるプロイス及び制憲議会のメンバーにとって、共和国を護るための合憲的独裁として構想され、制定されたものであった[3]。プ

ロイスの意図では、ヴァイマル憲法48条は、旧ドイツ帝国憲法とは異なる新たな形式における非常権限であり、かつての緊急命令権は認めておらず、ライヒ大統領に臨時の全権が与えられるが、それはライヒ首相もしくは所管大臣の副署と議会からの廃止要求という形で、議会主義的なコントロールのもとに置かれていた。例外状態における48条の権限行使は、あくまでも旧来の秩序を回復させるためのものとして、憲法内にとどまるものであり、憲法を破棄するものではなかった。そして、共和国創立期の連続する内外の危機状況の中で、柔軟かつ状況適応的な運用を可能にするために、ライヒ大統領に可能な限り広範な裁量権を与えようとしたのであった。この48条の必要性については、プロイスとは対照的な国家観を持っていた、カール・シュミット（1888-1985）にとっても自明であり、もしも48条のような非常権限がなければ、1933年を待つまでもなく、共和国の命運は早々に尽きていたであろうと考えられる。

　すでに別稿[4]で論じた通り、ヴァイマル憲法48条の非常権限は、シュミットのいう委任独裁と位置づけることができ、共和国を守るための合憲的独裁として制定されたといえるが、その規定の仕方は一筋縄ではいかなかった。シュミットにおいては当初、48条2項の第1文と第2文の関係は矛盾するものとしてとらえられていた[5]が、プロイスにおいても、第2文の列挙が十分であるかどうかについては検討の余地があるとされていた[6]。列挙法の弱点についての言及とともに、個別の事例において、「憲法を侵犯することなく無視する」という形で、独裁者の措置の範囲を広げる方法が示唆されていた。このプロイスの言及は、シュミットやエルヴィン・ヤコービー（1887-1965）の構成とは強調点も意図も異なるとはいえ、1925年イエナ国法学者大会におけるシュミットとヤコービーが、48条2項の第1文と第2文の関係について、具体的な事例において、憲法規程を無視するという事実上の「措置」の権限を定めた第1文と、列挙された基本権の法的制約を普遍的に除去する「効力の停止」を定めた第2文を切り離し、もともとシュミットによって矛盾ととらえられていた第1文と第2文の関係を整合的に解釈しよう

とした[7]方向に通じる部分があった。しかし、このようなシュミットとヤコービーの解釈は、同時代の国法学者からは受け入れられず、プロイスも1925年の論稿では、憲法の規範力を強調する叙述を行った[8]。これら一連の経緯は、例外状態に対する法的規制の難しさを改めて浮き彫りにするものであるといえる。

　本稿では、以上の論点を踏まえたうえで、デュイスブルク州立文書館に所蔵されている未公刊のシュミット遺稿である、1930年7月28日付のシュミットの鑑定書「48条2項に基づく財政法に代わる命令の鑑定書」[9]（以下、「本鑑定書」という）を取り上げ、48条2項の「措置（Maßnahme）」が、治安や安全保障上の危険のみならず、経済及び財政関係から生じた危険にも適用可能なものとして、適用範囲を拡大させていく経緯を跡づけたい。このような取り組みは、憲法制定後の48条の運用の実態に迫るとともに、非常権限の範囲が拡大していく論理の分析を通じて、非常事態対応の法的規制という、現下の時代状況とも密接にリンクするより広い歴史的コンテクストにおいても、有益な視座の提供につながりうるであろう。

　以下においては、まずシュミットの上記鑑定書の内容を概観したうえで、本鑑定書が持つ意味について、憲法起草者であるプロイスとの関係にも留意しつつ、シュミット自身の一連の48条論における位置づけを検討してみたい。

1　シュミット「48条2項に基づく財政法に代わる命令の鑑定書」

　本鑑定書は、ライヒ大統領が、ヴァイマル憲法48条2項に基づく財政法に代わる命令を公布する権限を持つかどうかという問いをめぐるものである。シュミットによれば、この大統領の権限は、以下の理由により肯定される（VG：3）。

　その根拠は、10年来の実践による解釈の定着に求められる。シュミット

によれば、例外状態や緊急命令権（Notverordnungsrecht）に関するいくつもの重要な問題について、憲法上の発展は結論を出す必要があり、そのことは最高裁の判決や様々な著作においても、今日の憲法の構成要素として承認されている。しかし、憲法48条の解釈は、48条2項に含まれたライヒ大統領の権限の内容に関して、特に困難な法学上の問題を含んでいる。シュミットによれば、意見の違いは、党派対立によるものの他、「例外状態」の概念やスローガンにおける、立憲君主政時代の国法学からの影響が加わっており、真の共和主義的憲法の概念や視点が混乱させられていることに起因している。憲法制定国民議会において48条2項の規程は意図的に広い暫定措置が考えられていたこと、そして48条5項で予定されていた施行法によってはじめてその制限がもたらされるはずであったことが度外視されており、法的解釈は、多年にわたる暫定措置の特質から生じる特殊性を考慮する必要があるという。

　しかし、シュミットによれば、この並外れた困難や混乱にもかかわらず、この10年来の実践は、数多くの著作と結びつきつつ、48条2項の解釈として、以下の二点においてもはや争いはない。

　第一に、ライヒ大統領が、48条2項に基づき、法律に代わる命令を出せることである（VG：4-5）。シュミットによれば、この憲法規定の枠内で、法的効力をもつ法規命令（Rechtsverordnung）を出す権限が、48条2項に含まれている。それが通説や実践が承認するように、当初から48条によって認められていたのか、最近10年間の慣習法的な発展の中で付け加わったのかについては、ここではさしあたり未決定のままでよいとする。その上で、この命令権を、どの程度、緊急命令権と呼びうるかどうかは、また別の問題であるという。シュミットによれば、一般的な意味において、非常権限（ausserordentliche Befugnis）に基づいて下される命令は緊急命令と呼ぶことができるのであり、この意味において、48条2項によって下されたライヒ大統領の命令は緊急命令と解することができる。それに対して、立憲君主政の憲法は、狭く特殊な意味において、緊急命令を、議会が招集されていな

い場合に認められる、ひとつの類型に規格化した。このような状況において出されるライヒ大統領の緊急命令を、狭い意味における緊急命令ということができるという。シュミットによれば、両種の緊急命令は区別することができるが、他方で多くの共通の特徴を備えており、緊急命令の公布権限は、非常権限という包括的な概念に含まれる。

　第二に、ヴァイマル憲法48条2項の実践も、プロイセン州憲法55条の実践も、今日の危機状況の経済的及び財政的な性質の必然性のもと、経済的及び財政的な危機状況への適用を許容していることである（VG：6）。シュミットによれば、そのほかの点において、両者の憲法規程や法制度の相違が如何に大きくても、プロイセン州憲法55条の実践の結果は、この点においてヴァイマル憲法48条へあっさりと転用されうる。シュミットによれば、いずれにせよ48条は今日、緊急命令権の機能を満たす命令権を含んでおり、ここで専ら興味深いこの関連において、有力な視点や議論の転用は許容されるのみならず、以下の二重の意味において不可避でもある。

　すなわち、非常事態や公共の安全及び秩序の著しい危険といった非常権限の前提は、経済的及び財政的逼迫や経済的及び財政的諸関係から生じた危険にも適用可能であること、そして、経済的及び財政的な内容と性質を持つ法律に代わる命令を出す権利は、非常権限の内容に属するということである（VG：6-8）。シュミットによれば、意見の違いや解釈の争いはあるものの、これらはこの10年の法の展開や経済的な危機状況の実践の中で正当に評価されてきたのであり、確かな法確信に支えられた恒常的な慣例は、48条5項による施行法の制定まで続き、48条の暫定措置に実定法的な内容が与えられる。

　ここでは、以下の4つのファクターが作用しているという（VG：8-9）。すなわち、第一に、48条2項の国法学の支配的な解釈では、この点でライヒ大統領は単純な立法者と見なされていることであり、第二に、命令の法律に代わる性質に関する限りでのライヒ政府の実践や、経済的及び財政的な例外権限に関する限りでのプロイセン政府の緊急命令の実践における、反駁さ

れないままの先例の効力は、私法におけるよりも公法における方がより強く決定的であり、憲法や国際法における先例が特に強い効力をもちうることである。そして、第三に、多くの共和国の裁判所、とりわけ国事裁判所の仮決定は、例外権限の経済的な性質や行為能力のある議会多数派を引き出せない政府の権限を承認してきたこと、さらに第四に、ライヒ議会が48条2項による法律に代わる命令の無効化を求めないことによる実践上の承認は、その憲法上の有効性の承認を少なくとも含んでいることである。シュミットによれば、48条5項で予定された施行法が制定されないままでいると、法律に代わる命令権がその暫定的な性格を恒常的なものに変じる可能性がある。

シュミットは、非常権限に基づく命令は、その他の点で非常権限の憲法上の制限を尊重する限りにおいて、財政法上の内容が許容されるという（VG：9-10）。ここで問題となりうるのは、ヴァイマル憲法134条の税や公課、85条の予算案、87条の国債に関する法律の留保が、48条の非常権限に基づく法律に代わる命令によって充たされるのかどうかであるが、シュミットによれば、48条2項の支配的な解釈でも、これまでの法実務においても、この問いは肯定される。ライヒ大統領が48条2項により法律に代わる命令を出すことができ、税法の領域でもそれが認められるのであれば、予算案や国債に関する法律に代わる命令も認められる（VG：11-12）。なんとなれば、財政は国家全体で一体のものだからである。

シュミットによれば、48条2項に基づく、予算法や国債の権限を与える命令への別の疑念は、48条3項の議会の請求による無効化が事実上機能しないというものである（VG：13-15）。しかし、その非難は、経済及び財政政策のみに当てはまる非難ではなく、刑法上や軍事上の措置など、場合によっては人命にも関わるような非常権限に基づく措置一般にも妥当する論点であり、経済及び財政政策への適用のみを否とする論拠にはならないという。シュミットによれば、48条に基づく、あらゆる措置は、事実上及び通例、法的な効力をもたらすのであって、もしもライヒ議会による無効要請を有効にできる措置しか取れないとするならば、48条の非常権限は何の効果

も生じさせられないという不合理な結果となる。所有権を不可侵のものとする、立憲君主政時代の自由主義的伝統は、今日もはや妥当しないというのである。

　財政法に代わる命令に対するあらゆる疑念の固有の根拠は、形式法的な考慮というよりは、憲法史上の回顧や以前の憲法闘争の名残に求められるという（VG：15-20）。シュミットによれば、形式的意味における法（Gesetz im formellen Sinne）の要請は、19世紀の立憲君主政の状況と結びついており、今日もはや無関係である。形式的な法という無条件の概念は、非議会的な政府に対して、議会の権力領域を重要な財政法上の出来事や行為に拡張するという形で、立憲君主政との闘いにおける市民層の闘争手段であったのであり、民主国家における合憲的あるいは法的に授権された命令権に対する闘いと混同してはならないというのである。シュミットによれば、今日のヴァイマル共和国の憲法状況は、下記の4点において全く異なる。第一に、今日の国家は、議会と政府の契約に基づくのではなく、予算法は議会と政府の協定事項ではない。第二に、多数派に基づく行為能力のある議会が存在する限り、政府はもはや議会を超越した権力ではなく、議会の協働と監督の手段である。第三に、今日ではライヒ大統領も全ドイツ国民から選挙で選ばれており、議会だけが国民代表を独占しているという君主政時代の前提は成り立たない。そして第四に、ヴァイマル憲法は民主政の憲法であり、議会主義的要素と国民投票的要素のバランスに基づいており、その構造は本質的に、国民が議会と政府の双方を同様の仕方で決定し、新たな選挙や国民表決、そのほかの投票を通じ、上位の第三者として大統領を決定することにより、規定されている。絶対的な形式的法律概念を、君主政の憲法から、現行の民主的憲法に引き継ぐことは不可能であり、君主政の19世紀のような形での憲法闘争が今日ありえないように、そのような闘争の議論や概念を受け継ぐことはできないというのである。したがって、ヴァイマル共和国における例外状態を以前の憲法の視角から判断することはできないとする。

　シュミットによれば、形式法的に財政法の代わりをする命令に反対する主

張はしばしば見受けられるものの、それらの主張は不明瞭な考慮に基づくものであり、より明確な説明を要する（VG：20-22）。ヴァイマル憲法85条や87条の財政法上の法の留保を、114条、115条の基本権の法の留保に比して、厳格に解釈しようとするのは誤りであり、両者の違いはそれほど大きくはないという。けだし、ライヒ法律はライヒ議会が議決すると定める憲法68条は、授権法や48条2項による法規命令を排除しないというのである。

　シュミットは、かつてエルヴィン・ヤコービー（1984-1965）とともに、単なる「措置」と法的形式の行為の区別を主張し、そのことは今でも正しいと考えているとしつつも、今日支配的となっている48条2項の解釈は、措置と法的形式の行為の区別を拒絶しているとし、48条2項に関して、ライヒ大統領を単なる立法者と同列に置くという。これらの理論により、ライヒ大統領の法律に代わる命令権は慣習法的に承認されており、ライヒ大統領の命令は、直接的に憲法規程に基づき、法的形式の特質を含み、法律と同一なのであり、法律の留保を満たしえないという特殊な意味における措置であることをやめるという。シュミットによれば、措置への制限に含まれた、非常権限の法治国家的制限は今やなくなったのであり、支配説が、48条2項の法律に代わる命令に対して、財政法上の法律の留保という形式的な厳格性を主張する可能性はもはやない。

　ただし、ここで君主政の憲法からの名残の効果や引継ぎに対して、現行ヴァイマル憲法の特性を主張し、財政法に代わる命令権の問題を肯定したからといって、ライヒ大統領の限界のないコントロール不能な権限を弁護しているわけではもちろんないという（VG：24-26）。シュミットによれば、48条第5項で制定が予定されている施行法によって特別な規制を受けない限り、非常権限の諸前提や内容、制限は、現行憲法の規範や視点から展開されるべきである。ライヒ大統領の非常権限の本来の限界やその権力の濫用に対する本来の保証は、ライヒ議会の監督権限にあるのであって、規範性や司法形式の障害にあるのではない。多数派による行為能力のあるライヒ議会にとり、無効化の要請や、必要な場合には明示的な不信任決議によって、ライヒ

大統領やライヒ政府に対して、自らの解釈を有効に働かせることはそれほど難しくないという。シュミットによれば、ライヒ大統領の命令が、ライヒ議会が招集されていない場合に出され、真の緊急命令の性質を帯びる限り、それには真の緊急命令権のすべての必要条件が必要であり、非常権限のすべての問題において、特に厳格な正確性と憲法への忠誠へと義務付けられているライヒ政府は、自らの措置や命令を、直ちに再招集されたか、新たに選出されたライヒ議会に、単に報告するだけではなく、承認の判断を仰ぐべきである。あらゆる場合において、民主的な憲法の意味にふさわしく、選挙やそれ以外の人民の同意において現れた意思が決定的であり、すなわち、ライヒ議会における明確な多数派の中にそれは現れるというのである。

　シュミットによれば、現行憲法は、議会が国家の意思形成における決定的なファクターとなるために必要なすべての権利と可能性を、多数派による行為能力を持つライヒ議会に与える。しかし、議会が多数派形成能力も、決定能力も持たない場合には、以下のことはヴァイマル共和国の憲法の念頭にはない。すなわち、共和国の政府を行為不能力にするために、以前の憲法に従って、君主政の政府に対する武器としての人民代表に役立てるような形式や概念を、今更利用するようなことは、念頭にないというのである。

2　本鑑定書の位置づけ

　本鑑定書は、1930年3月末に成立したブリューニング内閣が、その経済政策の実施に当たり、ライヒ議会の信任が得られない場合に、48条2項の大統領の非常権限を使って、ライヒ議会が否決した経済政策を実施する試みを検討する中で、シュミットに依頼されたものとされている[10]。1930年7月16日にライヒ議会がブリューニングの財政政策案を否決した後、48条2項に基づく大統領緊急命令による政策の実施を試みたものの、ライヒ議会が48条3項に基づき、過半数の議決でこの命令を無効としたためにブリューニングがライヒ議会を解散し、首相の座にとどまったままで48条を通じて

自らの財政政策を再実施するという緊迫した政治情勢の最中、7月28日に提出されたものである。ベンダースキーによれば、ブリューニング政府はこの鑑定書を歓迎し、シュミットの見解を、政府の緊急措置に対する最強の法的弁護の一つと見なした。この鑑定書は早くも二日のうちに、政府のさまざまな部局に回覧され、続く数か月の間、首相府、大蔵省、内務省の間での電話や文書によるやり取りの主題となり、ブリューニングはこの憲法解釈で武装して、続く二カ月の間、48条に基づく財政改革を続行したというのである[11]。この鑑定書がどういう形でシュミットに依頼されたのかという点について詳細は不明であるが、ライヒ内務省の事務次官エリッヒ・ツヴァイゲルト（1879-1947）を介して行われた可能性が高いと考えられる[12]。

　シュミットのヴァイマル憲法48条論のコンテクストにおいて本鑑定書が持つ意味としては、第一に48条2項により大統領が行う「措置」の法的性質に関わる自説の修正という点を指摘できる。シュミットは、1921年に公刊された『独裁』において、ライヒ大統領は、ドイツ国内で公共の安全及び秩序が著しく乱され、もしくは脅かされる場合、自らの裁量に従い、事態にとって必要なあらゆる措置をとることができるとしたが、この権限付与は、既存の全職権の解消及びライヒ大統領への主権の委譲を意味すべきではないから、ライヒ大統領の「措置」は、常にただ事実的な種類の措置であって、立法行為とも司法行為ともなりえないものであると主張していた[13]。

　しかし、その後1924年のイエナ国法学者大会における報告「憲法48条に基づくライヒ大統領の独裁」において、48条2項の「措置」には、行動の内容が具体的な所与の事態によって規定され、実際目的に完全に支配される結果、その行動が事態により各事例ごとに異なる内容を持ち、真の意味の法形式を持たないということが含まれているとし、措置の特性は、具体的事態に対するその目的従属性にあるとされ、措置の基準、つまり内容、手続き、効果は、各事例ごとに事態によって定まるとしながらも、確かに一般的な命令を措置として発することを48条は容認しているとし、法律の効力を持つ一般的な命令を「措置」として出せることを事実上認め、立場を修正し

た[14]。ただし、それは一般的な緊急命令権、すなわち暫定的な立法権ではないとされ、ライヒ大統領は立法者ではなく、特定の手続きへの拘束によって法形式性を獲得した諸行為、したがって、もっぱら情勢によって規定されること（「措置」であること）をやめる諸行為は、ライヒ大統領には行いえないとしていた。

それに対して、本鑑定書では、前節でみたとおり、最近10年間の法実践や通説の蓄積を根拠として、48条2項に基づいて出されたライヒ大統領の命令を緊急命令と解することができるとし、ライヒ大統領を立法者として、ライヒ大統領の法律に代わる命令権を承認し、48条に基づくあらゆる措置は、事実上及び通例、法的な効力をもたらすとして、自説をさらに修正した。そして、当時の危機状況の経済的及び財政的な性質に基づき、非常事態や公共の安全及び秩序の著しい危険という48条2項の非常権限の前提は、経済的及び財政的な逼迫や経済的及び財政的諸関係から生じた危険にも適用可能であると明言するに至る。

ちなみに、ヴァイマル憲法の起草者であるプロイスによれば、緊急命令権は、通常であれば憲法上の立法の方法で公布される決定を命令によって行う権限を、一定の前提のもとで政府に与えるものであるが、ヴァイマル憲法は、このような一般的な緊急命令権を採用していないとする[15]。にもかかわらず、1923年9月のバイエルンの非常事態宣言布告に対抗したライヒ政府緊急令など、本来使えないはずの緊急命令権の濫用の事例が見られるとして厳しく批判する。プロイスによれば、このような命令を事後的に廃止する議会の権利は、最悪の事例においては全く役に立たない。というのも、命令が経済的および法的関係に深く介入している場合、事情によっては、その廃止によってもたらされる損害が、治癒よりも大きくなってしまうからである。プロイスは、一般的な緊急命令権の導入により、48条の負担の軽減や補完を試みるライヒ政府の考えは疑わしいと厳しく批判し、法実践を根拠に「措置」を緊急命令と解する方向へ自説を修正したシュミットとは対照的な姿勢を示していた。

シュミットの48条論のコンテクストにおいて、本鑑定書が持つ意味とし
て第二に指摘できることは、1931年に出版された『憲法の番人』第二版の
第2章第2節第4項「憲法48条に基づく合憲的統治の優越。軍事的・警察
的な例外状態から経済的・財政的な例外状態への発展」後半の叙述への利
用[16]である。シュミットは、当該箇所の叙述にあたり、一部文言の変更や省
略および補充、叙述の順序の入れ替え[17]を行いながらも、本鑑定書の叙述を
大幅に流用している。基本的な論旨はおおむね共通しているが、次の二つの
相違点が注目される。すなわち第一に、本鑑定書では、かつてシュミット自
身が法律に代わる命令権を拒否したことについて、その論拠が48条2項の
規定の暫定性と第5項で予定されていた施行法による最終的な規定ならびに
法規命令への授権がすぐになされるであろうという見込みに基づいていたと
するくだり（VG：9）が、『憲法の番人』第二版においては、法律に代わる
命令権と「措置」の区別が施行法の詳細な規定が実現するまでは存続し続け
ることの指摘とともに、法律に代わる命令権の拒否がシュミット自身のかつ
ての立場であったという叙述は消え、法律に代わる命令権を拒否する見解一
般の論拠という叙述に変わっている[18]点である。ここに、シュミットが法実
践および通説の蓄積に合わせて立場を修正しつつも、自らのかつての立場に
も相当の正当性があることを示そうとする苦心の痕跡を見ることができるか
もしれない。
　第二に注目される点は、ライヒ大統領の非常権限の本来の限界やその権力
濫用に対する本来の保障を、多数派による行為能力のあるライヒ議会に求め
るくだり[19]において、本鑑定書にあった以下の叙述が削除されている点であ
る。すなわち、ライヒ大統領の命令がライヒ議会が招集されていない場合に
出され、真の緊急命令の性質を帯びる限り、ライヒ政府は自らの措置や命令
を、直ちに再招集されたか、新たに選出されたライヒ議会に、単に報告する
だけではなく、憲法の規程を越えて、承認の判断を仰ぐべきであるとしてい
た箇所（VG：25）である。本鑑定書が提出された1930年7月の段階で、す
でにライヒ政府はライヒ議会との協力を放棄しつつあり、すでにこの時点

で、ライヒ大統領の非常権限のコントロールをライヒ議会に期待するという
方策は容易ならざるものであったが、ナチ党と共産党という左右両極が勢力
を増大した 1930 年 9 月の総選挙により、「多数派による行為能力のあるライ
ヒ議会」の現実的基盤が掘り崩されるという政治情勢の中、1931 年春の『憲
法の番人』第二版の時期には、ライヒ議会がライヒ大統領の非常権限をコン
トロールする見込みはますますなくなりつつあったことが関係していると思
われる。事ここに至り、シュミットにとっては、立法団体が多元的に分裂し
ている憲法上の立法国家を、憲法に違反する多元主義から救う試みは、憲法
上の全秩序の番人たるライヒ大統領に期待するしかないように思えたのであ
ろう[20]。

おわりに

本稿では、1930 年 7 月 28 日付のシュミットの鑑定書「48 条 2 項に基づく
財政法に代わる命令の鑑定書」を取り上げ、ヴァイマル憲法 48 条 2 項のラ
イヒ大統領の非常権限について、1921 年の『独裁』の段階では、あくまで
も事実上の「措置」にすぎず、立法行為ではないとしていたシュミットが、
1924 年のイエナ国法学者大会における報告において、48 条 2 項による「措置」
が法律の効力を持つ一般的な命令であることを事実上認め、さらには本鑑定
書において、ライヒ大統領を立法者と見なしうるとして、48 条 2 項によっ
て下されたライヒ大統領の命令を緊急命令と解するとともに、48 条 2 項は
経済的及び財政的逼迫やそこから生じた危険にも適用可能であると明言する
に至る経緯を跡づけてきた。

当初シュミットが主張していた「措置」と法的形式の行為との区別という
法治国家的な制限はあっさりと撤回され、ライヒ大統領の権限行使に対する
制約は、ライヒ議会の監督権限のみとされた。しかし、30 年 7 月以降、政
府が本格的に大統領内閣へと移行していく中、ライヒ議会は多数派形成能力
を失いつつあり、左右両極が勢力を増大した 30 年 9 月の総選挙以降は、シュ

ミットのいう、多数派による行為能力のあるライヒ議会による「制約」は、実効性を期待しにくいものとなっていった。こうして、48条2項の大統領非常権限に対する規制は崩れていくこととなったのである。

　ただし、本鑑定書をシュミットの一連のヴァイマル憲法48条論のコンテクストに位置づけようとする本稿の試みは、いまだ暫定的なものにとどまっており、本稿の試みを完成させるためには、1920年代後半から30年代前半にかけてのシュミットの他の著作との関係をさらに吟味する必要があるが、これらの課題との取り組みについては他日を期させていただきたい。

＊本稿は、JSPS科研費JP22K01322、JP22K01304による研究成果の一部である。

注

1　Vgl. Hans Boldt, "Der Artikel 48 der Weimarer Reichsverfassung", in: Michael Stürmer (Hg.), *Die Weimarer Republik. Belagerte Civitas*, Bodenheim: Athenäum, 1980, S. 296ff. Heinrich Oberreuter, „Die Norm als Ausnahme", in: *Geschichte in Wissenschaft und Unterricht* 35 (1984), S.304f. Ders., *Notstand und Demokratie: Vom monarchischen Obrigkeits- zum demokratischen Rechtsstaat*, München: Verlag Ernst Vögel, 1978, S. 48ff.

2　Harlow James Heneman, *The Growth of Executive Power in Germany*, Minneapolis: Voyageur Press, 1934. Christoph Schönberger, *Das Parlament im Anstaltsstaat: Zur Theorie parlamentarischer Repräsentation in der Staatsrechtslehre des Kaiserreichs (1871-1918)*, Frankfurt am Main: Vittorio Klostermann, 1997. ようやく2019年に、プロイスの連邦主義理解、とりわけそのプロイセンとの向き合い方を中心に、バランスの取れた形で冷静にプロイスの国家論を評価する研究が公刊された。Vgl. Almut Neumann, *Preußen zwischen Hegemonie und „Preußenschlag": Hugo Preuß in der staatsrechtlichen Föderalismusdebatte*, Tübingen: Mohr Siebeck, 2019.

3　詳しくは、拙稿「フーゴー・プロイスとカール・シュミット──ヴァイマル憲

法 48 条をめぐって」『年報政治学』2021-II（2021 年）257-281 頁参照。なお、当論文は主題が本稿と共通しており、本稿は当論文をさらに発展させたという性質を持つものであるため、本稿の議論を展開するうえで必要な限りにおいて、一部叙述が重複する部分がある。

4　前掲拙稿参照。

5　Vgl. Carl Schmitt-Dorotić, *Die Diktatur: Von den Anfängen des modernen Souveränitätsgedankens bis zum proletarischen Klassenkampf*, Berlin: Duncker & Humblot, 1921, S. 202f.

6　Vgl. Hugo Preuß, "Reichsverfassungsmäßige Diktatur", in: Hugo Preuß, *Gesammelte Schriften*, Bd. 4: *Politik und Verfassung in der Weimarer Republik*, Tübingen: Mohr Siebeck, 2008, S. 529f.

7　Vgl. Carl Schmitt, "Die Diktatur des Reichspräsidenten nach Artikel 48 der Weimarer Verfassung", in: *Veröffentlichungen der Vereinigung der Deutschen Staatsrechtslehrer Heft 1. : Der deutsche Föderalismus. Die Diktatur des Reichspräsidenten*, 1924, S. 72-77.

8　Vgl. Hugo Preuß, "Die Bedeutung des Artikel 48 der Reichsverfassung", in: Hugo Preuß, *Gesammelte Schriften*, Bd. 4: *Politik und Verfassung in der Weimarer Republik*, Tübingen: Mohr Siebeck, 2008, S. 574f.

9　Carl Schmitt, "Verfassungsrechtliches Gutachten über die Frage, ob der Reichspräsident befugt ist, auf Grund des Art. 48 Abs. 2 RV. Finanzgesetzvertretende Verordnungen zu erlassen", Berlin（28, 07, 1930）（デュイスブルク州立文書館、資料番号［RW 0265　Nr. 18911]）。以下、出典頁数を本文中に（VG）と略記する。

10　ジョーゼフ・W・ベンダースキー、宮本盛太郎・古賀敬太・川合全弘訳『カール・シュミット論――再検討への試み』（お茶の水書房、1984 年）143-149 頁、参照。

11　同上。

12　Vgl. Carl Schmitt, "Das Reichsgericht als Hüter der Verfassung（1929）", in Carl Schmitt, *Verfassungsrechtliche Aufsätze aus den Jahren 1924-1954*, 4. Aufl., Berlin: Duncker & Humblot, 2003, S. 100-101.

13　Vgl. Schmitt・前掲注（5）, S. 200-202.

14 Vgl. Schmitt・前掲注（7）, S. 95-101. Anna-Bettina Kaiser, "Die Verantwortung der Staatsrechtslehre in Krisenzeiten-Art. 48 WRV im Spiegel der Staatsrechtslehrertagung und des Deutschen Juristentages 1924", in: Hg. Ulrich Jan Schröder und Antje von Ungern-Sternberg, *Zur Aktualität der Weimarer Staatsrechtslehre*, Tübingen: Mohr Siebeck, 2011, S. 125-128.

15 Vgl. Hugo Preuß, "Die Bedeutung des Artikel 48 der Reichsverfassung", in: Hugo Preuß, *Gesammelte Schriften,* Bd. 4: *Politik und Verfassung in der Weimarer Republik*, Tübingen: Mohr Siebeck, 2008, S. 572f.

16 Vgl. Carl Schmitt, *Der Hüter der Verfassung*, 5. Aufl., Berlin: Duncker & Humblot, 2003, S. 117-131.

17 例えば、Schmitt・前掲注（16）124頁11行目から126頁21行目の叙述は、本鑑定書ではⅤ節として独立して、後方に配置されている（VG：20-24）。ちなみに本書では、かつてシュミットがヤコービーとともに主張した措置と法的行為との区別に関して、125頁34行目から、その正当性を主張するくだりが補充されている点が興味深い。この点について、詳しくは後述する。

18 Vgl. Schmitt・前掲注（16）, S. 121-122.

19 Vgl. Schmitt・前掲注（16）, S. 130-131.

20 Vgl. Ebenda.

第5章　上杉慎吉の懊悩
──留学以前（1902-1906）の憲法解釈をめぐって

坂 井 大 輔

1　はじめに

　憲法解釈の変更もしくはその企図が、法体系全体に大きな影響を及ぼしうることは──「八月革命」を引き合いに出すまでもなく──広く認識されているところであろう。1889 年に発布された大日本帝国憲法について見れば、明治の終わり頃までに確立を見た穂積八束の憲法解釈[1] に対して、美濃部達吉らが挑戦したことがよく知られている。本稿ではその中でも、八束の後継者となった上杉慎吉が、その学究生活の初期において八束学説にいかに挑もうとしたか、について検討してみたい。

　上杉慎吉[2] は、1903 年 7 月に東京帝国大学を卒業し、翌月には同助教授に就任した。学生時代から留学（1906 年 5 月～ 1909 年 6 月）に出るまでの期間について、後年上杉はこう振り返っている。

　　　任官以来三十九年春洋行ニ至ルマテ予ハ主トシテ先生ノ学説ノ欠点ヲ指摘スルニ努力セリ予ハ大学ニ於テ初メテ先生ノ講義ヲ聴キシトキ之ヲ以テ曖昧不明理義貫徹セスト為セリ……当時大学ヲ卒業シ助教授タルモ毫モ志ヲ改メス力メテ先生ノ学説ヲ排撃セリ殊ニ一論説ヲ著ハシテ天皇ハ国家ノ機関ナリト切論セルカ如キ真ニ狂妄ヲ極メタリト云フヘシ[3]

穂積八束の学説に対して「曖昧不明理義貫徹セス」として「欠点」を指摘していたとする上杉は、留学を経て「帝国国体ノ明確ナル認識ト鞏固ナル尊皇ノ信念トハ日本憲法研究ノ根本骨子タルヘヒトスルノ動カスヘカラサル確信ヲ懐抱」[4]するに至り、一転して師の学説を支持するようになる。すなわち、留学前に上杉が行なっていた既存の憲法解釈への挑戦は、果たされることなく潰えたということになる。では、その果たされなかった試みの中で、上杉は一体何を追求していたのであろうか。換言すれば、いかなる手段によって穂積八束と対立しようとしていたのであろうか。留学以前の上杉慎吉については、既に幾つかの研究が存在しているのであるが[5]、上杉慎吉と穂積八束との対立に焦点を当てたものは多くない[6]。この点を詳細に検討することは、帝国憲法体制の変革にどれだけの可能性が開かれていたのかを測る一助になりうるという意味において、なお一定の意味を持つものであろう。

2　法学方法論

（1）　学生時代の上杉慎吉

上杉慎吉は在学中から『国家学会雑誌』への投稿資格を有していた[7]。この当時書かれた2本の論文には、法学方法論への上杉の率直な疑念が示されている。第一作となる「河上学士ノ憲法論ニ付キテ」[8]において上杉は言う。

> 概括的説明ノ価値ハ之ヲ誇張スヘカラズ森羅万象ノ間何等ノ法則モナク統一モナキカ如キモノヲ彙類シ陳列シ其間一定ノ系規ヲ立テ、所謂一ノ知識ヲ為サシムルハ素ヨリ其力ナリト雖概括的説明ト云フト真理ト云フトハ同一ニ非ス学者ノ手ニ一ノ現象入リ来ランカ直ニ之ヲ其立テタル系規中ノモノトナシ直ニ其分類ノ一ニ組ミ入レ曩キニ為セル概括的説明ヲ之レカ上ニモ加ヘントスルハ明カニ迷信的誇張ナリ[9]

第 5 章　上杉慎吉の懊悩　141

　このような「概括的説明」の例として上杉は、「法律上ノ人格」のもとに
「自然人及法人」が含まれることを挙げる[10]。ここで表明されているのは、
法概念を定義し、それを用いて法現象を分析・把握することに対する拒否感
である。上杉はこのような立場から、統治権の総攬者である天皇は憲法の改
廃すら独力で実行できるはずであるのに、実際には帝国議会の議決を要する
こととなっている（73条）というのは矛盾である、とする河上肇の見解[11]
に反論する。

　　　統治権ノ総攬ト云フ語ハ即相同ジ然レトモ吾人ハ其語ヲ取扱フニ非
　　　スシテ観念ヲ取扱フナリ吾憲法ニ於テハ憲法ヲ変更スルニ議会ノ参与
　　　議決ヲ要ストノ観念ナリ之吾法制上ノ一ノ事実ナリ而シテ之ヲ吾憲法
　　　ニ統治権ノ総攬ト云フノミ之ヲ学者ノ予想スル統治権ノ総攬ノ意義ニ
　　　異レリトスルモ真理ニ軽重スルトコロアルコトナシ事実ヲ説明スルハ
　　　学問ノ任務ナリ凡テノ事実ハ之ヲ一ノ概括的観念ニ彙類スルニ非サレ
　　　ハ科学ニ非スト云フハ明カニ迷信ナリ[12]

　これはすなわち、帝国憲法にそのように規定されているのだからそのとお
りに理解せよ、という主張である。既存の法学に対して上杉が抱えている違
和感がよく表れていると言えよう。
　さらに上杉は、「自殺＝一定ノ法則又ハ定則ニ従テ発生シ変動シ又ハ其間
一定ノ常序ノ存スルト称セラル、社会現象ノ一トシテ自殺ノ此見地ヨリスル
実証的観察」[13]と題する論考において、社会現象に一定の法則が存在するか
どうかを検証しようとする。自殺に関する統計を分析した上杉がそこで得た
結論は、「一定ノ法則又ハ定則又ハ一定ノ常序ヲ其間ニ認識シ得ヘキヤヲ感
覚セシムルモノナクンバアラズ少クモ規則的ナル現出ト変動ヲ成スモノタル
コトヲ想像セシム然トモ之カ為ニ直ニ自殺ハ必至的ナル予定的ナル法則ノ進
行ノ一経過ナリト見ントスルニハ未タ足ラスト云ハサルヘカラズ」というも
のであった[14]。何らかの法則があることを即断しない、慎重な姿勢がここに

見られる。

　上杉がここで法則の存否にこだわったのは、当時学界を席巻していた社会進化論を念頭に置いてのことであろう。穂積陳重が主宰した演習における上杉慎吉の報告要旨である「社会主義と法律との関係汎論」[15]には、社会進化論への疑念が表明されている。

　　　　余が研究の要点は近世学者の謂ふが如く社会は進化するものなりや殊に法律は進化するものなりや進化するとすれば如何なる理法に依りて進化するやを知らんとするに在り社会進化の理法に就ては泰西の学者の間にも未だ定説あることを聞かず定説あると云ふものは偽なり余は従来深く科学の基礎に疑を挟めりされば学者の定説と云ふもの余より之を見れば悉く根柢の疑はしき仮定の上に立つところの独断推理に過ぎず[16]

　法律進化論の旗手たる穂積陳重に対して「独断推理」と言い放つところに上杉の豪胆さがよく表れているが、その批判の対象に弟・八束も含まれうることに注意すべきであろう[17]。

（2）　法学者として

　助教授就任後の上杉が初めて公にした論文が、「公法学の独立」[18]である。ここで上杉は、学生時代の主張を基礎に置きつつ、それを公法学の方法として語り直している。それはやはり、公法学者となったことによる変化であっただろう。「河上学士ノ憲法論ニ付キテ」において拒絶した「同異分別上下彙類総括シテ整然タル体系ヲ形成スル」[19]という方法は、ここでは私法学の方法として改めて拒絶され、それとは異なる公法学の方法論が必要であると上杉は説いている。その際、既存の公法・私法区分論（「或ハ利益ノ公私ヲ以テ之ヲ別チ或ハ法律関係ノ性質ニ依リ或ハ主体ノ如何ニ従ヒ二者ノ分類ヲ試ム」）については「吾輩後学ノ満足ニ値セサルナリ」と一蹴するのである

が、結論としては公法と私法との差異を「二人平等ニ相対立スルト一人ノ権力ニ一人ガ服従スルト之明カニ異レル関係ニ非スヤ」という点に見出している[20]。ここには、公法を権力関係、私法を非権力関係とする穂積八束の主張[21]との接近が見られる。

　冒頭で述べたように、この頃から上杉は、穂積八束を批判するようになっていく。その嚆矢となるのが、「多数決」[22]なる論文である。その中で上杉は、社会は有機的なものである、と定義づけ、有機的な社会における多数決は多数者による少数者への圧制ではないと説く[23]。これに対して、多数決を多数者の少数者への圧制と見る見解は「機械的」とされ、その発想の背後には社会を諸個人の意思の合致と捉える社会契約論が存在するとされる[24]。このような枠組みを設定した後、上杉は穂積八束の論文「多数決」[25]を批判する。八束は「衆多ハ愚ナルコト社会ノ痛患タリ」との認識に基づき、「少数者カ多数者ニ屈従セサルヘカラサルノ理由」は明白ではないと述べる[26]。これに対して上杉は、八束が社会を「機械的眼光を以て見」ているにもかかわらず社会契約説を採っていないことに対して疑問を呈している[27]。

　このような批判の仕方は、果たして初期において提示された方法論への疑義と通底するであろうか。ここで上杉は、社会は有機的であり、有機的な社会は多数決を以て全体の意見と為すものであるという定義づけを行ない、そのような概念構成にそぐわない穂積八束の所説を「解し難」いとしているのである[28]。法学者として身を立てる決心をした上杉に、恐らくは法学方法論についての一定の心境の変化が起こり、定義された法概念を用いた思考を許容する態度が生じたのであろう。ここで行なわれた八束批判は、有り体に言えば揚げ足取りにすぎないものであるが、ここで上杉は法解釈理論によって八束を攻撃するという方法を会得したようである。このことは、後に述べる八束憲法解釈への直接的批判へと繋がっていく。

3 主権論および国家論の摂取

　法学者となった上杉慎吉は、主権論および国家論について集中的に勉強し、幾つかの論考を執筆した。取りあげられたのは、ボダン[29]、プラトン[30]、ド・メーストルらによる「帝王神権説」[31]、オースティン[32]、カント[33]、ヘーゲル[34]、ヨハンネス・アルトゥジウス[35] などである。

　これらは「公法学確立の志を懐いた」上杉が、「その基礎固め」として行なったものである[36]。例えば「ジァン、ボダーンノ主権論」はイェリネックの著作を用いたものであり[37]、「カントの国家論（其の第百年回忌に）」の冒頭では、カントの著作を「悉く直接に読みたるに非ず」と述べた上で、ブルンチュリの著作を参考にしていると記されている[38]。また、「プラトーンの国家論（国家学説雑纂の一）」の中には、「プラトーンの国家論は原名を"Republica" といふ」との記載があり（ギリシア語を解さぬ筆者であっても、原題が「ポリテイア」であることは辛うじて承知している）、何らかの「種本」の存在を推測させる。したがって、これらは一定の目的のためになされた上杉の勉強の跡であると見るのが適切であろう。問題は、その目的が何であったのか、である。

　上杉の意図が浮き彫りになるのは、「国家学史上に於けるヘーゲルの地位」においてである。やはりブルンチュリに依拠して書かれたこの論考は、帝王神権説やカントといった、それ以前に取り扱った論者にも言及しつつ、「ヘーゲルの地位は国家学史上大に重要なりと見さるへからずと信するなり」と結ばれるのであるが[39]、その途上で上杉は国家学における自身の見解を表明している。

　　　　国家主権説の前提たる国家の本質論は先つ第一に国家を一の有機体
　　　なりとするものならさるへからす次に之れを人格なりとするものなら
　　　さるへからす故に主権の本体なりと云ふなり之れ今日独逸に於て最も

勢力ある議論にして此の事明かなるに至りしか為公法の学も発達せり
とエリネックなども現に云ひ居るところにして国家学根本の思想なり

　国家を「主権の本体」とするイェリネックの説に賛意を示した上杉は、
ヘーゲルを通じて自身の見解に確信を得ることに成功した。そして、これを
踏まえて執筆された「国家主権説の発達」[40] では、上杉の国家主権説への確
信が堂々と述べられている。

　　国家主権説は……国家を以て人格と為し主権の本体と為して君主を
　以て国家に於て最高の地位を有する機関たりとなせり国家に在りて凡
　ての機関の上に立ちて国家の最高命令権を行ふ者なり『統治権の総攬
　者』なり之今日に於ける国家を主権の本体たりとする者の君主主権の
　意義にして国民主権の思想に胚胎して君主の地位を維持せんとする国
　家主権説の発達は云はヽ之れを予期せるなり国家主権説はその要君主
　に斯くの如き地位を与へんとするに在り[41]

　こうして上杉は、「君主々義と民主主義の調和」としての「国家主権説」[42]
を我が物とした。それはすなわち、国家主権説・君主機関説を自己の法解釈
理論として確立し、穂積八束と対決する準備が整ったことを意味する。主権
論・国家論の学習に邁進した上杉の意図は、ここに存したのである[43]。

4　憲法解釈をめぐって

（1）　法律の裁可

　上杉慎吉は清水澄の著作『国法学第壱編 憲法篇』[44] の書評において、「著
者に問ふところありたき点」として「統治権の所在の問題領土権の性質に関
する問題摂政の性質に関する問題国務大臣の責任の問題予算の性質および議
定権の範囲に関する問題大権に関する問題命令権の問題等」を挙げてお

り[45]、憲法の解釈について仔細にわたって関心を有していたことが窺われる。その上杉が最初に提起した解釈論上の問題は、天皇による法律の裁可（6条）であった[46]。ここで上杉は、裁可は法律を「完成」するものとする穂積八束・清水澄の説を疑問視し、そうであるならば法律の公布との関係をいかに理解すべきか、と問う[47]。その上で、イェリネックに依拠しつつ「裁可ハ法律上何等ノ効力ナキ形式ナリト為スハ実ニ公布トノ関係ニ於テ裁可ノ何タルカヲ論ジテ最矛盾ナキ完全ノ証明ナリ」と述べるのであるが、そうであるならば裁可とは「蛇足カ又タ無用ノ規定」ではないか、とさらに疑問を呈する[48]。そして、結論として上杉は、裁可は君主による法律拒否権の「残影」であると主張する[49]。

　これは一見すると、天皇が法律を不裁可にする権能を有していないかのようにも読める。そうであるならば、「裁可ハ天皇ノ大権ニ属シ議会ノ議定案ヲ裁可スルト否トハ一ニ大権ノ親裁ニ在ルコト論ヲ待タス」[50]とする穂積八束の説に対する全面的な批判となりうるのであるが、実態はそうではない。上杉は自身が日本大学で担当した講義を活字化した『帝国憲法』[51]において、「議会ハ唯タ法律案ヲ議定スルノミ天皇之ヲ嘉納スレハ裁可シ公布スルニ依リテ法律アリ」と述べており[52]、天皇が法律案を「嘉納」しない可能性を留保している。つまり、ここで問題とされたのは、裁可と公布との論理的関係のみであった。

（2）　天皇の国法上の地位

　上杉が穂積八束に対して正面から異議を唱えたのは、前節でも触れたように、天皇の位置付けをめぐってのことであった。「天皇ノ国法上ノ地位ヲ論ス」と題された論考は[53]、それまでに修得してきた法解釈理論によって穂積八束の皇位主権論を批判するものである。上杉は、国家が法律上の人格として存在する以上、その意思を決定する「直接機関」が必ず存在すると述べた上で[54]、日本についてこのように説明する。

我日本帝国ノ組織法上直接機関タルモノハ天皇タリ、天皇カ国家ナ
　ル人格ノ機関タルハ前論以来説明シタルトコロニ依リテ自ラ明カナラ
　ント思為ス、今更ラ其為メニ別段ノ説アルコトヲ要セサラン、然ルニ
　屢々天皇ハ統治権ノ主体タリト説明スル者アルコトヲ聞ク、天皇カ直
　接機関ナリヤ否ヤノ我日本帝国ノ組織ノ実状ノ観察ノ事実論ニ非ス、
　観念上国家ノ人格ヲ認メサルノ学理上ノドグマタリ、予ハ学理トシテ
　国家ノ人格タルコトヲ主張ス、統治権ノ主体タルコトヲ内外ノ経験ニ
　依リテ覚知スルコトヲ主張ス、其主張ニシテ謬ナクンハ、前論以来説
　キタルトコロニシテ納得セラレンニハ、天皇ハ統治権ノ主体タリトス
　ルノ学理上謬見タルコトヲ又更ラニ弁護スルノ必要毫モナカラント思
　為スルナリ[55]

　ここで批判されているのが穂積八束であることは、疑いようもない[56]。冒
頭に示した「天皇ハ国家ノ機関ナリト切論」したとされる論考は、これを指
しているのであろう。上杉は八束の見解を「謬見」として斥け、自身の確信
する君主機関説を主張する。

　　天皇ハ其ノ意思カ他ノ目的ノ主体タルモノ、意思トセラル、地位ニ
　在ルモノ、前論ニ説ケル意義ニ於テ機関タリト云フヘク、之ヲ国家ノ
　機関タリト観念スヘキハ、巧妙曲折ノ説明ヲ俟タストモ端的ニ認メ得
　ヘキ明瞭ナル事実タリト信ス、国家ハ人格ナリ、天皇ハソノ意思カ国
　家ノ意思トセラル、ノ地位ニ在ルトコロノ国家ノ機関タリ、国家ノ人
　格ヲ認ムルコトニシテ正当ナル思想ナラハ、最早ヤ疑ナシ、天皇ハ国
　家ノ機関タリ[57]

　上杉はこの主張を「理論上ノ当然ノ推論」であるとする[58]。では、その推
論は穂積八束に対していかなる批判的意味を持ちうるだろうか。この点につ
いて上杉は、急にトーンダウンする。

　　　　予ハ国家ハ凡テ人格タルコトヲ認メツ、天皇ハ統治権ノ主体ナリト
　　　説ク者アリテ、其説ハ一見シタルトコロ立言極メテ不正確タリト雖、
　　　恐ラクハ其意タル後ニ説クカ如ク、予カ信スルトコロト略ホ同一ナラ
　　　ンコトヲ推シテ、之ニ左袒センコトヲ以為フナリ[59]

　穂積八束は「国家ハ凡テ法律上ノ人格ヲ有ス」との見解を採っていた[60]。
そうなると、上杉が八束に対して挑んでいるのは、「立言」が「不正確」で
あることのみであって、主張自体は「略ホ同一」である、ということにな
る。結果として上杉は、「国法ヲ規矩トシテ統治ノ事ヲ行フト雖、国法ハ等
シク其ノ本源スルトコロ天皇ノ意思ニ在リテ、天皇ハ暫ク之ヲ利トシテ之ニ
準規スルノミ、国法ニ依ラサレハ天皇ノ天皇タル所以ヲ失ヒ、其意思カ国家
ノ意思タルコトヲ得サルニ非ス、天皇ハ時ノ宜ニ応シテ之ヲ変改スルコトヲ
得ヘシ、天皇カ斯カル性質ヲ有シ最高機関タルコトヲ天皇ハ主権者タリトモ
云フ」と述べ[61]、天皇の位置付けの超憲法性について穂積八束と同様の結
論[62]に至ったうえで、そのような天皇を主権者と呼ぶことも許容するのであ
る。
　上杉が穂積八束に対していかに対決しようとしたか、という問題につい
て、ここで一定の回答が得られたように思われる。すなわち上杉は、穂積八
束の憲法解釈に対して、自身の採用する法解釈理論に基づいて修正ないし補
正を試みていたのである。これをさらに検証すべく、他の論点についての上
杉の主張も見ていくこととしよう。

（3）　立憲政体論
　自身の国家主権説を君主主義と民主主義の調和と位置付けた上杉慎吉は、
政体論[63]において穂積八束とは異なる道を歩み始める。政治学者小野塚喜平
次の著作を手がかりとして執筆された「立憲政治ノ妙用」において上杉は、
君主無答責の原則（3条）を「国体ハ政治ノ一時ノ機宜ヲ過ルカ為メニ動揺

スルノ憂アルコトナク国家ノ存立ヲ永遠ニ鞏固ナルコトヲ得ル寔ニ立憲政治ノ一大妙用タリ」と評価した上で[64]、立憲政治の運用においては国家の基礎は国民にあるべきである、と説く[65]。政体論において国民に着目するという発想は穂積八束には存在しない[66]。では上杉は国民に基礎を置くということにいかなる意味を見出したのであろうか。彼の大臣責任論（55条）はその一端を明らかにするものである。

上杉は国務大臣の責任について、天皇大権に基づく「懲戒」とする穂積八束の見解[67]を斥け、大臣は無答責である君主の代わりに、ある種の身代わりとして責任を取らねばならないとする[68]。しかし同時に、大臣責任を議会に対する責任とする美濃部達吉の見解も、「頗ル区々ナル」ものとして切り捨てている。

それでもなお、上杉は議会による大臣責任の追及に一定の意義を見出しているようである。「非立憲」[69]において論ずるところは以下の通りである。

非立憲的行動トハ政治的不道徳ト云ハンカ如シ法ノ文字章句ニ違反スルノ違憲ニ非スト雖モ憲法ノ精神トスル所ニ背戻スルヲ云フ例ヘハ国務大臣帝国議会ニ於テ其不信任ヲ決議スルモ憲法ニ帝国議会ヲ問責弾劾ノ機関トスルノ規定ナキヲ名トシテ平然トシテ其職ヲ辞セサルカ如キ非立憲的行動ナリ[70]

大臣責任を議会に対する責任と限定することはしないが、議会からの責任追及を無視すること自体は政治的不道徳＝非立憲的行動である、とする上杉のこの論旨からは、国民に基礎を置くとは言いつつも議会を即座に国民と等置することには納得していないという、彼なりの苦心の跡が観察できる[71]。とはいえ、「憲法法典ヲ設ケテ権力機関行動ノ規律ト為シ国民ノ自由ト権利ヲ確保」し、「立法司法行政ノ機関ヲ特立シテ相節制監督セシムル」ことを立憲政治の妙用と見る上杉の見解からすれば[72]、議会に一定の監督機能を認めることは避けられなかったのであろう。

上杉のこの特徴は、他の論点においても表出している。例えば、上杉は緊急命令（8条）について以下のように論じている。

　　　憲法カ緊急命令ヲ次期ノ議会ニ提出スヘシト為スハ……緊急命令ヲ名トシテ議会ノ協賛権ヲ蹂躙スルコトナカラシメンカ為メニ之ヲ発スルニ憲法ノ必要トシタル条件ノ具ハルヤ否ヤニ就テ議会ノ意見ヲ一応徴セシメテ以テ議会ヲシテ監督ノ地位ニ居ラシメ緊急命令ノ濫用ナカラシメンコトヲ期スルノ意ニ出ツ[73]

　議会が立法に協賛することの意義を踏まえた上で、その濫用に繋がりかねない緊急命令について、あくまでも議会の監督を重要視する姿勢がここに示されている。
　同様の見解は、予算についても見られる。「予算ノ款項ニ超過シ又ハ予算ノ外ニ生シタル支出アルトキハ後日帝国議会ノ承諾ヲ求ムルヲ要ス」（64条2項）という規定の趣旨を、上杉は議会による「行政ノ監視」[74]として説明する。行政に対する議会の監督・監視は、彼の立憲政体論のひとつの核心であったと思われる。

（4）　植民地

　穂積八束の憲法解釈に対する上杉慎吉の異議として今ひとつ着目に値するのは、植民地についての見解の相違である。穂積八束はかねてより植民地における立法権を総督府に委ねることを拒絶していた[75]。その論拠は彼の委任立法禁止論に由来する[76]。上杉は八束の委任立法禁止論に同調し、「委任ノ名ヲ以テスルモ命令ヲ以テ憲法上法律ヲ以テ定ムルコトヲ要件トシタル事項ヲ定ムルコトヲ得サルナリ」と述べるが[77]、八束とは異なり総督府への立法権の委任については問題視していない[78]。ここで上杉は、帝国の領土には遍く憲法が適用されねばならないという八束の前提を否定する。

抑モ国法ハ国家ノ統治権ノ行ハルル準縄タリト雖、其行ハルル方法
　　　ハ必スシモ全国画一ナルコトヲ性質上必要トセス……国家カ新ニ領土
　　　ヲ附加シタルトキハ其ノ新附ノ領土ニ統治権ノ行ハルルニ至ルト共ニ
　　　憲法其ノ他ノ法令カ効力ヲ拡充スヘキカ否ヤハ一ニ国家ノ定ムルトコ
　　　ロ如何ニ依ラサルヘカラス[79]

　上杉はこの点を「新附ノ領土」に限定せずに論じている。すなわち、「本
州及ヒ四国ニ立憲政体ヲ布キ九州ハ之レヲ除ク」としても、それは「統治権
ノ性質ニ反ス」るものではない、と言うのである[80]。上杉がなぜこのような
突飛な立論に至ったのかは定かではないが、穂積八束の主張が現実と乖離し
ていることを重く見て、彼なりにその修正を図ろうとしたものである可能性
もあるだろう。上杉はここで、「国法ハ全領土画一ナル事ヲ原則」としつつ
も、「反対ノ意思」が表示されればその限りではない[81]、つまり明言さえす
れば植民地に異なる統治権行使の方法を持ち込んでも良いとするのである。
八束の見解への配慮と、実態との適合を両立するための上杉なりの工夫であ
ろうか。

（5）「国体史論」は存在したか

　ここまで見てきたように、上杉慎吉は穂積八束の憲法解釈に対して法理論
的観点から疑問を呈し、その欠点を補おうとしてきた。このことは同時に、
上杉が穂積八束の学問の核心部分たる祖先教論——主権者天皇の正当化
論[82]——について挑戦していなかったということを意味するのではないだろ
うか。

　森元拓は留学以前の上杉慎吉の研究に、「国体史論」ないし「国体史研究」
と呼ぶべき内容が含まれていたと述べる[83]。確かに上杉は、西洋諸国におい
てはたとえ君主が存在していようとも「皆民主国」[84]であると述べ、これに
対して日本は「純粋ナル君主国体」[85]であり、天皇は「祖宗ノ威霊ニ依リ天
祖ノ御位ニ居ルノ天之日嗣」とされるのであるが[86]、このような説明に上杉

なりの独自性を見出すことはできない。これらは穂積八束の所説の借用であると見るべきである[87]。上杉はさらに、憲法1条は「瑞穂国是吾子孫可王之地宜爾皇孫就而治焉行矣宝祚之隆当与天壤無窮者矣卜云ヘル天祖カ勅語ノ翻訳」である[88]、と述べているが、これが『憲法義解』の引用に過ぎないことは明らかである[89]。

　つまり、留学前の上杉は、八束において憲法解釈の不可欠の前提をなすところの祖先教論について、自らそれを疑問に付すような試みを行なっていないのである。君主国家において君主が君主たる所以がいかに重要であるか、「帝王神権説」を論じた上杉であれば承知していたことであろう[90]。にもかかわらず、上杉は穂積八束との対決において——これまで見てきたように——自身の信奉する法解釈理論に基づき、八束の憲法解釈のみを標的としたのであった。これこそが、留学以前の上杉が行なった八束批判の正体であり、そこに上杉独自の「国体史論」ないし「国体史研究」が存在したとは考えがたい。

5　結びに代えて

（1）　上杉慎吉の挑戦

　留学以前の上杉慎吉は、法学方法論について最初期に抱えていた迷いを断ち切り、彼なりに確信を有するに至った法解釈理論——国体論における国家主権説・君主機関説、政体論における議会・国民の重視——に基づいて穂積八束の憲法解釈を修正しようと試みた。その試みは憲法解釈における欠点の補正にとどまっており、天皇の地位をめぐる議論に顕著に表れているとおり、結論において八束と大きな違いを生むものではなかった。そもそも、八束の議論の核心部分である祖先教論を上杉が初めから度外視していたのであるから、これは当然の帰結でもあろう。

　とはいえ、この時期の上杉が憲法解釈の巧拙のみによって八束に挑戦しようとしたこと[91]自体は、後の上杉の歩みから考えれば注目に値する。留学後

の上杉は、冒頭でも示したとおり「帝国国体ノ明確ナル認識」を有するに至り[92]、憲法解釈の巧拙よりも天皇の正当化論の方に注力するようになるからである[93]。

（2）　上杉慎吉の懊悩

　先行する憲法解釈の体系に対して法解釈理論を武器として挑みかかる、という上杉の態度は、まさにその体系を生み出した穂積八束を師とする第二世代憲法学者にとってはある意味で必然的なものだったのかもしれない。その渦中で上杉は、自身の掲げる理論に一定程度の確信を得ていたかのようにも見えるのだが、実際にはそうではなかった。留学の直前に執筆された上杉の文章からは、彼の尽きることのない懊悩が伝わってくる。

　　　　　今ノ時法律学ノ基礎タル思想ノ混沌那ノ如ク、何等ノ一斉ヲ支配シ
　　　　吾人ヲシテ之ニ是レ拠リ惑ハサルモノアラシムルモノアルコト能ハ
　　　　ス、羅針盤ノ従フヘキナシ何ヲ規矩トシテ条文ノ海洋ヲ進航セン[94]

　上杉はやはり、法解釈を示すにあたっての拠り所となる何らかの「思想」を探し求めていたのであった。留学を経て行き着いたその思想こそが、「帝国国体ノ明確ナル認識」である。

　法解釈理論のみを恃んで穂積八束の憲法解釈を論難するという――本人の言によれば「狂妄ヲ極メ」た――試みは、こうして幕を閉じた。それがどのような意味で「狂妄」であったのかは、今となっては知る由もない[95]。ただし、同じような手法によって美濃部達吉が穂積八束を追い詰めるに至ったのがほんの数年後のことである、ということは注目に値しよう。留学前の上杉と『憲法講話』[96]によって次なる挑戦者となった美濃部達吉との間にいかなる差異があったのか、という点はさらに追求されるべき問題であるが、これを論ずるにあたっては上杉・美濃部論争の検討が不可欠である。他日を期して擱筆する。

〔付記〕JSPS（23K12353）の助成を受けた。

注

1　穂積八束については、坂井大輔「穂積八束の「公法学」(1)(2・完)」『一橋法学』第12巻第1号〜第2号（2013年）を参照されたい。

2　上杉慎吉の生涯については、今野元『上杉慎吉——国家は最高の道徳なり』（ミネルヴァ書房、2023年）を参照されたい。

3　上杉慎吉「小引」穂積八束『憲政大意』（穂積八束博士遺稿憲政大意発行所、1917年1月）5-8頁。本稿では、上杉慎吉の著書・論文に限り刊行月まで記載する。なお、傍点等は省略した（以下同じ）。

4　同上8頁。

5　家永三郎『日本近代憲法思想史研究』（岩波書店、1967年）189-200頁、長尾龍一「上杉慎吉伝」同著『日本憲法思想史』（講談社、1996年（初出1972年））65-67頁、宮本盛太郎「初期上杉慎吉と市村光恵における国家と天皇（三）」愛知教育大学社会科学会編『社会科学論集』第21号（1981年）、井田輝敏『上杉慎吉——天皇制国家の弁証』（三嶺書房、1989年）44-58頁、今野元『吉野作造と上杉慎吉——日独戦争から大正デモクラシーへ』（名古屋大学出版会、2018年）34-52頁、森元拓「カクシテ相関連続ノ楽地ヲ発見セリ——上杉慎吉憲法学の再構築（1)」山梨大学教育学部編『山梨大学教育学部紀要』第28号（2019年）、今野・前掲注（2）22-46頁など。

6　井田・前掲注（5）は穂積八束と上杉慎吉との比較を行なっているが、結果として両者を同質のものとみている（58頁）。

7　今野・前掲注（2）22頁。

8　上杉慎吉「河上学士ノ憲法論ニ付キテ」国家学会編『国家学会雑誌』第16巻第189号（1902年11月）。

9　同上82頁。

10　同上84頁。

11　同上85頁。

12　同上87頁。

13　上杉慎吉「自殺＝一定ノ法則又ハ定則ニ従テ発生シ変動シ又ハ其間一定ノ常序ノ存スルト称セラル、社会現象ノートシテ自殺ノ此見地ヨリスル実証的観察」国

家学会編『国家学会雑誌』第16巻第190号（1902年12月）

14 同上96頁。

15 上杉慎吉「社会主義と法律との関係汎論」法学協会編『法学協会雑誌』第21巻第1号（1903年1月）。穂積陳重の主宰した演習の詳細については、今野・前掲注（2）19-22頁を参照されたい。

16 上杉・前掲注（15）78頁。

17 穂積八束における社会進化論の位置付けについては、坂井・前掲注（1）（2・完）151-155頁を参照されたい。

18 上杉慎吉「公法学ノ独立」国家学会編『国家学会雑誌』第17巻第200号（1903年10月）。

19 同上7頁。

20 同上8-9頁。

21 穂積八束「権利ハ無権力ナリ」穂積重威編『穂積八束博士論文集』（増補改版、1943年（初出1893年））273頁。坂井・前掲注（1）（2・完）109-111頁も参照されたい。

22 上杉慎吉「多数決」法学協会編『法学協会雑誌』第22巻第1号（1904年1月）。

23 「多数の意見は自ら社会全体の意見なり其れ自身に社会的作用を為す少数者は圧せらるるに非ず彼等も社会の一部なれば全体と共に働くなり」（同上91頁）。

24 同上85-86頁。

25 穂積八束「多数決」穂積重威・前掲注（21）所収（初出1899年）。

26 同上431-432頁。

27 上杉・前掲注（22）92-93頁。

28 同上93頁。

29 上杉慎吉「ジャン、ボダーノ主権論」法政大学編『法学志林』第50号（1903年11月）。

30 上杉慎吉「プラトーンの国家論（国家学説雑纂の一）」明治法学会編『明治法学』第64号（1903年12月）、同「プラトーンノ國家論（国家学説雑纂の一、承前）」同誌第66号（1904年1月）。

31 上杉慎吉「近世ノ帝王神権説」法政学会編『法政新誌』第7巻第13号（1903年12月）。ド・ボナール、シェリング、アダム・ミュラー、シュタールの名も挙げられている。

32 上杉慎吉「オースチンノ主権及ビ公法ニ関スル学説」国家学会編『国家学会雑誌』第 18 巻第 207 号（1904 年 5 月）。

33 上杉慎吉「カントの国家論（其の第百年回忌に）」法学協会編『法学協会雑誌』第 22 巻第 5 号（1904 年 5 月）。

34 上杉慎吉「国家学史上に於けるヘーゲルの地位」法学協会編『法学協会雑誌』第 22 巻第 7 号（1904 年 7 月）。

35 上杉慎吉「民約論の先駆」法学協会編『法学協会雑誌』第 22 巻第 9 号（1904 年 9 月）。

36 今野・前掲注（5）40 頁。ただし、直後に述べるようにこれらには「勉強」ないし「学習」としての性質が強く見られるため、「西洋政治思想史研究」（同 41 頁、傍点引用者）と評することには躊躇いを覚える。

37 上杉・前掲注（29）17 頁。

38 上杉・前掲注（33）741 頁。

39 上杉・前掲注（34）1015 頁。

40 上杉慎吉「国家主権説の発達」法学協会編『法学協会雑誌』第 23 巻第 1 号（1905 年 1 月）。

41 同上 79 頁。

42 同上。

43 この見立てが妥当であるならば、ボダンからヘーゲルに至る上杉の思考過程はまさに彼なりの法学の一環であったと見なされるべきであり、今野元のように「西洋政治思想史研究」（今野・前掲注（5）41 頁、傍点引用者）と見なすべきではない、ということになろう。

44 清水澄『国法学第壱編 憲法篇』（日本大学、1904 年）。

45 上杉慎吉「清水教授の新著憲法篇」法学協会編『法学協会雑誌』第 22 巻第 9 号（1904 年 9 月）1338 頁。

46 上杉慎吉「法律裁可ノ性質ニ就テ」法学協会編『法学協会雑誌』第 22 巻第 3 号（1904 年 3 月）。法律の裁可をめぐる解釈論上の争いについては、森元拓「大日本帝国憲法体制における反法実証主義――若き美濃部達吉の「挑戦」と二つの論争」長谷川晃・酒匂一郎・河見誠・中山竜一編『法の理論』第 41 号（2023 年）128 頁以下に若干の紹介がある。

47 上杉・前掲注（46）374-375 頁。

第 5 章　上杉慎吉の懊悩　157

48　同上 380-381 頁。

49　「三権分立主権在民ノ遺想到所ニ見ユル立憲君主諸国ノ憲法ノ常例トシテ立憲
　　君主国ニ在リテハ更ラニ意義ナキ拒否ノ残影ヲ裁可ノ名ヲ以テ掲グルモノニ非ル
　　ナキカ」（同上 382 頁）。

50　穂積八束『国民教育　憲法大意』（第三版、八尾書店、1897 年（初版 1896 年））
　　81 頁。

51　上杉慎吉『帝国憲法』（日本大学、1905 年 10 月）。

52　同上 376 頁。

53　上杉慎吉「天皇ノ国法上ノ地位ヲ論ス（一）（二）」法学協会編『法学協会雑
　　誌』第 23 巻第 5 号〜第 6 号（1905 年 5 〜 6 月）。（一）は前編、（二）は本編と、
　　それぞれ題されている。

54　同上（二）808 頁。法人全般について論じた前論（同上（一））も併せて参照
　　されたい。

55　同上 810 頁。

56　「皇位ハ統治ノ主体タリ」（穂積八束・前掲注（50）15 頁）。

57　上杉・前掲注（53）（二）811-812 頁。

58　同上 812 頁。

59　同上 814 頁。

60　穂積八束「法人国及主権国」穂積重威・前掲注（21）所収（初出 1905 年）663
　　頁。

61　上杉・前掲注（53）（二）821-822 頁。

62　「憲法ハ国権ノ本源ニ非ス、又君主ノ統治主権ヲ制限スルノ権力ニ非ス」（穂積
　　八束・前掲注（50）11 頁）。

63　「国体トハ何ソ君主ヲ以テ国権ヲ総攬スル者ト為スハ国体ナリ其ノ如何ノ方法
　　方式ヲ以テ政治ヲ運用スルカヲ政体ト為ス二者ノ区別ハ理論上極メテ明瞭タリ」
　　（上杉慎吉「立憲政治ノ妙用」日本法政学会編『日本法政新誌』第 9 巻第 10 号
　　（1905 年 10 月）8 頁）。

64　同上 9 頁。

65　「立憲政治ノ斯クノ如キ妙用アルハ又政治ノ運用ニ民主的原素ヲ加味シ政治上
　　国家ノ基礎ヲ国民ニ置クニ由ル立憲政治ハ国民ト権力機関トノ調和ヲ理想トス立
　　憲政治ハ国民ヲシテ直接間接ニ国政ニ参与セシメ国民ヲ以テ精神上国家ノ最終基

158

礎ト為ス」（同上）。

66　「立憲制ノ要素ハ民主主義ニアラス三権分立ノ国家組織ニアルコトヲ忘ルヘカ
ラス」（穂積八束「立憲政体ノ本旨」穂積重威・前掲注（21）所収（初出1898年）
415頁）。

67　穂積八束・前掲注（50）62頁。

68　上杉はこれを“Prügelknabentheorie”（上杉慎吉「大臣責任論（承前）」法
学協会編『法学協会雑誌』第24巻第3号（1906年3月）334頁）、代理受刑論と
称している（訳は今野・前掲注（5）46頁に依った）。

69　上杉慎吉「非立憲」日本法政学会編『日本法政新誌』第10巻第3号（1906年
3月）。

70　同上13頁。

71　上杉は議会が「全人民ノ「縮図」」と観念されているにもかかわらず、実態に
おいては「政党代表」であることに疑念を呈している（上杉慎吉「所謂少数代表
又ハ比例代表ノ選挙」国家学会編『国家学会雑誌』第19巻第3号（1905年3月）
83-84頁）。

72　上杉・前掲注（63）10頁。

73　上杉慎吉「緊急命令ノ承諾」法政大学編『法学志林』第7巻第10号（1905年
10月）27-28頁。

74　上杉・前掲注（51）609-610頁。緊急命令と「法理ハ同シ」（同610頁）であ
るとされる。

75　「法律ヲ以テ行政官ニ法律ノ効力ヲ有スル命令ヲ発スルノ権ヲ授クルコトヲ得
ルカ……予ハ之ヲ憲法ニ違フノ所為ナリト認ムルコトハ既ニ久シク同学多数ノ知
ル所ナリ」（穂積八束「台湾総督ノ命令権ニ付キテ」穂積重威・前掲注（21）所
収（初出1905年）669頁）。

76　「我憲法ハ立法権大権、司法権各々其畛域ヲ分チ之ヲ紛更セサルコトヲ其根本
ノ大義トス今若三権相互ノ間ニ其権能ヲ委任スルノ自由アラシメハ何ニ由リテカ
立憲ノ本旨ヲ全ウスルコトヲ得ン憲法上ノ大権事項ハ勅令ヲ以テ之ヲ立法権ニ委
任シ立法事項ハ法律ヲ以テ之ヲ大権ニ委任スルノ自由アラシメハ何ニ由リテカ立
憲ノ本旨ヲ全ウスルコトヲ得ン……一片ノ単行法令ハ能ク政体ヲ根底ヨリ顛覆ス
ルコトヲ得ン之豈憲法ノ法理ノ許ストコロナランヤ」（同上671頁）。

77　上杉・前掲注（51）362頁。

78 「新附ノ領土ニハ一行政官カ重大ナル国法ヲ制定スルノ権限アリト為スモ可ナリ軍衛ニ司法ノ権ヲ委スルモ可ナリ二三ノ自由ノ保障ヲ与ヘサルモ可ナリ唯之ヲ明言スルコトヲ要ス……此ノ統治権行使ノ方法ヲ特ニ異ニセラルル地方ヲ通常殖民地ト云フ」（同上 212 頁）。

79 同上 209 頁。

80 同上 210 頁。

81 同上 211 頁。

82 穂積八束における祖先教論の位置付けについては、坂井・前掲注 (1) を参照されたい。

83 森元・前掲注 (5) 46-47 頁。

84 上杉・前掲注 (51) 88 頁、森元・前掲注 (5) 49 頁も併せて参照されたい。

85 上杉・前掲注 (51) 117 頁。

86 同上 119 頁。

87 穂積八束は欧州の君主制を「世襲ノ大統領」と断じ、日本こそが「純正ナル君主国体」であるとする（穂積八束・前掲注 (50) 8-9 頁）。天皇を「祖宗ノ威霊ニ依リ天祖ノ御位ニ居ル」者とするのも、やはり八束に倣ったものであろう（「皇位は天祖の位にして天皇は現世に在る天祖たり」穂積八束『国民教育 愛国心』（八尾書店、1897 年）13 頁）。

88 上杉・前掲注 (51) 131 頁。

89 「恭みて按ずるに、神祖開国以来、時に盛衰ありといへども、世に治乱ありといへども、皇統一系宝祚の隆は天地と与に窮なし……統治は大位に居り、大権を統べて国土および臣民を治むるなり。古典に天祖の勅を挙げて「瑞穂の国は、是吾が子孫の王たるべき地なり、宜しく爾皇孫就いて治せ」と云へり」（伊藤博文（宮沢俊義校註）『憲法義解』（岩波書店、2019 年（初出 1889 年））20-21 頁）。

90 「帝王神権説ハ信仰ヲ以テ理性二代ヘントス信仰ヲ服従ノ動機トス何等ノ理由アルカ故ニ服従スルニ非ス信仰スレハナリ国家ハ理論ニ非スシテ宗教ナリ法律ハ承諾ニ成ルニ非ス権威アル信仰箇条ナリ」（上杉・前掲注 (31) 25 頁）。

91 このような態度を上杉が有していた以上、解釈論上の結論に大きな差異はなくとも、両者の間には差異があったと考えるべきである。この時期の上杉を、美濃部達吉の言葉を借りて「あの穂積八束に優るとも決して劣らない……「変装的専制政治の主張」」と断ずる井田輝敏の見解（井田・前掲注 (5) 58 頁）は、採用

することができない。

92　いわゆる「回心」（長尾前掲注（5）67-69頁）である。森元拓はこれを「国体史論」から国体の価値を積極的に評価する「歴史哲学」への変容と見るが（森元・前掲注（5）46-52頁）、従来視野に収まっていなかった穂積八束祖先教論の重要性に上杉が気付いた、と考える方がより正確ではないか。

93　家永三郎は留学前後の上杉について「主権の帰属の問題についてのみその説を改めたにとどまり、それ以外のあらゆる憲法解釈上の基本理論に変化はな」かったとするが（家永・前掲注（5）197頁）、これは憲法解釈以外における変化を度外視した見解であろう。なお、穂積八束亡き後、師の祖先教論を組み替えて独自の現人神論を展開するに至った上杉慎吉の足跡については、坂井大輔「上杉慎吉の国家論は「宗教」的か」山内進・岩谷十郎責任編集『法と文化の制度史』第4号（2023年）を参照されたい。

94　上杉慎吉「法律学ノ基礎タル思想」明治学会編『明治学報』第101号（1906年4月）15頁。

95　機関説を採ったことが「狂妄」であったとも、言葉尻をとらえての批判に終始したことが「狂妄」であったとも解釈されうるであろう。

96　美濃部達吉『憲法講話』（有斐閣、1912年）。

第6章　昭和戦前期における「国体憲法学派」再考
——里見岸雄・山崎又次郎・大谷美隆

大 和 友 紀 弘

はじめに

　1935（昭和10）年2月18日の貴族院本会議において、菊池武夫議員は美濃部達吉議員（東京帝国大学名誉教授）の国家法人説（君主機関説）を国体に対する反逆であると攻撃した。この、それ自体は単発的であった批判に対し、美濃部は議場にて「一身上の弁明」を行ったのだが、問題を「学説間競争」と理解した上で自らの正しさを講義調で説いて聞かせるという美濃部の態度が却って日本主義者を刺激し、火に油を注ぐ結果となった[1]。問題は「天皇機関説」排撃を掲げる複合的な国体明徴運動に発展し、議会、在郷軍人会、民間右翼などの圧力を受けた岡田啓介内閣は二度に互って国体明徴に関する政府声明を発するに至り、その間美濃部の著作の発禁処分を始めとして、各大学における憲法学説が調査され、「天皇機関説」の一掃が図られた[2]。かつては司法省刑事局の研究によって「合法無血のクーデター」[3]という評価も知られていた、天皇機関説事件である。

　この時美濃部が念頭に置いていたのは、かつての上杉慎吉との論争、即ち「天皇機関説」（国家法人説）対「天皇主権説」（天皇主体説）という構図であろう。しかし以下に見るように、事件をこうした二項対立として描く歴史像は近年の研究によって改められてきた。この文脈の中で、「天皇機関説」のみならず「天皇主権（体）説」も併せて批判し、両学説を日本的立場から

止揚する第三の立場として注目され始めたのが「国体憲法学」と呼ばれる潮流である。

こうした視角に繋がる議論は、増田知子による「国体憲法論」の分析が先駆的に存在したが、より明確に既存の枠組みの再編を企図したのは川口暁弘である。川口は、美濃部が法上の国体概念を否定して歴史的・倫理的観念として論じる一方で、それを不文憲法として重視していたことに注目し、「国体論者」としての美濃部像を提示した。また「国体明徴派」は国体を主権の所在によって分類する穂積八束や上杉慎吉の学説には否定的であり、国体論の内容に関しては寧ろ美濃部と親和性が高かったことが指摘された。但し国体と憲法を一体化するか否かで両者は異なっており、一体化を志向する国体明徴派の憲法学は「国体憲法学」になったとされる。ここで国体明徴派として、国体学者の里見岸雄の他に政治学・憲法学者の山崎又次郎（慶應義塾大学教授）が取り上げられた。このような事実の背景として、大正から昭和初期にかけて天皇論に国民論が加わっていく国体論の変遷があったこと、国体憲法学の考え方が憲法を変更不可能の「不磨の大典」と看做す上で重要な役割を果たしたことなども指摘された[4]。

川口に続いて「国体憲法学」の議論を更に押し進め、特に「国体憲法学派」という語を用いて論じたのは林尚之であった。林は、天皇機関説事件後の憲法思想を、「天皇主権説」対「天皇機関説」という枠組みではなく里見岸雄に代表される「国体憲法学」の議論を取り入れて再検討し、国体と憲法典の一体化が帝国憲法の弾力的運用を妨げ、機能不全に陥ったと論じた。林は主に里見岸雄、山崎又次郎、大谷美隆（明治大学教授）を「国体憲法学派」として取り上げており、その分類の基準は次のようなものである。「天皇機関説事件において登場し、国体の基礎づけを天皇主権説、天皇機関説両者の批判を通じて行い、既成憲法学のパラダイムを克服しようとした点、その際に、天皇の主体性よりも国体の規範性を重視し、天皇の憲法的制限を論証しようとした点である」[5]。国体憲法学派における天皇は国体によって制限される天皇であり、国体規範に基づいた立憲政治の擁護という側面があった

が、そのことが憲法と国体を一体化させることになったという[6]。林の研究はその後、憲法思想に留まらない里見岸雄の個人研究へと向かっていった[7]。その一方で、第三極としての「国体憲法学派」概念は、思想史や憲法学史研究で殆ど無批判的に受容される傾向にあり、その存在が定着を見せ始めているのが現状である[8]。

　里見岸雄、山崎又次郎、大谷美隆といった人物たちは、従来の憲法史で言及されてこなかったわけではなく、天皇機関説事件後の時勢の中で登場してきた新潮流として名前を挙げられてきた[9]。しかし、それまで国体明徴運動に迎合した美濃部批判として政治的意味以外に重要性を認められてきたとは言えなかった彼等に「ポスト立憲学派」としての新たな光が当てられたこと、その際に「立憲主義」対「国体」といった二項対立図式に囚われない観方が示された点などで、「国体憲法学派」という論点が重要な意義を有したことは間違いない。

　しかし、これらの研究では、主に美濃部に対する共通性と差異が詳細に分析される一方で、「国体憲法学派」に属すとされた学者同士は一括りにされて、それぞれの個性が見え難く、主張の共通性が取り出される傾向にある。そもそも「国体憲法学」という語自体は里見岸雄が自らの憲法学を表現するために用いて広まったものであり、里見の憲法学を超えて「学派」と呼ぶことは、単なる言葉の問題に留まらない意味の相違がある筈である。

　無論、林自身は「国体憲法学派」の厳密な定義が困難であることを自覚した上で問題提起を行っており、「学派」という点を特に強調する意図はないようにも読める[10]。加えて近年の研究では「国体憲法学派」という表現は控え目となり、以前はその分類の標準として挙げていた「国体規範論」も昭和初期の憲法学に共通したテーマとして捉えられる傾向がより強く見られ、その中での里見の個性もより明確にされている[11]。しかし、かつて「学派」として取り上げられ、現在もそのようなカテゴリーで名前が知られつつある山崎又次郎と大谷美隆の具体的な分析は取り残されている印象が否めない。実際、憲法論に注目した個別研究としては里見に関して大きな進展が見られる

とはいえ[12]、その他の人物に関しては、「国体憲法学（派）」論の普及に比して研究が進んでいるとは言えないのが現状である[13]。

　もう1つの疑問は天皇機関説事件の位置付けに関わる。先行研究は、それぞれ異なる観点からではあるが、「国体憲法学（派）」の第三極としての新しさを主張する際に、天皇機関説事件を立憲君主制の「崩壊」、「憲法危機」、「無血クーデター」等と称して決定的な転換点と看做す歴史理解を前提とし[14]、またそれを補強する論理構成になっている。即ち、如何なる意味で転換点だったのかについて新たな知見が得られた半面、そもそもどの程度転換点と言えるのかという問題については、意外と通説的枠組みを踏襲しているように思われる。本稿もこの大きな論点に結論を出す用意はない。しかし近年の政治史研究では、天皇機関説事件の立憲政治に与えた影響を小さく見積もる見解も打ち出されており[15]、憲法史研究としても、少なくとも従来の事件評価を共通理解とする必然性はないということは言える。だとすれば、一度「国体憲法学（派）」という概括を離れて、各人物それぞれの学問的問題関心に即した内在的分析を行うことは、歴史研究における「国体憲法学（派）」概念の射程を洗練させるためにも、意義があるということになるだろう。

　以上の問題意識から、本稿では「国体憲法学派」として位置付けられてきた主な人物として里見岸雄、山崎又次郎、大谷美隆を取り上げ、特に山崎と大谷を重点的に論じていく。彼等は共通して、既存憲法学に代わる新学説を打ち出すという意気込みで日本憲法の独自性を論じ、戦後は公職追放[16]となった人々であるが、当然その議論の文脈も複線的で、問題意識も一様ではない。本稿では彼等がどのような経緯を辿って国体を強調する「憲法学者」として立ち現れ、国体明徴運動に参入するに至ったのかを、それぞれの経歴や問題関心に即し、相互の評価なども加味して歴史的に検討していきたい。但し上述の課題設定に伴う問題の限定として、本稿で再構成されるのは彼等の「憲法学」の特徴となり、また戦時体制との関係の本格的分析には立ち入らないことを予めお断りする。

1 国体憲法学の提唱者 —— 里見岸雄

（1） religious faith 無き日蓮主義

　まずは国体憲法学を明示的に打ち出した里見岸雄（1897-1974 年）について見ていきたい[17]。里見は他者の国体論への批評の手広さという点で突出しており、本稿でその都度言及することになるため、始めに彼自身について概観しておくことが順当となるからである。

　里見岸雄は、国柱会を創設した日蓮主義者田中智學の三男として 1897（明治 30）年 3 月 17 日に東京で生まれ、早稲田大学哲学科に入学する（在学中に又従姉に当たる里見千代子と結婚したことを契機に里見を名乗る）。卒業論文は「日蓮主義の新研究」と題する大作で、1919（大正 8）年に、智學の口添えで国柱産業株式会社書籍部から出版された。里見は既にこの最初の著作で、主権の所在と主権行使の形式を基準とする国体・政体論を併せて「政體」論とし、日蓮主義の「國體」論を建国の精神を究明する学として区別する議論を展開している[18]。

　里見は 1922 年 5 月から 2 年間ほど英独仏などに滞在した。彼の「留学」は現地の学者から教えを受けるというよりも、日本の歴史や日蓮主義を外国語で広めることに主眼があったようで、実際にドイツ語と英語の著作を滞在中に刊行している[19]。1924（大正 13）年、帰国した里見は兵庫県西宮に里見日本文化学研究所を設立する。私立大学とはいえ基本的には当時のアカデミズムの軌道を歩んだと言える山崎又次郎と大谷美隆に対して、里見は国柱会周辺の組織力を背景に自ら立ち上げた団体を拠点として数多くの講演や著述を重ねる独自の活動形態を特徴としていた（但し 1941 年には立命館大学法学部教授となる）[20]。

　智學の国体学を批判的に発展させた里見は、『天皇とプロレタリア』（1929年）を始めとする著作で国体の「觀念的研究」を批判し、現実の生活に即した「科學的研究」に着手すべきことを説いていた。「然るに世の國體論者の

通弊として、萬邦無比の國體を、徒らに過去に於て決定され成就されたものの如くに考へてゐる。吾等の見解はこれと異り、萬邦無比の國體は、恒久に創造さるべきものだ、卽ち、つねに萬世一系の天皇を中心にして、國民の協力により、人格的共存共榮の社會を維持し經營し創造する大事業の中に、眞に萬邦無比の國體は宿つてゐるのだ」[21]。同時期の里見は、独自の科学的立場に基づいた社会改造原理としての日蓮主義解釈を打ち出し、国柱会の宗教運動からの自立を志向しており、自らは「形而上的權威に對する所謂 religious faith を持つてゐない」と断言する[22]。里見の国体論は、神勅や国民に自然に備わっているとされた忠義心に安住せず、日々の不断の実践を通じて国体の自覚を高め、国民の主体性を発揮させようという再編の試みとして位置付けられる[23]。そしてマルクス主義に代わり、天皇と国民の協力によって社会的諸矛盾を克服する「人格的共存共榮」社会を実現していくことが向かうべき目的とされたのである。次に見るように、それは国体を国家形体論として捉える既存の憲法学への批判に通じている。

（2）　天皇機関説の検討

　厳密に言えば、「国体憲法学」という言葉を最初に用いた文献は、岡本清一（里見日本文化学研究所助手）が里見の監修のもとで執筆した『國體科學叢書第六巻　國體憲法學』（1930 年）であると思われる。この著作は「形式法論理的方法」を捨てた「社會學的」方法が掲げられ、機関としての天皇を認めながら「共同社會の中心」としての天皇を分けて考えるなど、のちの里見の議論に関わる萌芽のようなものを見出せるとはいえ、先行学説との関係を踏まえた憲法学としての独自性は不明確であり、後述する「三詰」の重視も見られず、里見との連続性は限定的であった。岡本自身も「例言」において、「本書は國體憲法學を創建した著書であるといふ氣持を捨てて頂くこと」を読者に求めている[24]。その後、国体科学の一分科として自ら憲法研究を開始した里見は、本格的に憲法を論じた著作『帝國憲法の國體學的研究』（1934 年）において、自身の研究を改めて「國體憲法學」と呼び[25]、更にそ

の内容を再編収録した『國體憲法學』（1935 年）を刊行したことで、この用
語は広く知られるようになったのである。

　天皇機関説事件が起こると里見は、まずパンフレット『天皇機關説の檢
討』を配布して自己の見解を広めようと試みた。里見は自由主義的な美濃部
憲法学への攻撃が開始されたこと自体は当然であるとする一方、議論が学問
的批判から離れていく傾向には不満を感じており、学説の全部に矛先を向け
る感情的否定とは距離を取っていた。この意味で里見は、蓑田胸喜などの扇
動的な文体とは対照的であったと言える。里見の見るところ、そもそも既存
の憲法理論では不十分である。天皇機関説が日本国体の科学的研究に立脚し
ていないのは勿論だが、対する天皇主体説と雖も西洋学説の直訳である点で
は大差ないと退け、両学説を共に克服する独自の憲法論を提唱していくので
ある[26]。

　里見は従来の主体説に近い説明と、機関説に近い説明を、第 1 条と第 4 条
に分けて両方の要素を取り入れるのだが、その際に援用されたのが仏教にお
ける「權實論」であった。「權」という字は権力の意味ではなく「實」に対
する概念であり、「仮の」、「方便」等の意味があることから（權化、權現、
權大納言など）、仏教では何が仏の本意を説いた実教なのか、どこが方便と
しての権教なのかを推量して分類するという考え方がある[27]。里見によれ
ば、憲法第 1 条の「統治」は基本社会的・国体的・信仰的・精神的事実であ
る「統治實」を意味し、その主体は国家を超えた「萬世一系ノ天皇」であ
る。他方で第 4 条の「統治權」に対する天皇は主体ではなく国家の統治権の
総攬者であるから、その限りで「機關」の説明が有効となる。即ち美濃部憲
法学が第 1 条の深意に到達していないのに対して、その批判者たちは天皇の
制度化方面を理解していないと言うのである[28]。

　里見は、憲法学の法学的方法が前提とする「法」とは「西洋法」に過ぎな
いと批判し、この意味で国体憲法学は断じて「法学」ではないと述べるが、
逆に法概念次第では十分に法学足り得るとも言う。この文脈において里見は
ヘルマン・カントロヴィッツの名を挙げ、既に 19 世紀末から興っていた

「概念法学」批判と「社会法学」採用の動きに形式的解釈学や法の固定化を克服する「大なる学的価値」を認めている[29]。法学史的に論じるのであれば、後述する末弘厳太郎が里見へ向ける関心の基底はこの辺りに求められよう。国体憲法学は国体論を所謂「法学的方法」から解き放った上で、改めてそれを日本の歴史・社会の実態に基づいた「國體法」として憲法学の中に位置付け直す試みであった。

（3）「学界」への挑戦

1938（昭和13）年、里見は浩瀚な著書『國體法の研究』を刊行した。国体の概念を立てるに際して里見は、国体の法学的用法、即ち主権や統治権の所在を標準として君主国体と民主国体などを区別する際の国体は、ドイツ国法学の言う Staatsform の訳語に過ぎないと批判し、こうした国体概念を用いない美濃部の政体一元論に一定の共感を示している。主権（統治権）の所在という観点は国体概念の一部であったとしても全部ではないのであり、里見は従来の部分的な定義を包括する国体の「全體的把握」を追究するのである。その上で里見が不満としたのは、美濃部が前述の「統治實」を定めた憲法第1条の独自性を法的に理解するに至っていないことであった[30]。

里見は国体を国家の歴史的社会的根拠を指すものであると説き、「語義的」、「實體的」、「意味的」研究を踏まえて次のように定義する。「日本國體とは國家の基本社會的實體の必然性に基く歴史的發展としての　天皇統治の體法である」。ここから続いて「國體法」とは、「日本固有本來の國體、即ち「日本國家の基本社會的實體に基く歴史的必然としての天皇統治の體法」を反映規表せるものと認められる憲法中の條文を具體的に指す概念」であると展開される。それは帝国憲法の条文としては、前述の「統治實」とされた第1条の他、第2条と第3条が該当するが、同時に不文憲法でもあると言う。「國體法」はその他の「政體法」と異なり、国家・憲法・政体法にとっては「先驗的軌範」に当たり、「民族生命體の構造本質に根ざすもの」であることの結果として改正の対象にならないとされた[31]。

第 6 章　昭和戦前期における「国体憲法学派」再考　169

　里見からすれば、文部省の『國體の本義』（1937 年）も「古傳國體論」が
整頓されているとは言えるが根本的に問題があり、寧ろ国体の「不本義」と
呼べるものであった。具体的に里見は「我が國の法は、すべて我が國體の表
現である」という説明を特に批判しているが、この着眼点は彼の「科學的」
国体論の特徴を良く示している。「すべて」とは聞こえは良いが実質的に何
も説明していないのであり、加えて、これでは一国一党論を含むどんな思想
も国体の本義として正当化されかねないことを懸念したのである[32]。里見は
『國體法の研究』の姉妹篇として『日本政治の國體的構造』（1939 年）を刊
行して特に政体論を展開し、ドイツ・イタリア流の独裁主義や一国一党論を
国体学の見地から牽制した[33]。

　他方で里見が憲法の「實體的研究」であるとして共感していたのが、黒田
覚（京都帝国大学教授）や尾高朝雄（京城帝国大学教授）であった[34]。里見
が自身の国体論と通ずるものと見たのは、彼等も憲法の正統性を基準とし、
条文に規範としての段階を見出して改正の限界を基礎付けていた点である。
即ち、黒田によれば憲法第 1 条は憲法制定権力の所在を示した「國體的規
定」であり、尾高は第 1 条と第 4 条を「根本規範的條項」であると位置付け
ていた[35]。無論、ドイツ公法学を正面から論じる黒田や尾高と里見の議論は
相容れない部分も小さくない。里見自身、ヴァイマール憲法を論じたカー
ル・シュミットを日本に応用するだけでは学問的に独断論と称されても仕方
がないという批判も行っている[36]。

　里見の研究活動と学界の関係は必ずしも一方通行だったわけではない。例
えば佐々木惣一の里見への評価は総じて高く、個人的にも親交を結んでい
た[37]。また『帝國憲法の國體學的研究』は末弘厳太郎が編集する『法律時
報』において、「今又此の新たなる好著を迎へて、我憲法界は未曾有の刺戟
と生氣とを受けることであらう」と評され、『日本政治の國體的構造』は矢
部貞治により、「國體學専門家ではないが一般的に政治學を學んだ者として
見る限り、本書の論旨には一般に頗る承服に値し、多くの示唆の含まるるも
のあるを、感せざるを得ぬ」として取り上げられているように[38]、東京帝国

大学の研究者からも、立場の違いも含めて「学問的」な成果として注目を集めていたことが分かる。

2 「政治的権力」の憲法学──山崎又次郎

（1）「独立自尊」の矜持

山崎又次郎（1890-1962年）は和歌山県和歌山市に生まれた。1914（大正3）年に慶應義塾大学法学部政治学科を卒業後、1917（大正6）年に同大学予科教員となり、1922（大正11）年に法学部政治学科講師就任、1924年9月から1926年6月まで、憲法および比較憲法研究のためイギリス、ドイツ、フランス、アメリカに留学する[39]。

山崎は、長年に亘り慶應義塾長を務めた鎌田栄吉に師事し、彼を「典型的なるケイオー・マン」、「第二の福澤先生」と目して親炙していた[40]。山崎は鎌田を介し、自身も慶應義塾と福澤諭吉の「独立自尊」精神を受け継ぐ「直流」[41]であると自任していたのである。

留学前の山崎は、政治および国家の性格規定や選挙制度などの政治学研究を発表している。山崎は政治を原則として国家を対象にするものと考える。そして第一次世界大戦の終結と国際連盟の成立は、各民族を基礎とする「民族的國家」が、その大小を問わず政治的独立を維持するための国際的権利・義務を有するに至ったという意味での劃期として山崎の眼に映ったのであり、彼の憲法研究の出発点には、こうした民族的国家の岐路にあって、国家の「哲學的歴史的研究」に基づいた知識が益々必要になっているという問題意識があった[42]。

山崎の立憲政治観は保守主義一辺倒だったわけではない。寧ろ彼は、1924（大正13）年1月に成立した清浦奎吾内閣に対し「貴族院内閣」との批判が強まる中で、政党政治への機運の高まりに同調し、比例代表制による普通選挙の採用や貴族院改革の必要性を説いた。政党は、立憲政治における選挙人の有効な意思表示のために必要不可欠なものとされ、主な参照国としてイギ

リスの議会政治に重きが置かれている[43]。山崎の比例代表制への関心は、その先駆的な紹介者であった鎌田栄吉に触発された面が大きかったのだと思われる[44]。

　山崎の留学中の体験を詳らかにすることはできない。ただ、それがある種の転機となったことは本人が断片的に語っている回想から窺える。山崎は留学の目的を、第一にイギリスの憲法政治、次にフランス、そしてドイツの憲法政治の経験を研究することに定めていたが、実際に訪れて最も参考になったのは、イギリス自体というよりはイギリス議会政治の影響を受けたフランス、ドイツのような諸国の経験であったとして次のように言う。

　　　　私は此等の諸國の憲法政治其者よりも、寧ろ彼等が英國的の議會政治を輸入して、之を各自獨特の歴史を有する政治的狀態に當嵌める時に嘗める成功不成功の經驗こそ、實に吾々に取つて貴重なる參考資料であると云ふことを實感した。と云ふのは、英國的憲法政治の形式を模倣することは誠に容易なることであるが、乍併、其精神たるアングロ・サクソン特有の自治的本能までも之を模倣すると云ふことは全く不可能なることである[45]。

　山崎はイギリス憲法政治の模倣困難な独自性と、それを輸入しようとした諸国の経験を鑑みることで、改めて「歴史」の重要性を認識したのである。尤も、留学を境にして山崎の思想を断絶させるような観方も不適当であろう。前述した「民族的國家」の歴史的研究という留学前の問題意識はその後の議論に繋がるものであり、また少なくとも 1928（昭和 3）年 2 月の普通選挙実施の頃までは、衆議院の基礎が拡大されたことを立憲政治のために肯定しつつ、それを真の「輿論の明鏡」とするために比例代表制を推奨するという立場は変わっていないことも確かなのである[46]。

　1926（大正 15）年 6 月、山崎は帰国し、翌月に慶應義塾大学法学部政治学科教授となった。政治学科の憲法講座は主に東京帝国大学出身の教員（副

島義一、清水澄、美濃部達吉、野村淳治）による「出張講義」という状況が長く続いていたが、山崎が生え抜きの教授としてこれを担当することになったのである。なお、法律学科の憲法担当教授となったのは、ハンス・ケルゼンの純粋法学に立脚して山崎と対照的な学風を有した浅井清（法律学科出身）であった[47]。

山崎は、昭和の新時代を担う世代という自負のもと、現在は左翼思想によって代表される「翻譯思想」と対峙し、「自分達の二千五百有餘年の歴史的傳統」に立ち返ることを謳った。「自分達の明治の先輩には、餘りに、新日本の建設に急にして、西洋文明を嚥下するのみで、之を消化するの暇がなかつた。不幸にして、此の如き惰性は、今日と雖も、未だ見受けられるのであるが、乍併、昭和の新時代を背負うて立たんとする自分達に取つては、最早方向轉換をなすべき時期が到來したのである」[48]。山崎が大学教授として本格的に憲法研究を開始したのは、まさに「昭和の新時代」の始まりと軌を一にしていたのである。

（2）『憲法總論』から『憲法學』へ

天皇機関説事件前の山崎憲法学は、講義案を基にした『憲法總論』（1929年）とその内容を大幅に増補した『憲法學』（1933年）によって示されている。前者は帝国憲法については総論的説明に留まり、憲法の一般理論に多くの頁を費やす構成を採っているが、既に日本の伝統や文化の独自性を前提に外国の制度の無批判的な導入を警戒すべき点が強調されている[49]。『憲法學』は頁数が前著の倍以上になり、帝国憲法の全般に互る説明を加え、脚注を追加して議論の綿密さを大幅に向上させているが、自身も断っているように、憲法に対する見解や方法は大枠として変わっていない。山崎の憲法学を一貫して特徴付けるのは、憲法学を法律学の一部と看做す「法学的方法」への反撥であり、事実上は政治学的研究の優越を意味した「實證的」かつ「總合的科學」としての憲法学という志向である。それは国家の法律的人格は飽くまで国際法における観念に留まるとし、国内的に国家を法人と看做さず、権力

関係に基づく政治的団体として説明する姿勢に現れている[50]。

　しかし、これらの山崎の体系書を見ると、意外にも国体論が特に前面に出ているとは言えず、寧ろ文体には西洋の臭いが漂っている。『憲法總論』で山崎は、「其國民性に依つて決定せられたる、政治的團體の基礎及び形式」を「國體（Staatsform）」と呼ぶとしている。里見岸雄が批判したStaatsformというドイツ語を「國體」に附していることに注目すべきである。そして「政治的團體」である国家が他の社会的団体と差異化される指標でもある「政治的權力」の「坐所（locus）」によって、国体は区別できると言う。即ち政治的権力が一人に存在する政治的団体が「君主國」であり、それが国民全体に存在する政治的団体は「共和國」となる[51]。

　山崎が国家の最も重要な要素としたのが、この「政治的權力」である。山崎は憲法の概念を、全体としての「憲法」自体と個々の成文法規の集合である「憲法法典」に区別し、前者は「政治的團體、存在の外的表現として、其政治的權力に依つて、創定せられるもの」、後者は他の全ての成文法規と同じく上述の「憲法」を前提として効力を有するものであり、憲法改正規定によって「憲法」自体は変更できないとする[52]。この区別について山崎は、「憲法」は国家全体としての組織法、即ち「絶對的意味に於ける憲法」であり、「國體（Staatsform）其者が、即ち、憲法である」とし、「憲法法典」は個々の憲法的規定の集合である「相對的意味に於ける憲法」であるとも表現している[53]。山崎の議論は、明示はされないのだがカール・シュミットを彷彿とさせる内容となっており、この点については後述する。そしてここで確かに山崎は国体と憲法を一体視しているが、その時の憲法がこの全体としての「憲法」（絶対的意味の憲法）であることに注意すべきであろう。

　では「政治的權力」とは何か。それは政治的団体である国家において人類が統一的かつ組織的な政治的生活を送るために必要欠くべからざるものであり、「人類の社會的生活をして可能ならしむべき社會的規律を、強制執行する所の物質的勢力（physical force）である」と言う。但し単なる実力や暴力ではなく、立法権、行政権、司法権の基礎となる包括的な権力であるとも

述べている。法律は、この政治的権力によって強制執行される社会的規律ということになり、帝国憲法第4条に規定された天皇が総攬する「統治権」がこの政治的権力に当たると説かれる[54]。

こうした『憲法總論』の議論を根本的に批判したのが東京帝国大学助教授の宮澤俊義であった。宮澤は政治的権力論などに法律学的方法と社会学的方法の無批判的な混淆が見られることを指摘する。そして純粋法学が社会から遊離した形式主義に陥る恐れがあることから、法の基礎を物質的勢力に求めたことには理由があるとしながらも、山崎の掲げる「總合的」な憲法学は「總合原理」のない知識の集合に留まっており、方法的基礎を欠いているためその企図は成功していないと忌憚のない批判を浴びせた[55]。山崎は反論する中で、宮澤が声高に主張する「方法」なるものが、詰まるところ「ケルゼン一派」の方法であり、宮澤の「獨り定め」によって論評されていることに苛立っている[56]。とはいえ、山崎は政治的権力を単なる実力と看做したことはないと反論しているが、権力説と権利説の中間を真理とする山崎の政治的権力論は、その性格において曖昧さを孕んでいたことは確かであり、それは次第に顕在化していくことになる。

既に『憲法總論』の時点で憲法制定権力論を思わせる内容が含まれているが、『憲法學』では更に表現が明確になっている。曰く「政治的權力とは、獨逸語の所謂 Staatsgewalt であつて」、「國家固有の、而も、國家全體としての組織法、即ち、憲法を決定すべき政治的意思（politischer Wille）の力である」。「憲法なるものは、決して、それが正義なるが故に其效力を有する所の、一片の法規（norm）に基くものに非ずして、而も、政治的意思に依る政治的決定に基くものである」[57]。主権、国権、統治権、憲法制定権力などを内容によって区別せずに、「政治的權力」概念で一元的に用いることが山崎の特徴である。

山崎によれば、帝国憲法に包含された根本的な政治的決定とは、まず「君主政治」に対する決定であり、その下に「市民的法治國の原則」に対する決定があるのであり、帝国憲法は「大權政治の下に、市民的法治國の原則を採

用したる立憲君主政治に對する、天皇の政治的決定である」とされる。この「大權政治」では、君主対国民の対立観念や、憲法による天皇の統治権に対する制限が、欧米諸国の伝統に囚われた独断説として否定されるのであるが、こうした理解の背景にあるのは、天皇の権力伸長は国民の権利自由の侵害を意味せず、寧ろ天皇の権力が伸長した時代こそ国民の権利自由が確保された時代であるという歴史観であった[58]。

　また山崎は、先に見た国体の区別について、君主1人による「政治的代表」の原則に基づく君主国に対し、国民全体と国家の「同次」の原則に基づくのが共和国であり、君主国と共和国はこの2つの原則のどちらに重きを置くかによって決まると説明する。そしてこの「代表」と「同次」の原則が「聯結混合」された特殊の国体が、君主以外に代表性を有する議会が存在する「立憲君主國」である。この原則に従うと、君民共治の国家ではない日本の議会は、真の意味における代表性に基づいていないため、立憲君主国と言っても厳密には「議會政治的君主國」ではなく「憲法政治的君主國」であるとされ、イギリス流の議会政治や連帯責任内閣制度が否定されるのである[59]。

（3）「権力」と「稜威」

　さて天皇機関説事件に対する山崎の反応は、同年に行われた講演を基にした小冊子『國體明徴を中心として帝國憲法を論ず』、『天皇機關說の憲法學的批判』で見ることができる。山崎は事件の「學說上の導火線」になったのは自分であると豪語し、反美濃部の立場は以前から示してきたものであることを誇示した[60]。まず注目すべきは、国体を法律的観念ではなく歴史的・倫理的観念であると説明する美濃部と、自身の立場の違いを強調していることである。即ち山崎によれば国体は単なる法律的観念ではないことは美濃部の言う通りであるが、とはいえ単なる歴史的・倫理的観念でもなく、法律的観念以上の「憲法的觀念」として位置付けられなければならない[61]。ここで山崎が言う憲法が法律学の一部分ではなく、前述の全体としての組織法である

「憲法」を意味していることが重要であり、この辺りの論理展開は形式的には里見の議論と似通っていると言える。

　山崎は「實證的」に見た我が国独特の憲法的観念として、天皇を「神（カミ）」、「現人神（アラヒトガミ）」（現世的、実際的である神道における神）であるとしつつ、これを「神學的」、「神がゝり」憲法論とは認めず、飽くまで「實證的」観察の結果であると主張した[62]。山崎の言う「實證的」とは、社会科学は自然科学と異なって明確な「普遍的原則」を定立できないという認識のもと、「概念論」を批判するために打ち出された「事實」に基づく立場である。「從つて、社會科學上に於ては、其取扱ふ觀念は常に之を事實から抽出し、之を事實に依つて吟味しなければならぬ。即ち其取扱ふ觀念が常に事實に即して居なければならぬのであります。之が即ち私の所謂實證主義であります。之を無視して唯々獨斷的に普遍的原則を定立して、而も之を一掃的に事實に強ひるといふことは、そこに無理が生じ、危險が生ずる。概念論がそれであります」[63]。帝国憲法がその正統性を語る際に神勅を援用していることは確かであるとはいえ、山崎の表現は『憲法學』の議論から更に踏み込んでおり、そしてやはり「社会的信念」のような事実と法のような規範が区別されることなく「事實」として扱われている。山崎は「概念論」の代表としてマルクス主義と共にケルゼンの純粋法学を挙げており、彼の言う「實證的」とは所謂「法実証主義」を意味するどころか寧ろその反対の立場を意味していたことが分かる。

　ところで山崎は天皇機関説事件後に『憲法學』を増補し、長文の「第二版例言」を追加している。その中で山崎は、カール・シュミットの『憲法論』（Verfassungslehre, 1928）の研究方法が「實證論的見地」に立っていることから共鳴した点があることを認めながらも、それを「偶然の接觸」であるとし、シュミット『憲法論』を入手したのは自著『憲法總論』（1929 年 11 月発行）を公表した「直後」であり、自分の学説は「何等の先入主にも囚はれることなく、著者獨自の研究方法に依つて、端的に、帝國憲法を凝視して、研鑽を積みたる結果」であると主張して、飽くまでシュミットからの影響を

否定している[64]。

　しかしこの説明は特に「史料批判」を要する。というのも、その『憲法總論』を見ると、近年のドイツにおいて憲法学を単に国法学と看做すことに反対している潮流として、ルドルフ・スメントと共にシュミット『憲法論』が肯定的に言及されている箇所が既に存在しているのである[65]。山崎の説明は要領を得ないものとなっているが、元来「翻譯思想」の排撃を謳っていた以上これを認めることは都合が悪かったところに、天皇機関説事件が起こって明確に否定する必要を感じたのか、シュミットから影響を受けていると見られたくないという心理は読み取れる。しかし少なくとも『憲法學』までの議論は、これまで詳しく辿ってきたように、憲法制定権力論に基づいた全体としての「憲法」（Verfassung）と個々の「憲法法律」（Verfassungsgesetz）の区別、更に政治形体における「同一性」（Identität）と「代表」（Repräsentation）の区別といったシュミットの議論と用語の選択も含めて酷似しており[66]、その影響関係を否定するのは説得力に欠ける。実際、こうした山崎の釈明にも拘らず、その後の学説史は山崎をシュミットに依拠したものという前提で扱っているようである[67]。但しこの「例言」ではシュミットを「Nazi 思想」と切り離して見ていたとも述べられており、この点は時系列を考えれば首肯できるもので、後述する全体主義や国民社会主義への態度に関わっているだろう。

　山崎は、かつての穂積八束や上杉慎吉も法律学的に国家を捉える国家法人説を脱し切れていなかったとし、彼等はそれにも拘らず天皇主体説を唱えたという点で美濃部よりも「非論理的」であると評価するなど、従来の天皇主体説も批判の対象としていた。また国体の定義も統治権の所在による国家形体と言うだけでは不十分であるとして、「其國民性に基いた、國家全體としての政治的決定」と捉えられている。しかしそう言う山崎自身も、統治権と事実上同義である「政治的權力」の所在を基準として日本を「君主國體」（「天皇國體」）と分類し、国体政体二元論を支持して美濃部の政体一元論とは距離を取っていた[68]。里見岸雄が、山崎の国体論は従来の法学的定義と比

べて傾聴すべきものを含むとしながらも、依然として「形體」の観念を出ないと評しているのはこの点に関わる（里見は山崎の言う「決定」は、シュミットの Entscheidung と同義であると見ていた）[69]。政治的権力を軸に据えた山崎憲法学における「國體」には Staatsform としての性格が拭い難く刻印されていたのである[70]。

　山崎の国体論が形体論を離れられなかったというのは、根柢には、国家が「政治的團體」とされていることから統治権は「政治的權力」（Staatsgewalt）としていずれかの部分に帰属し、治者・被治者の権力関係を成すというデ・ファクトな権力国家観があったこと、そして里見と比べて憲法第1条と第4条の関係が不明確であったことによる帰結であった[71]。『憲法學』を書評した鈴木安蔵が山崎の政治的権力論に賛同し、対して唯物史観を「概念的」として拒否する山崎もマルクス主義が国家を権力的団体と看做す点については「實證的」であるとして認めていることは、その国家観を把握する上で示唆的である[72]。

　しかし山崎の権力論はマルクス主義者が想定していたであろう Gewalt 論としては一貫しない。山崎は政治的権力は法を実現する権力であるから法的制限を受けないとする一方、「シラス」権力であることを根拠にその公共性が強調され、国家を構成する個人や団体の全体としての「安寧福祉」を増進し擁護する「社會正義」を実現する権力、即ち「稜威（ミイズ）」であるとも言うのである[73]。こうした側面にも里見との親近性を指摘することはできるかもしれないが、それは両者の学風が近かったからというよりは、山崎憲法学の鵺的性格によるところが大きいように思われる。少なくとも、国体論と権力論（主権論）を巧妙に切り離していた里見との懸隔は無視できないだろう。

　山崎憲法学の捉え難さは、その掲げられた「實證的」態度の方向性が、国家における権力関係の析出に向かう政治学的志向と、日本的独自性を優先する歴史主義的志向の両方に向かっていたことから来ている。しかし元来、権力関係に基づいた国家観は、「君民一体」を謳い、「シラス」を「ウシハク」

と対置する国体論と相性が良いわけではなく[74]、山崎もそのことを次第に重大視していったのであろう。後述するように、天皇機関説事件から戦時体制へと推移していく過程は、山崎憲法学から政治的権力論が次第に退いていくことで、辛うじて存在した体系の中心軸を手放し、日本的独自性の比重を増していく過程となっていくのである。

3 法理学的憲法論における普遍性と独自性——大谷美隆

（1） 西洋体験による研鑽と反撥

　最後に取り上げる大谷美隆（1894-1963 年）は岐阜県恵那郡阿木村の出身で、高等小学校卒業後に代用教員として郷里の小学校の教壇に立ちながら勉学を重ね、専門学校入学資格試験を通って 1912（大正元）年に明治大学法科に入学するという経歴の持ち主である。当時の明治大学における主な教員は憲法が野村淳治、法理学が筧克彦、民法が仁井田益太郎・横田秀雄・須賀喜三郎・島田鉄吉であった。大谷は 1914（大正 3）年 7 月に大学を卒業したのち「研究生」となった。明治大学出身者から専任教員を養成するために 1918 年に創始された「研究生」は、専攻学科の研究と大学負担の海外留学を経て専任教授となる予定の者で、卒業時に首席だった大谷はその第 1 号に採用された。大谷も山崎又次郎と同じく、私大法科における生え抜き教授として期待を浴びる存在だったのである[75]。

　そもそも大谷は憲法学者でも政治学者でもなかった。留学以前の大谷は民法研究に従事し、その成果は最初の単著『民法論集』（1920 年）に収められた。当時の大谷は「法律トハ人類ノ社會的生活ニ於ケル規範トシテ統治者ニ依リ定メラレタル法則（Norms）ヲ謂フ」と「法律」を定義した上で、洋の東西を問わず客観的に存在する法則として「自然法」を認めている。自然法は普遍的な法則だが、具体的適用に至って変化することがあり、統治者が法律を定める際の順応すべき標準として機能するという。大谷は自然法と法律を同一視したかつての自然法学者と法の不断の変化を強調した歴史法学者

をどちらも一面的であると退ける[76]。なお大谷においては、「法律」という用語を議会の協賛を経た Gesetz としてではなく、Recht に近い「法理學上の意味」で用いることが、今後も一貫した特徴となる[77]。

　後述するように、筧克彦の法理学を「宗教哲理」と批判した大谷であったが、当時の彼の文章には宗教的世界観が滲み出ていることは注目すべき特徴である。「造物者カ吾人ヲ此地上ニ生セシメタル大眼目ハ完全ナル生存ノ成就ニ在リ自己ヲ害スルハ自己ノ出生ニ對スル矛盾ニシテ造物者ノ目的ニ對スル反逆ナリ他人ヲ害スルハ他人ヲ出生セシメタル造物者ノ目的ニ對スル妨害ニシテ之レ亦宇宙ノ大精神ニ反抗スルモノナリ」[78]。大谷は日本組合基督教会に属し、海老名弾正の影響を受けたキリスト者としての一面を持っていた[79]。

　大谷は 1919（大正 8）年 8 月から 3 年間、民法研究を目的としてスイスのベルン大学とドイツのベルリン大学に留学する。ベルン大学で大谷が聴講した科目は、ローマ私法、スイス債務法、法律哲学、スイス私法応用、スイス民法総則の 5 科目であったという[80]。

　続いてベルリン大学への入学を希望した大谷は 1920 年 7 月 20 日、ベルリンに入ったが、戦後ドイツの日本人に対する国民感情が懸念される中、入学手続きは難航した。申請書は 10 月 15 日に提出していたが音沙汰ない状態が続き、痺れを切らした大谷は直接文部省に出向いて、ドイツ語を駆使して担当者と談判したという。入学許可の通知が大谷の許に届いたのは 11 月 5 日であった[81]。

　転学したベルリン大学では新カント派に属するルドルフ・シュタムラーに師事し、親しく「法律哲學」の講義を聴いた。大谷はそれまで明治大学で聴いた法理学講義は「宗教哲理」と称すべき「普遍我哲學」であったために期待を裏切られたが、シュタムラーとの交流によって「茲ニ初メテ多年翹望シタル法律哲學ノ眞ノ内容ニ關スル一般ノ研究ヲ積ムコトヲ得タリ」と回顧しており、その心服ぶりが窺える[82]。大谷は筧克彦の法理学に満足することはできなかったと言うのである[83]。

第6章　昭和戦前期における「国体憲法学派」再考　181

　欧州滞在の機会に、学びより発信に重きを置いた里見岸雄は例外的であったとしても、比較する上では、西洋の大学から学びを得ようとする大谷の主体的な姿勢は注目すべきである。明治大学図書館には、ベルン大学に提出した学位論文、"Die privatrechtlichen Grundlagen des Arbeitsvertrages und deren öffentlich rechtliche Modifikationen"（「労働契約の私法的基礎とその公法的修正」）の他、"Vergleichung des deutschen und französischen mit dem japanischen Verschollenheitsrechte"（「ドイツおよびフランスと日本の失踪法の比較」）という大谷のドイツ語論文が所蔵されている[84]。当時の大学教員の留学において、外国語での学位論文作成まで取り組むのは当然ではない[85]。また正確な執筆年は不明だが、後者の失踪法論は1932（昭和7）年7月に明治大学法学部教授会を通過した博士論文のテーマである[86]。

　尤も、大谷は西洋人（特にスイス人）が予想以上に日本についての知識を持っていないことを知って不満を感じてもいた。例えば、日本には大学がないから仕方なくスイスに勉強に来たのだろうと言われれば、「吾々の来てゐる目的は各國の法律學説を取調べる丈けで何も當地が日本より進歩してゐるとは思はん」と返し、将来的な日米戦争の可能性が話題になると、持久戦は苦しいが「戦闘丈けは確に日本が勝つ」と息巻いた。また、丁髷姿や田舎の家屋を取り上げて日本を「骨董扱」にして面白がる西洋人の風潮にも辟易した。大谷は1920年11月15日からジュネーヴで開かれた国際連盟第1回総会を見学している。アメリカについて大谷は、国際連盟に参加しなかったことで、「丸で駄々つ子の様に自身の損になる様なら世界の平和などは如何でもよいと云つた様な態度で自ら世界の統一を破つてゐる」と不信感を懐いており、反対に新渡戸稲造が「日本人」という立場から「世界的舞臺」で活躍していることを誇らしく思っていた[87]。

（2）普遍主義的法理学から憲法論へ

　1922（大正11）年7月に帰国した大谷は、明治大学法学部教授として民法と法理学を担当する。留学が与えた大谷への学問的影響としては、やはり

シュタムラーからの影響が挙げられる。イマヌエル・カントの認識批判に基づいたシュタムラーの法哲学は、法的考察において主観の側にあるアプリオリな形式、即ち「一切の法的経験の多様性を統一的に把握し規正するための普遍妥当的支点を確立すること」[88] を課題としていた。大谷の「憲法学」の理論的な前提となる著作が、1927（昭和2）年に刊行された『法理學原論』である。大谷は自身の法理学を合理的である「新カント派ニ屬ス」と規定し、「カントノ一般哲學及スタムラーノ法律哲學ヲ基礎トシ之ニ余ノ獨自ノ見解ヲ加ヘテ之ヲ綜合統一シタルモノ」と評しており、シュタムラーの祖述ではないと断りつつも依拠していることは用語法などから明確に分かるような構成になっている[89]。

　大谷は、法理学において「無制約的普遍妥當的」な法律の概念を研究する必要があるとし、法律を「不可侵的且強制的結合意欲」と定義した。法律の本質は、ある目的を達成しようとする人間の「意欲」であることにあり、特にそれは複数の意欲が相互に結合して共同の目的を達成しようとする「結合意欲」なのである[90]。

　しかし、大谷にとってシュタムラーの影響は普遍的原理の受容に留まらなかったのではないかと思われる。当時からシュタムラーについては、カント流の理想主義を生かすと同時に、「内容の變化する自然法」などの主張に見られるような、時と場所によって異なる法の相対性という考え方が取り入れられており、その点がカントに収まらない「近代的」特徴として紹介されていた[91]。大谷は、法の概念と理念を区別するシュタムラーに依拠することで、法律は「正義ノ理念」に指導されると説くが、「自然法」という呼称については、より批判的に扱うようになっている。また「正義ノ理念」は「根本的原則」としては古今東西軌を一にすると言いながらも、その「實現ノ方法」に至っては各時代・各場所に適合する「法律的理想」を生じるとし、立法や解釈の基準として「一國ニ於ケル長年月間ノ事情」や「一國ニ於ケル其時代ノ一般的事情」などを考慮すべきことが説かれていることを見落としてはならない[92]。大谷にとってシュタムラーへの依拠は、その普遍主義的な関

心を満たすと同時に、理念の具体的実現という意味で日本の独自性を語る道が、自然法論とは異なる経路で用意されたことも意味したのである。

後述するように、大谷が憲法を本格的に論じ始めるのは天皇機関説事件後である。しかしそれ以前にも、彼の憲法問題への関心を思わせる徴候が見られる。『法理學原論』に見られる次のような問題意識はその１つであろう。

> 要スルニ解釋法上ニ於テハ總テノ法令ノ拘束力ノ原因ハ、憲法ニ歸スル［モ］ノニシテ、其憲法ノ拘束力ヨリ傳來シ又ハ派生シテ強制力ヲ有スルモノナリ、解釋學者ハ、ソレ以上探求セントセズ、又探求スルヲ得ザルナリ、然レドモ憲法ガ何故ニ國民ヲ拘束スルカト云フ問題ヲ解決スルニ非ザレバ、法律ノ拘束力ノ眞意義ヲ確定スル事能ハザルナリ、而シテ之ヲ解決スル方法ハ、唯一ツ、法理學的ニ憲法ナル法律ノ概念ヲ確定スルコトニヨリテ初メテ知ルコトヲ得ルモノナリ、即チ原始的法律ノ強制性ハ如何ナル場合ニ發生スルモノナルカノ問題ナリ[93]。

この問題意識こそが、のちに大谷が「國體憲法」を唱えることになる内在的な伏線になっていると考えられる。即ち最高規範である憲法の拘束力の根拠という「法理學的」関心から進んで、天皇の統治権の正統性という問題を追究していくのである。

大谷は1912年に勃発した上杉愼吉と美濃部の「天皇機関説論争」に言及し、上杉の憲法論に対しては何故天皇が統治権を有するかを「君權神授説的」にしか説明できていない点で不十分であること、美濃部に対しては条文上不適切であるだけでなく国民の「傳統的確信」に反することなどを挙げ、両説共に解釈学の範囲を出ない不適切な見解であると述べる。特に権利利益説に基づいて天皇が統治権の主体であることを否定しようとする美濃部に対し、社団法人の権利が事実上社員の利益に帰するように「權利ハ必ズシモ權利者ノ利益ニノミ供セラルルモノニ非ズ」と指摘している点は目を引く[94]。

大谷の「法理學的見解」によれば、天皇は機関ではなく統治権の主体そのものである。但しその統治権の根拠は「神授」といったものではなく、天皇を国の元首と仰ぐ「法的確信」、即ち国民の「結合意欲」に基づいて生じたとされるのである[95]。前述のように大谷は「結合意欲」を普遍妥当的な法の本質としていた。ここでは普遍妥当的な法概念を前提とすることで、日本独自の天皇主体説が正当化されているのである。

大谷の掲げる法理学的な憲法論の帰結として興味深い事実は、1930（昭和5）年のロンドン海軍軍縮条約締結に際して起きた統帥権干犯問題で、大谷は結論として濱口雄幸内閣側に与していたことである。この問題については、美濃部の所説が統帥権軽視として非難されたことが知られる。しかし大谷も、その「法理學」的立場によって法解釈学を突き抜け、陸海軍大臣に与えられた「軍令」への副署等の広い権限を憲法違反である「軍閥の横暴」と非難し、軍令と軍政の厳密な区別による陸海軍大臣の文官制を提案するなど、急進的とすら言える見解を披露していた[96]。

なお大谷は、日本の各時代の法令および拷問具や刑罰関係の資料を蒐集したことで知られる明治大学刑事博物館（現在の明治大学博物館刑事部門）の設置（1929 年 4 月）を主導し、初代館長に就任している[97]。大谷は、「人道を無視し正義に反した背理極まる制度」である拷問の廃止を明治天皇の「御聖德」とした上で、ギュスターヴ・エミール・ボワソナードの貢献を特筆し、戦後は死刑廃止論を唱える等、刑罰の非人道性に関心を持ち続けた法学者でもあった[98]。

（3）「法國家」としての日本

大谷が折に触れて展開してきた憲法論を、より体系的に、かつ美濃部にも穂積・上杉にも与しない「新憲法學説」として発表しようと思い至った契機が天皇機関説事件であった[99]。里見岸雄も山崎又次郎も、問題関心や憲法学の方向性は大きく異なっていたが、経験的・科学的な憲法学を標榜する点では共通していた。これまで見てきた経緯からも分かるように、彼等と比べる

と、国家の前に法律から出発しようとする大谷の憲法学は、特に山崎のような政治学志向とは対照的である。

　こうして書かれた憲法に関する著作である『國體憲法原理』（1935年）、『大日本憲法論』（1939年）などに見られるように、大谷は「國體憲法」という言葉を用いて（「國體憲法學」とは言わない）、それを「一定の人類の多數の結合意欲は其國の國體憲法となつて國家を構成するに至るものとす」と説明するようになる[100]。それはまたケルゼンの言う「基本規範」（Grundnorm）に該当するとされ、「國體憲法」、「政體憲法」、「法律（Gesetz）」、「命令」は後者が前者に依存する段階構造を為しており、国体憲法自体は不文だが、帝国憲法においては第1条がそれに当たるという。従って第2条以下の条文は全て政体憲法となる。政体は近代的な国家制度を採用して臣民の参政を認めた「立憲政體」であるが、その精神は高天原の「神集い」に遡る神代から存在したとされる。即ち日本は肇国の初めより君民一致の結合意欲によって成立した真正の「君主國體」であり、この「國體憲法」に基づいて天皇が統治権を有するが故に、実力によって人民を圧迫する「事實國家」ではなく「法國家」であるとされるのである[101]。

　要するに大谷の主張は、武力征服といった事実によらず国体憲法＝法律＝（君民の）結合意欲によって国家が出来たという日本建国の独自性であり、国家統治の正統性の問題であった。大谷はこの「事實國家」と「法國家」の区別を以て、従来の機関説・主体説が共に見落としていた観点であるとし、自らの創見を示すものとして力説していくのであり、同時期の大谷の論考では手を変え品を変え以上のモティーフが繰り返されている。

　とはいえ大谷の論旨には、先行学説を単純化することで自説の独創性が誇張されている疑いがある。確かに国体憲法の考え方は、憲法典の実証的解釈学の乗り越えという側面があり、美濃部が帝国憲法を専ら政体憲法として扱ったという批判は、里見や山崎の憲法論と通じるところがある[102]。しかしそれとは別に、大谷が殊更批判しているような支配の正統性を欠いた実力に基づく征服国家論が、実際に日本の先行学説においてどれ程の影響力を持っ

ていたと言えるかは疑問である。少なくとも「従來の憲法學者は日本國も事實國家なりとの前提を以て議論して來た」[103]という断定は強引な一般化と言うべきだろう。また大谷は「法國家」という類型を日本の独自性を明らかにするために用いるのだが、その一方で日本以外の国、特にアメリカも「法國家の適例」とするなど、必ずしも日本の独自性に留まらない説明も見られる。これは明らかに、大谷の駆使する「法律」の定義が、あらゆる国に適用できる「結合意欲」という普遍主義的性格を有していることによる。結局のところ、日本の国体憲法の独自性は、天皇統治の国として成立した後それが変更されていないことに求められているのである[104]。

　ところで、大谷が君民一致の結合意欲説を採ったことや、山崎が国体を「國民性に基づいた」決定として説明していたことから、「国民主権」への接近を読み取り、「国体憲法学派」の特徴とする見解がある[105]。確かに、これは里見と同様に彼等が国民を度外視した国体の正当化に限界を認めていた結果であると言える。しかし、その表現の意味するところは、飽くまで君主主権を支えている現実的基盤についての洞察であり、そこから主権の所在に関する動揺を読み取るのは不可能と見るべきだろう。また彼等が批判した上杉愼吉と雖も、確かに「天壌無窮の神勅」を国体の淵源としていたが、同時にそれを「國民的確信の實現」であったと説明しており、更に国民（臣民）に客体として以上の意義を認めない傾向にあった穂積八束でさえも、国体が国民の確信によって定まるという表現が見られることも、併せて確認しておきたい[106]。

　以上のように「國體憲法」は、特に統治権の所在を決定し、法的拘束力の窮極の根拠となるものであり、その本質は大谷の言う法理学的意味の「法律」ということになる。こうした展開を見せる伏線が存在していたことは前述の通りであり、その意味で、大谷の国体憲法論は、以前の法理学的な問題関心を継承していた。里見は、「大谷博士は、「多数の結合意欲が國體である」とせられるが、かかる普遍的、合理主義的國體の定義は、帝國憲法の規表する日本國體とは、むしろ無關係で、シユタムラーなどの法理論の影響下

第6章　昭和戦前期における「国体憲法学派」再考　187

に立てる非體驗的合理主義の所産である」[107] と、大谷の国体憲法論が持つ普遍主義的な由来を的確に読み取った上で批判していた。

　大谷は里見と直接的な交流があったわけではない。ただ 1941（昭和 16）年 1 月 25 日の日本法理研究会で里見が登壇した際に 2 人は顔を合わせ[108]、末弘厳太郎を交えた興味深いやり取りを見せている。里見の記録によれば次のような内容であった。

　　　この人［大谷］が、私［里見］に対し、『あなたは、三誥（憲法の告
　　文、勅語、上諭）は、法だとおっしゃったが、これには疑問がありま
　　す、法というものは、ノルムを立てるものです。ところが三誥はノル
　　ムを立てるというより説明文です。ですから、これを法だというのは
　　おかしい』という質問であった。すると、私の隣席に坐っていた末弘
　　が殆んど間髪を容れずに、『それは、法とは何ぞやという問題だね、
　　あなたのようなことを言うと、民法第八十五条などはどうなります
　　か。「本法ニ於テ物トハ有体物ヲ謂フ」、これはノルムを立てたもの
　　か、説明か、ということになる』と反論した。大谷博士は返答に詰っ
　　たのか、ついに一言も発しなかった[109]。

　告文・憲法発布勅語・上諭の「三誥」を、法的性格を持つ憲法の一部として重視するのは里見憲法学の特徴であり、この時の講演でも言及している[110]。里見を援護する末弘という構図も興味深いが、この大谷の描写は里見側から見た一方的な観察という難点があり、その発言内容を不正確に記録している疑いがある。確かに大谷は「三誥」の中で告文は君民間の「結合意欲」と言えないため法理学上の「法律」と称することはできないとしているが、勅語と上諭については「法律」たる性格を有して憲法を構成すると説いていたからである。但し、「其内容が希望の表明に過ぎざるものは法律たる性質を有することを得ずと雖も、確定的内容を有するものは法律たる性質を有するものとす」という微妙な留保も付けており、とりわけ告文を重んじる

里見に異論を提起したことは十分考えられる[111]。里見も他者の学説を自分本位に眺めてしまう可能性と無縁ではなかったことを忘れてはならないが、いずれにせよ、里見と大谷が自身の学問と近い存在として互いを認識していなかったことは確かだろう。

最後に、大谷と山崎又次郎が共に寄稿した『日本國家科學大系　第六巻』（実業之日本社、1941 年）に言及しておきたい。山崎の論考「大日本帝國憲法の神髄」では、天皇は国初から専制君主であったことはないという天皇政治の原則が繰り返し説かれ、政治的権力論のような西洋学説からの影響を思わせる議論が後景に退いたことと比例して、それまでの「政治的決定」による国体の基礎付けが見えなくなり、「古神道」に基づいて皇祖皇宗より継承されたという観念的な根拠によって天皇統治の根拠が説明されている。一方で、個人のために全体を無視する「個人主義的自由主義」と全体のために個人を無視する「全體主義」は共に「外國模倣」であって、帝国憲法の根本精神を冒涜するという意味で同罪であると非難しているように、「ナーチ獨逸」への心酔は厳しく戒めた[112]。

対する大谷の論考「ナチス憲法の特質」は、その名の通り国民社会主義ドイツ労働者党の政権獲得以降のドイツ国制を紹介したものだが、単なる説明に留まらず大谷自身の肯定的意見が垣間見えることが特徴である。例えば大谷は、個人主義の憲法には見られなかった新たな原則として「國家緊急權」を挙げ、帝国憲法第 31 条の規定がそれを認めた規定であると解釈した上で、「帝國憲法も、全體主義の憲法である」と述べている。また西洋でアドルフ・ヒトラーが「獨裁政」でも「民衆政」でもない「指導政」という原理を唱え出したことは革命的であったが、そもそも日本では三千年前から天皇が日本民族の指導者である「指導政」が行われていたのであり、個人主義的自由主義を排して「指導政」に改めることが本来の日本の政治形体に還ることなのであると論文を結んでいる[113]。

大谷は、「指導政」や「全體主義」といった新原理を、ヒトラーが主張して「ドイツ人の世界観」となったことを認めると同時に、政党の解消や大政

翼賛会の成立という「新體制」を正当化する際に「日本人の世界観」として
主張していた[114]。詰まるところ、ヒトラーの「指導者原理」は「日本の眞
似」[115]だと言うのである。これらは一国一党に反対した里見や「ナーチ獨
逸」と距離を取った山崎とは同一視できない態度である。大谷の場合、出発
点にあった西洋への両義的態度および普遍主義的志向が、ドイツの全体主義
論に適合するような解釈、即ち、実は西洋に先んじていた日本という論法
で、その独自性を誇るという立論に帰着したのだと言えよう。

おわりに

　本稿では、先行研究において「国体憲法学派」と目された里見岸雄、山崎
又次郎、大谷美隆の3人について、一度そうした枠組みを離れて彼等の経験
と関心に基づいた問題意識に即し、各人がそれぞれの文脈で国体を論じてい
く経緯を素描することを試みた。天皇機関説事件は大きな契機だったとはい
え、3人は全くと言って良い程異なる問題関心から国体論に接近していき、
事件の以前と以後を貫く特徴を形成していた。

　勿論それらの差異の中にも共通項は見出すことはできる。彼等は天皇機関
説と共に既存の天皇主体説も敵視し、新たな学説の構築を目指した。また山
崎と大谷には私立大学法学部における生え抜き教授という経歴上の共通項を
見出せる。里見の独特な経歴はこれに含めることができないが、帝国大学か
ら見た時の、ある種の「周縁」性という意味では、3人共通していると言え
るかもしれない。

　更に敢えて一般化するならば、3人は自由主義批判と共に形式主義批判へ
と向かう思想潮流の中に位置付けることができる。想起されるべきは、里見
が黒田覚や尾高朝雄のような法学者に共感する部分があったという事実であ
る。彼等は、憲法の形式ではなく規定の実質（内容）面に着目して、表現は
違えども国体的規定とそれ以外という形で憲法規範に段階を見出した点で共
通していた。即ち国家主権説によって回避されてきた国家権力の正統性の問

題を、日本憲法学の課題として改めて論じようとする動向[116]を、黒田や尾高（あるいは本稿では取り上げなかったが清宮四郎（「根本規範」）や大串兎代夫（「国家権威」））のような政治的立場を異にする法学者と共に担っていたのである。

こうした正統性への注目は、憲法典を超えた規範のもとに天皇を置くことになり、確かに彼等において天皇の恣意的な権力行使は想定されていなかった。とはいえ、国体規範による天皇権力の制限という問題を、この時期の「国体憲法学派」の指標にできるかどうかは慎重に考えるべきだろう。本稿で触れてきたように「国体憲法学派」の主張は、美濃部憲法学批判というだけでなく、あるいはそれ以上に批判対象であった穂積八束の克服の上に成り立っていたと言われる。しかし、無制限の絶対的権力を掲げた穂積憲法学における天皇と雖も、そもそも家制度を基軸とした「伝統」としての国体によって制限された存在であったことは近年の穂積研究が示すところである[117]。昭和期に国体を論じた憲法学者は、本来多彩で領域横断的であった穂積の公法学の中から、とりわけ無機質な主権論を取り出して批判している嫌いはないだろうか。

天皇機関説事件後は、様々な形で学説の「新しさ」を迫られた時代であった。昭和期の国体論者による従来の天皇主体説に対する評価が手厳しかったことは確かだが、歴史叙述としては彼等が先行学説を自分の批判しやすい形に再構成している可能性を加味しないと、穂積や上杉の一面的評価という別の問題を招く虞がある。同時期の憲法学の「新しさ」という問題は、歴史的転換点としての劃期性を天皇機関説事件にどの程度見出せるかという大きな文脈と関わっているであろうことは、本稿冒頭で言及した通りである。

天皇機関説事件を契機にして、多かれ少なかれ美濃部憲法学を批判して、特に国体を強調した一群の憲法研究者が注目を集めたという事実がある以上、一体としての彼等に着眼する「国体憲法学派」というカテゴリーは問題提起力を有していたと言えるだろう。しかし、その内包と外延の曖昧さが、歴史研究の分析概念として許容範囲内に収まっているのか、疑問なしとしな

い。当事者たち（少なくとも本稿で扱った3人）が漠然とでも一体性を意識することがなかったこと、「国体憲法学」という語には里見による一定の内実を伴った独自な用例が存在することがその曖昧さを強化しており、こうした組み分けの仕方を躊躇させる。「国体憲法学」概念は「学派」に拡張して危うい輪郭を帯びるよりも、里見の学問との関連で厳密に用いられるべきではないか。少なくとも、里見を「国体憲法学派の代表者」[118]、「国体憲法学派の中心人物」[119]のように呼ぶのは、その他の構成員の存在を前提とした誤解を招く表現ということになるだろう。

「国体憲法学派」論が日本憲法史において普及を見せ始めた今日、その問題提起の積極的意義を正当に見極めるためにこそ、続けて個々の人物研究を積み重ねていくべきであろう。本稿はそれに対する一歩となることを試みたものであるが、国体論を中心とした「憲法学」の概観に留まらざるを得なかった。彼等の学問的営為を総合的に評価するには、機会を改めなければならない。

注

1　米山忠寛『昭和立憲制の再建　1932〜1945年』（千倉書房、2015年）66-68頁。

2　小川原正道「国体明徴運動と憲法学者」藤田大誠編『国家神道と国体論——宗教とナショナリズムの学際的研究』（弘文堂、2019年）。

3　昭和十四年度思想特別研究員［玉澤光三郎］「所謂「天皇機関説」を契機とする国体明徴運動」（1940年）今井清一・高橋正衛編『現代史資料（4）国家主義運動（一）』（みすず書房、1963年）347頁。

4　増田知子『天皇制と国家——近代日本の立憲君主制』（青木書店、1999年）267頁。川口暁弘「憲法学と国体論——国体論者美濃部達吉」『史學雑誌』第108編第7号（1999年）78-80頁。同『ふたつの憲法と日本人——戦前・戦後の憲法観』（吉川弘文館、2017年）62-101頁。

5　林尚之『主権不在の帝国——憲法と法外なるものをめぐる歴史学』（有志舎、2012年）40頁。

6　林・前掲注（5）55頁。

7　林尚之『里見岸雄の思想——国体・憲法・メシアニズム』（晃洋書房、2024年）。

8　大谷伸治「昭和戦前期の国体論とデモクラシー——矢部貞治・里見岸雄・大串兎代夫の比較から」『日本歴史』第777号（2013年）。森元拓「天皇機関説事件の法思想」大野達司・森元拓・吉永圭『近代法思想史入門——日本と西洋の交わりから読む』（法律文化社、2016年）。同「天皇機関説事件における国体問題——「作為」と「自然」の国体論」『山梨大学教育学部紀要』第30号（2020年）。昆野伸幸「国体明徴論」山口輝臣・福家崇洋編『思想史講義（戦前昭和篇）』（筑摩書房、2022年）。西村裕一「日本憲法学説史（戦前編）」山元一編『講座立憲主義と憲法学第一巻　憲法の基礎理論』（信山社、2022年）。

9　長谷川正安「憲法学史（下）」鵜飼信成ほか編『講座日本近代法発達史9』（勁草書房、1960年）226-227、233頁。鈴木安蔵『日本憲法学の生誕と発展』（法律文化社、1966年）153-156頁など。

10　林・前掲注（5）40頁。

11　林・前掲注（7）97、119、126-131頁。

12　前述の林尚之の研究の他、以下を参照。大谷・前掲注（8）。大谷伸治「里見岸雄の戦後憲法論——「皇道民主主義」と非武装平和の確立へ」『道歴研年報』第16号（2015年）。金子宗徳「里見岸雄と「国体明徴」——「天皇機関説の検討」から《日本国体学会》の設立へ」藤田編・前掲注（2）。

13　「国体憲法学者」各人の実証研究が里見岸雄を除いて立ち遅れているという研究状況については、既に出口雄一の指摘がある（出口雄一「「皇道」と「邪教」のあいだに——第一次・第二次大本教事件と「国体」の語り」『法と文化の制度史』第4号（2023年）85頁注138）。但し、大谷美隆についてはキリスト教信仰との関係に着目した研究が現れ始めている（洪伊杓「帝国神道的キリスト教の形成と三位一体論的な神道理解——15年戦争期における海老名弾正・渡瀬常吉・大谷美隆を中心に」『アジア・キリスト教・多元性』第20号（2022年）。有坂真太郎「大谷美隆の憲法思想——キリスト教信仰と憲法学」『法史学研究会会報』第27号（2024年））。

14　増田・前掲注（4）294頁。林・前掲注（5）30頁。林・前掲注（7）8頁。

15　米山・前掲注（1）66-76頁。菅谷幸浩『昭和戦前期の政治と国家像——「挙国一致」を目指して』（木鐸社、2019年）123-167頁。

第6章　昭和戦前期における「国体憲法学派」再考　193

16　山崎又次郎と大谷美隆は「著書」が該当したが、里見岸雄の該当事項は「里見日本文化研究所々長」であった（總理庁官房監査課編『公職追放に関する覺書該当者名簿』（日比谷政経会、1949年）502、548、750頁）。

17　以下の里見岸雄に関する叙述は、先に発表した大和友紀弘「佐々木惣一と里見岸雄——憲法と国体を巡る対話」『法史学研究会会報』第27号（2024年）の里見部分を発展させたものであり、内容が一部重複していることをお断りする。

18　里見岸雄『日蓮主義の新研究』（国柱産業株式会社、1919年）540-541頁。

19　里見岸雄『古代日本の理想主義と其發達』（里見日本文化研究所出版部、1925年）和訳への序文。

20　以上の里見岸雄の経歴については里見岸雄『闘魂風雪七十年』（錦正社、1965年）を参照。

21　里見岸雄『天皇とプロレタリア』（アルス、1929年）197頁。なお本稿における引用文中の強調は全て原文に存在するものであり、原文で傍点以外の形式で強調されている場合も全て傍点で表現する。また〔　〕内は筆者による補足である。

22　里見岸雄『吼えろ日蓮』（春秋社、1931年）〔此書を送り出すに際して〕1頁。里見・前掲注（20）243-248頁。

23　昆野伸幸『増補改訂　近代日本の国体論——〈皇国史観〉再考』（ぺりかん社、2019年）129-134頁。「あるべき日本」と「現実の日本」の溝を埋めるための実践的性格は、田中智學とその門下の国体論の特徴としても指摘されるところである（西山茂『近現代日本の法華運動』（春秋社、2016年）53頁。大谷栄一『日蓮主義とはなんだったのか——近代日本の思想水脈』（講談社、2019年）267頁）。

24　岡本清一『國體科學叢書第六巻　國體憲法學』（国体科学社、1930年）例言、142-145頁。

25　里見岸雄『帝國憲法の國體學的研究』（里見研究所出版部、1934年）59頁。

26　里見岸雄『天皇機關説の検討』（里見日本文化学研究所、1935年）1-3頁。同「機關説撃つべくんば主體説共に撃つべし」『社會と國體』第155号（1935年）4頁。

27　里見岸雄『天皇の科學的研究』（先進社、1932年）262頁。

28　里見・前掲注（26）『天皇機關説の検討』26-28頁。

29　里見岸雄「国体憲法学と主体説及び機関説」（1936年）同『里見岸雄論文集 I

国体・天皇・日蓮主義』（展転社、1986 年）14-15 頁。

30 里見岸雄『國體法の研究』（錦正社、1938 年）196、201-202、226、453 頁。

31 里見・前掲注（30）235-237、244-248 頁。

32 里見岸雄「文部省著「國體の本義」」『國體學雑誌』第 179 号（1937 年）54 頁。里見・前掲注（20）384 頁。なお、森元・前掲注（8）「天皇機関説事件における国体問題」57-58 頁には、国体明徴運動を主導した「原理日本社等の国粋団体」の「理論的支柱」となったのが「国体憲法学派」の里見であるという叙述が見られ、「文部省の『国体の本義』」も、ほぼ国体憲法学派の意向に沿った形で策定され」たと説明されているが、これらの事実認識は不正確である。

33 里見岸雄『日本政治の國體的構造』（日本評論社、1939 年）121-130、267-288 頁。

34 里見・前掲注（30）381 頁。里見岸雄「黒田覺氏著「日本憲法論」上」『國體學雑誌』第 179 号（1937 年）。同「黒田覺氏著「日本憲法論」中」『國體學雑誌』第 187 号（1938 年）。

35 黒田覚『日本憲法論　中』（弘文堂、1937 年）265-266 頁。尾高朝雄『國家構造論』（岩波書店、1936 年）481-483 頁。

36 里見・前掲注（30）480-481 頁。

37 大和・前掲注（17）を参照されたい。

38 ［末弘厳太郎？］「寄贈新著案内」『法律時報』第 6 巻第 8 号（1934 年）47 頁。矢部貞治「新刊短評」『國家學會雑誌』第 54 巻第 4 号（1940 年）121 頁。

39 和歌山県史編さん委員会編『和歌山県史　人物』（和歌山県、1989 年）495 頁。慶応義塾『慶応義塾百年史　別巻（大学編）』（1962 年）529-530 頁。

40 山崎又次郎「思慕斷片」『鎌田榮吉全集　第一巻』（鎌田栄吉先生伝記及全集刊行会、1935 年）29 頁。

41 戦後、山崎は自身と門下生を「福沢—鎌田門下の直流」と位置付け、「福沢精神」を、「強烈なる救国、否、救世済民の熱情を懐いて、深く時世の動向を認識し、敢然として、歩々その進むべき正道に就かしめんとする静中動ありと云ふ心境を意味するのである」と説明している（山崎又次郎「序」横田重左衛門『教育中立論──嵐に立つ日本の教育』（解説社、1954 年）3-4 頁）。

42 山崎又次郎「政治學の性質及び範圍」『法學研究』第 2 巻第 1 号（1923 年）131、143 頁。同「公共團體即ち國家の本質に關する二三の考察」『法學研究』第 2 巻第 3 号（1923 年）122-123、150-151 頁。

第 6 章　昭和戦前期における「国体憲法学派」再考　195

43　山崎又次郎「各國憲法上に於ける上院の地位」『法學研究』第 3 巻第 1 号（1924年）1-2 頁。同「比例代表法に就いて」『法學研究』第 3 巻第 2 号（1924 年）91-92 頁。

44　山崎・前掲注（40）29 頁。

45　山崎又次郎「英國憲法の發達と法律家」『法學研究』第 5 巻第 4 号（1927 年）1-2 頁。

46　山崎又次郎「普選の後」『法律春秋』第 3 巻第 3 号（1928 年）41-42 頁。尤も、その後 2 年間で二大政党優位の定着が明らかになってくると、山崎は比例代表制を推奨する態度を明らかに後退させている（山崎又次郎『比例代表法と多數本位代表法』（丸善株式会社、1930 年）16-19 頁）。

47　慶応義塾・前掲注（39）468-472、529 頁。

48　山崎又次郎「夜目、遠目、傘の内」『法律春秋』第 4 巻第 1 号（1929 年）77-78 頁。

49　山崎又次郎『憲法總論』（丸善株式会社、1929 年）例言。

50　山崎・前掲注（49）155-164 頁。

51　山崎・前掲注（49）39-40 頁。

52　山崎・前掲注（49）13-15 頁。

53　山崎又次郎『憲法學』（丸善株式会社、1933 年）5-6、17-18 頁。

54　山崎・前掲注（49）15、20-21 頁。かつて山崎はこの「政治的權力」に当たる内容を「主權」と呼んで説明していた（山崎・前掲注（42）「公共團體即ち國家の本質に關する二三の考察」135 頁）。

55　宮澤俊義「山崎又次郎氏著「憲法總論」を讀む」『法律時報』第 2 巻第 1 号（1930 年）44-46 頁。

56　山崎又次郎「拙著「憲法總論」に對する宮澤俊義氏の批評に就いて」『法學研究』第 9 巻第 1 号（1930 年）225-227 頁。

57　山崎・前掲注（53）53 頁。

58　山崎・前掲注（53）134-135、591-596 頁。

59　山崎・前掲注（53）266-269、605-608 頁。

60　山崎又次郎『國體明徵を中心として帝國憲法を論ず』（清水書店、1935 年）2-6 頁。

61　山崎・前掲注（60）17 頁。

62 山崎・前掲注（60）104-111 頁。

63 山崎又次郎『天皇機關説の憲法學的批判』（洋洋会、1935 年）5 頁。

64 山崎又次郎「第二版例言」同『憲法學［増補再版］』（丸善株式会社、1936 年）22-26 頁。

65 山崎・前掲注（49）216 頁。

66 カール・シュミット、阿部照哉・村上義弘訳『憲法論』（みすず書房、1974 年）38-46、239-243 頁。

67 例えば、清宮四郎「憲法改正作用」刑部荘編『野村教授還暦祝賀　公法政治論集』（有斐閣、1938 年）17-18 頁。また山下威士は山崎の『憲法學』を、「シュミットの「憲法制定権力」論をそのまま、何の説明もなしに引用、自論として展開する」ものと評している（山下威士「危機の時代における保守革命の思想家カール・シュミット――その思想史的位置づけ」宮本盛太郎・初宿正典編『カール・シュミット論集』（木鐸社、1978 年）282 頁注 4）。確かに、ケルゼンを始めとする外国学説への批評が少なくない『憲法學』の本論において、シュミットに言及されるのは 1 箇所のみ（881 頁）であり、自説との関連性の明示が奇妙なほど存在しない。

68 山崎・前掲注（60）63-64、118-122、167 頁。山崎・前掲注（53）381-385 頁。

69 里見・前掲注（30）202-203、411 頁。

70 従って、「山崎国体論は国体を national character とした美濃部の議論と一致する」（川口・前掲注（4）「憲法学と国体論」76 頁）という評価は性急である。

71 山崎・前掲注（64）18-19 頁。里見・前掲注（30）445 頁。

72 鈴木安蔵「山崎教授『憲法學』」『法律時報』第 6 巻第 4 号（1934 年）49 頁。山崎・前掲注（64）13-14 頁。

73 山崎・前掲注（53）60-62 頁。山崎・前掲注（60）78-79 頁。

74 島善高『律令制から立憲制へ』（成文堂、2009 年）230 頁。

75 『東京岐阜懸人綜覧』（濃飛往来社、1938 年）40 頁。明治大学百年史編纂委員会編『明治大学百年史第四巻　通史編Ⅱ』（明治大学、1994 年）15 頁。大谷美隆「明大學生氣質」竹井書房編輯部編『學生時代の追想』（竹井書房、1947 年）96-97 頁。

76 大谷美隆「法律ノ本質ヲ論ス」（1918 年）同『民法論集』（巖松堂、1920 年）1、5-7、15 頁。

第 6 章　昭和戦前期における「国体憲法学派」再考　197

77　大谷美隆『國體憲法原理』（有斐閣、1935 年）82-83 頁。

78　大谷・前掲注（76）4 頁。

79　洪・前掲注（13）および有坂・前掲注（13）を参照。

80　渡辺隆喜「明治大学海外留学生覚え書」『大学史紀要　紫紺の歴程』第 2 号（1998 年）40、43 頁。

81　大谷美隆「伯林大學入學之記」『國家及國家學』第 9 巻第 2 号（1921 年）。

82　大谷美隆『法理學原論』（明治大学出版部、1927 年）自序 9-10 頁。

83　大谷・前掲注（75）96-98 頁。尤も、大谷自身の筐に対する批判的言及にも拘らず、洪・前掲注（13）26-29 頁も指摘するように、その影響関係を否定することは早計であるように思われる。この問題についての検討は他日を期したい。

84　「明大文庫」（明治大学中央図書館）所蔵。1948（昭和 23）年に大谷自身によって寄贈された。

85　「明治大学教員調（昭和四年度）」を見ると何故か大谷の学歴に学位は記されていない（明治大学百年史編纂委員会編『明治大学百年史第二巻　史料編 II』（明治大学、1988 年）474 頁）。しかし大谷は特に帰国直後の論文で「ドクトルユーリス」を名乗っていることが確認できる（大谷美隆「獨逸新憲法に表はれたる新法律思想（上）（下）」『法律及政治』第 2 巻第 9-10 号（1923 年））。

86　大谷美隆『失踪法論』（明治大学出版部、1933 年）序 3 頁。因みに明治大学第 1 号の法学博士取得者は、1922 年取得の松本重敏である（明治大学百年史編纂委員会編・前掲注（75）74 頁）。松本は 1970（明治 3）年生まれで、のちに「天皇機関説」排撃にも加わる保守的な憲法学者であったが（松本重敏『天皇機關說亡國論』（世界公論社、1935 年））、明治大学講師に就いたのは 1917（大正 6）年であり（1922 年に教授）、大谷との師弟関係は見出せない。それどころか、大谷は松本の観念的な法律論に対し批判的であったことが窺える（大谷美隆「從來の憲法學說の根本的誤謬」『法律論叢』第 17 巻第 5 号（1938 年）37 頁）。

87　大谷美隆「國際聯盟總會を睹る」『國家及國家學』第 9 巻第 3 号（1921 年）78、82、86、92-93 頁。

88　加藤新平「新カント学派」尾高朝雄編『法哲学講座　第五巻（上）』（有斐閣、1960 年）73 頁。

89　大谷・前掲注（82）自序 12、15 頁。その他、留学中の見聞の成果として主張しているのが家産制度導入論であるが（大谷美隆「家產法制定の必要を論ず」

『法律及政治』第 6 巻第 9 号（1927 年））、本稿では立ち入らない。

90　大谷・前掲注（82）4、9、58-59、76-77 頁。

91　高柳賢三『新法學の基調』（岩波書店、1923 年）16 頁。

92　大谷・前掲注（82）144-152 頁。シュタムラーは法を「不可侵的・自主的・結
　　合意欲」と定義する（シュタムラー、和田小次郎訳『法及び法學の本質』（日本
　　評論社、1942 年）61 頁）。なお大谷のシュタムラー論については、「実際に展開
　　されたのはシュタムラー独自の用語法・概念を自己流に改竄したものになり終
　　わった」との評価がある（原秀男「新カント学派」野田良之・碧海純一編『近代
　　日本思想史大系第七巻　近代日本法思想史』（有斐閣、1979 年）284 頁注 9）。本
　　稿ではシュタムラー読解の精度に踏み込むことはできないが、大谷がシュタム
　　ラーの学問から得るものがあると考えたという事実、彼のその感性自体を重要視
　　している。

93　大谷・前掲注（82）83 頁。

94　大谷・前掲注（82）92-93 頁。

95　大谷・前掲注（82）94-95 頁。

96　大谷美隆「統帥權問題の批判」『法律論叢』第 9 巻第 7 号（1930 年）12-15 頁。

97　伊能秀明「明治大学刑事博物館の再興と発展——我が国初の拷問具・刑罰具展
　　示から全国的な地方文書の収集・保管へ（一九四五年四月〜一九九三年三月）」
　　『明治大学博物館研究報告』第 3 巻（2009 年）87 頁。

98　大谷美隆「吾國に於ける拷問廢止の顛末」『JOCK 講演集』第 13 輯（1928 年）
　　15-17、21-28 頁。大谷の死刑廃止論の根拠には、キリスト教的人道主義の他に、
　　「真に兇悪なる犯人は日本人には居ないから」という断定が含まれていることが
　　特徴である（大谷美隆「死刑廃止論」『専修大学論集』第 11 号（1956 年）56、
　　58 頁）。

99　大谷美隆『天皇主權論——新憲法學說ノ提唱』（公民教育会、1935 年）。

100　大谷・前掲注（77）84 頁。

101　大谷美隆『大日本憲法論』（巖松堂、1939 年）55、79-80 頁。

102　大谷美隆「從來の憲法學說の根本的誤謬（二）」『法律論叢』第 17 巻第 8 号
　　（1938 年）55 頁。

103　大谷美隆「法學上より見たる日本建國の特殊性」『法律論叢』第 18 巻第 2 号
　　（1939 年）16 頁。

第6章　昭和戦前期における「国体憲法学派」再考　199

104　大谷・前掲注（103）10-11、20-21 頁。

105　林・前掲注（5）53-54 頁。

106　上杉慎吉『新稿帝國憲法』（有斐閣、1922 年）506 頁。穂積八束『憲法提要
　　上巻』（有斐閣書房、1910 年）69-70 頁。上杉の国家論における「国民」の積極
　　的意義について、坂井大輔「上杉慎吉の国家論は「宗教」的か」『法と文化の制
　　度史』第 4 号（2023 年）18 頁を参照。

107　里見岸雄『帝國憲法概論』（立命館出版部、1942 年）206 頁。

108　「學界・法曹界の權威に帝国憲法を説く里見先生」『國體學雜誌［大衆版］』第
　　241 号（1941 年）14-15 頁。

109　里見岸雄『順逆の群像』（里見日本文化学研究所、1974 年）140 頁。

110　里見岸雄『帝國憲法の國體的法理（日本法理叢書第七輯）』（巌翠堂書店、
　　1941 年）31-43 頁。

111　大谷・前掲注（101）81-84 頁。

112　山崎又次郎「大日本帝國憲法の神髄」『日本國家科學大系　第六巻（法律學
　　二）』（実業之日本社、1941 年）6-7、92-93 頁。山崎は漠然と「ナチス憲法学者」
　　と位置付けられることがあるが（増田・前掲注（4）274 頁注 13）、少なくとも彼
　　の主観的意図としては正確ではない。

113　大谷美隆「ナチス憲法の特質」『日本國家科學大系　第六巻（法律學二）』（実
　　業之日本社、1941 年）114-115、134-135 頁。

114　大谷美隆「新體制の根本義」『法律論叢』第 19 巻第 6 号（1941 年）9-12、
　　16-20 頁。なお、満洲事変以降の大谷の時評は政治扇動的傾向を強め、満洲建
　　国、日中戦争、日独伊三国同盟など、政府の施策を常に肯定していく（大谷美隆
　　「滿洲國成否の問題――法理學上より見たる」『法律論叢』第 11 巻第 12 号（1932
　　年）。同「日本の國體と支那事變の意義」『法律論叢』第 18 巻第 3 号（1939 年）。
　　同「法律の目的」『法律論叢』第 19 巻第 3・4 号（1940 年））。尤も前述した統帥
　　権干犯問題への反応も政策追認という意味で共通しているとも言える。

115　大谷美隆「天皇主權説の根據」『法律論叢』第 20 巻第 5・6 号（1941 年）67 頁。

116　黒田覚『日本憲法論　上』（弘文堂、1937 年）148-155 頁。こうした問題関心
　　が政治的立場を超えて共有されていたことは林・前掲注（7）126-131 頁が指摘
　　しており、そのこと自体は本稿の結論と一致する。本稿「はじめに」で言及した
　　ように、劃期的な里見研究である林・前掲注（7）は、以前は用いていた「国体

憲法学派」という表現を控えているように見受けられるのだが、その意図が本稿の問題意識とどこまで関係していると言えるのかは明確に判断することができなかった。今後の教示を得たい。

117　坂井大輔「穂積八束の「公法学」（2・完）」『一橋法学』第 12 巻第 2 号（2013年）104、127-129 頁。内田貴『法学の誕生——近代日本にとって「法」とは何であったか』（筑摩書房、2018 年）334-337 頁。

118　大谷・前掲注（8）74 頁。

119　森元・前掲注（8）「天皇機関説事件の法思想」212 頁。

第7章　憲法を支えるもの
—— 変革期の憲法学と日本国憲法無効論

荒 邦 啓 介

1　はじめに

　C. シュミットは、1931 年の著作に記した「まえがき」で、マキャベリの
『君主論』でも引用された古典中の一節を掲げた。それによって後世の我々
は、「過酷な事態」や「新たな統治」という——シュミットはこの 2 つの言
葉が出てくる一節を引用した[1]——、憲法学にとってあまりにも実践的に過
ぎる場に彼の身があったことを知ることになる。彼の身の振り方への評価は
どうあれ、である。

　本書にいう「革命」も、「過酷な事態」や「新たな統治」を引き起こす出
来事である。憲法学（者）を中心に、法学（者）がそこでいかなる役回りを
果たすのか、特に「革命」によってもたらされた法をいかに論じるのかは、
法学者の関心を強く惹く問題であるだろう。

　本稿は、1945 年 8 月以降の我が国を例にとって、そうした点に若干の検
討を加えるものである。ただし、ここで検討の対象とされるのは、「革命」
との関係でこれまで比較的よく言及されてきたと思われる八月革命説ではな
く、同説を批判するものであった日本国憲法無効論である。

　憲法無効論という学説は、憲法改正限界説に立ちながら、日本国憲法の成
立経緯を踏まえ、日本国憲法を無効の法だとするものである。現在ではこう
した学説をとる者はほぼいないと見える。同説に「心情的に多大な共感を覚

える」と吐露する憲法学者でさえ、現実問題として日本国憲法を無効だと宣言するといったことができるかというと「疑問」だと評し、憲法無効論に与していない[2]。ただ、1950・60年代には、いわゆる「押しつけ憲法」論との関係もあって、著名な憲法学者がわざわざ批判を加えるべく筆をとったほど[3]、一定の政治的な意義を有する学説であった。

　1945年8月の、法学者のうちのある人々から「革命」的なものとされた現象を、法学者のうちのほかのある人々はどうとらえ、何を考えたのか。法学者たちのうちのある人々が、「戦争」と「革命」によって生まれた法である日本国憲法を正当化した際、それに対していかなる批判や反発があったのか。これを追跡してみることは、「革命と戦争」をテーマに掲げる本書にとって、充分に意味のあることだと思われる。

2　有効論と無効論

（1）　敗戦と占領と憲法の改革

　のちに触れるとおり、八月革命説の提唱者は、その「革命」が生じたタイミングを、1945年8月のポツダム宣言の受諾の時点だと理解している。そこでまずは、そのタイミング前後の状況を、日本国憲法の成立を中心に、ごく大雑把に確認しておこう。

　ポツダム宣言によって、我が国は、第二次世界大戦を「終結スルノ機会」（同宣言1項）が連合国側から与えられた。ただし、その際に連合国側によって日本に要求されたのは、日本軍の武装解除（同9項）はもちろん、「日本国国民ノ間ニ於ケル民主主義的傾向ノ復活強化ニ対スル一切ノ障礙ヲ除去」すること（同10項）などで、それらが達成され、かつ「日本国国民ノ自由ニ表明セル意思ニ従ヒ平和的傾向ヲ有シ且責任アル政府」が樹立されたとき、ようやく連合国の日本占領は終結する（同11項）、という内容となっていた。

　また、ポツダム宣言受諾に際し、日本側からの申入れに対する8月11日

付の連合国側からの回答（いわゆる「バーンズ回答」）では、①天皇と日本政府の国家統治の権限は、降伏条項の実現のために必要な措置をとる連合国最高司令官の制限下——「従属」する、とも訳し得る subject to との表現であったことはよく知られる——に置かれること、②日本政府の確定的形態は、ポツダム宣言にしたがって、「日本国国民ノ自由ニ表明スル意思ニ依リ」決められるべきであることなどが示された。

　その後、占領下の我が国では、GHQ の民政局で作成された憲法草案を下敷きとして、憲法改正作業が進められた。1946 年 3 月には「憲法改正草案要綱」が公表され、草案中の各条項の口語体化を経て、枢密院での審議ののちに帝国議会へと憲法改正案が提出された。

　帝国議会での議決を経た同案は、1946 年 11 月に日本国憲法として公布、翌年 5 月に施行された。1950 年の朝鮮戦争を契機とした警察予備隊の創設や、現在まで続く自衛隊の発展ぶりを踏まえると、実質的には、早くも占領中から再度の憲法の変革が生じていたともいえるが、いずれにせよ占領は、1952 年 4 月のサンフランシスコ講和条約の発効によって終結した。

　ところで、バーンズ回答が明確にいっていたとおり、日本国憲法の成立時には、天皇がマッカーサーに「従属」する状態にあった。日本の軍隊が武装を解除されていただけでなく、明治憲法の明文上、統治権を総攬し、しかも陸海軍を統帥するとされた軍事的最高権力者としての天皇の権限は、マッカーサーという連合国最高司令官のもとにあったことになる。

　こうした状況下で日本国憲法が成立したのだから、それは、軍事的最高権力者の交代に続き、憲法の改革が行われた過程であった、というように理解することもできよう。多くの政治体制の変化が、常備軍の創設のような軍事上の変化に伴うものであったというドイツの歴史に鑑み、軍事こそが国家を作り出すほうであって、作り出される側ではないと述べ[4]、「軍隊とは国家を形成する力を持つもののひとつだ」とした憲法史学者の E. R. フーバーの主張は、日本国憲法の成立過程の理解のために、いささか乱暴ながらも参照し得るテーゼかも知れない[5]。

204

このように、我が国における当時の憲法の改革が、敗戦と占領とを直接の原因とするものであったということは、疑いようのない事実である。

（2） 八月革命説

憲法改正の審議が行われた帝国議会で、政府側で改正問題を担当した国務大臣・金森徳次郎は、1954年に次のように述べた。

> 普通の場合、ごく国がなだらかに行ったものならば、こういうふうに変なことでできた憲法は効力がないという理論が成立します[6]。

ただし、彼はこの指摘に続けて、日本国憲法の出来上がりかたを、明治憲法の「変更」（改正）として理解することができるのではないか、といった趣旨の発言をしてはいる[7]。ここに存するのはいわゆる憲法の自律性の問題だが[8]、こうした指摘がなされ得る日本国憲法には、その有効・無効を問う論点が当初より潜んでいた。

この論点に関し、いち早く日本国憲法は有効な法だとの立場から唱えられたのが、八月革命説であった。憲法学者・宮沢俊義によって提唱された同説は、今日、日本国憲法を有効だとする「圧倒的多数の学説」中の「多数説」だとされ[9]、あるいは「通説」だとされる学説である[10]。

この八月革命説は[11]、1946年3月の「憲法改正草案要綱」における「日本の政治の根本建前の変革」、すなわちそこに現れた「神権主義」から「国民主権主義」へ、という変化に注目した学説である。宮沢いわく、こうした「変革」は、「憲法的には、革命を以て目すべきもの」であった。そもそも「憲法そのものの前提ともなり、根柢ともなつてゐる根本建前」は憲法改正手続によって改正され得るものではなかったが、それでもこうした変化が生じたのは、ポツダム宣言（とバーンズ回答）によって、日本は「人民が主権者だ」ということを「日本の政治の根本建前とすることを約した」ゆえである、と説く。

このように八月革命説は、憲法改正限界説に立ちつつ[12]、「革命を以て目すべき」憲法上の変化に理由づけを行うものであった。上述のとおり、同説は日本国憲法を有効な法だとするものだが、これ以外にも、日本国憲法の有効性を論ずる学説として、これまで改正憲法説や非常大権説などが唱えられてきた[13]。

（3）　日本国憲法無効論

八月革命説とは異なって、日本国憲法を無効の法だとする学説が、日本国憲法無効論である。

　すでに述べたように、現在では憲法無効論をとる者はほぼいないと思われるが、日本国憲法の成立からほどない頃にあっては、幾人かの憲法学者や法律家によって支持されていた。最も早い時期のそれは、弁護士・菅原裕によって発表された論考のようだが[14]、ここでは、次章で扱う井上孚麿の著作から憲法無効論を取り上げておこう[15]。

　井上が初めて、明確なかたちで憲法無効論を正面から説いたのは、雑誌『自由と正義』に掲載された1956年の論文「無効・復原・改正」においてであった。同論文では、日本国憲法を無効の法だとする理由として、次のことが指摘されている。

　　　　改正限界の逸脱、不当なる強要の存在、統治意志の自由の一般的欠落といふ三条件の中の唯一つ丈でも憲法の変更を無効ならしむるに充分であるのに、今度の場合〔日本国憲法の成立——引用者註、以下同じ〕はこれらの三つが競合してをるのであるからして、無効といふことは弥々以て抜き差しならぬ事となる[16]。

　ここで日本国憲法の成立経緯を詳細に辿ることは控えるが、占領下に行われた明治憲法の改正を見た井上は、上掲論文にて、憲法改正には限界があるとの立場から、①「改正限界の逸脱」、②「不当なる強要の存在」、③「統治

意志の自由の一般的欠落」を根拠として、有効に憲法が成立したとはいえない、とした。

たしかに井上は、占領中に限定するなら、日本国憲法には「用達基本法」としての効力があると考えた[17]。だからこそ占領が終結した段階で、「原状恢復が行はれて、本来有効なるべくして不当に排除されたる帝国憲法が当然に復原することとなる」と彼はいう[18]。ここから分かるとおり、少なくとも井上孚麿にとって、日本国憲法無効論は明治憲法復原論とセットの理論であった。

井上はまた、無効な法であるはずの日本国憲法を、有効な法だとして取り扱う八月革命説によるとなれば、ある重大な問題が生じてしまうと主張した。すなわち、「革命説は憲法の効力を説かむとして暴力に効力を認めることとなり、新憲法に効力を与へむとして却つて之に廃棄せらるべき義務を課する事となる。新憲法の公証人は一転して死刑執行人となる」という問題である[19]。

このように、井上の八月革命説批判のひとつの論点は、同説に依拠して日本国憲法を有効な法だと説明するなら、「暴力」が憲法を基礎づけることを承認してしまい、日本国憲法もまた、いうなれば《次の暴力》によって「廃棄」できることになるではないか、というところにあった。

そして、ついには憲法に基づく政治そのものが期待できない状況に陥ることを、井上は危惧した。彼はいう。

> これでもなほ有効といふならば、どのやうなひどいことをやつても、憲法違反とはいへないことになり、その結果、憲法尊重の精神は消滅し、憲法の権威は喪失してしまひ、憲法政治は行はれなくなるにきまつてゐる。さうなれば、個人の自由も国家の統一もなくなつてしまふ。デモクラシーどころのさわぎではない[20]。

井上はこのように八月革命説によることを批判したわけだが、要するにそ

こに存したのは、次のような問題意識であろう。すなわち、第一に、八月革命説によって日本国憲法を有効な法だと考えるなら、日本国憲法もまた《次の暴力》による「廃棄」が可能になるのではないか、という点であった。そして第二に、もしもその理屈を貫くなら、何をやっても憲法違反だとはいえないことになってしまい、「憲法尊重の精神」や「憲法の権威」が失われ、「憲法政治」が保てなくなる、端的にいって憲法が守られなくなるのではないか、という点であった。

　法哲学者の長尾龍一は、八月革命説に対して、「占領軍の越権行為の産物として生じた日本国憲法のための弁護的解釈の産物である」という[21]。井上孚麿からすれば、そうした「弁護的解釈」によって日本国憲法だけは護られるならまだしも、それすらも護ることができないのが八月革命説であった。

3　憲法を支えるもの──井上孚麿の憲法思想

（1）　戦前・戦中

　上述の井上孚麿の憲法無効論は、たしかに日本国憲法を対象とした学説である。ただし、八月革命説によることが惹き起こす問題、すなわち《憲法が守られるかどうか》という問題それ自体は、すでに彼が明治憲法下から注意を払っていたものであった。

　いささか遅れて本稿の目的を述べるなら、それは結局、《憲法が守られるかどうか》を問う井上の憲法思想に迫ろうとすることにある。さらにそれを通じて、八月革命説に批判的な立場にあった憲法無効論という学説を、より多面的に理解しようと試みることにある。そこで本章では、井上孚麿の著作中に見られるいくつかの考えや主張を、戦前・戦中と、戦後とに分けて、触れていきたい[22]。

　《憲法が守られるかどうか》という問題に関連して、戦前・戦中の井上は、明治憲法のことを、その定めのとおりに政治が行われやすい憲法だといった趣旨のことを述べている。その主張の根柢には、《自然にできたもの》と

《人為的に作られたもの》とを対比させる思考方法があった。ふたつの対比
について、井上は次のようなことをいう。

　　国の制度の如きものも、それが根本的のものであればある程、いか
　に人間が工面工夫して永久を期待しても、それが本来人為に基づくも
　のであるならば、有為転変やがては没落を免れざるものである。無窮
　ならむとすればその基礎が神ながらのものたるを要す。而して神なが
　らのものは一切の人為を尽しても、到底人為を以てしては構成し創設
　するを得ざるものである[23]。

　「人為」によって成ったものは、やがて没落をたどるものである一方、人
の手が加えられていない「神ながらのもの」は無窮のもの、永続的なもので
あるとの対比が、この一節では明らかに示されていよう。
　こうした発想のもと、井上は君主の位について論じたことがあった。すな
わち、君主の位を「天位」のものと「人位」のものとに分け、前者を「天然
自然に存在する」もので永続的な君主の位として、後者を「人為の制作」に
よるもので「他の人為」によって打倒される定めにある君主の位として、そ
れぞれを描いた[24]。
　そして、このような《自然にできたもの》と《人為的に作られたもの》と
の二項対立の図式は、井上によって、憲法にも当てはめられた。その告文に
おいて「皇祖皇宗ノ後裔ニ貽シタマヘル統治ノ洪範ヲ紹述スルニ外ナラス」
と性格づけられた明治憲法は、井上によれば「漸進的生成的」なものであ
り[25]、それにひきかえ、外国の憲法は、えてして「突発的に人の力によつて
作られるもの」である[26]。そうした明治憲法というのは、日本人すべての
「心の奥底に横溢せる規範意識を客観化したるものであり、又肇国の古より
踏み来り通ひ馴れたる道を明にしたものであり、同時に又それは天地の公道
人倫の常経が有権的に具体化されて居るものである」ので、「実に守り易く
行ひ易き理想的の憲法に外ならぬ」、と[27]。

そうした性格をもつ明治憲法のもと、しかし憲法の定めのとおりに政治が行われなくなってきたことへの憤りを、あるとき井上は見せた。それは、近衛新体制への批判と、東條内閣への批判に際してであった。なぜなら、井上によれば、前者は「輔翼者の分立」を破るもの[28]、後者は政治と軍事の輔翼者の分立を破るものであったからである[29]。

こうした《憲法が守られるかどうか》——井上の言葉を借りると、「憲法」が「恪循」されるかどうか——という問題を、井上が本格的かつ明確に活字にしたのは、管見の限り、1940年の論文「国体・憲法・法学」がその最初であったと思われる。そこには、次のような一節がある。

> 法律の中に於ても憲法は民法とか商法とかのやうに裁判にかゝる法とは異つて、主として人の規範意識に依つて生きた法として支へられて行く傾きが強いのであり、憲法学はこの規範意識を組織的に自覚的に動かして行く役割を背負うて居るのでありますからして、憲法学は憲法がどう恪守せられるか、どう遵行せられるか、憲法政治が如何様に実現せられるかといふことに就て密接な関係を有つて居り、実際的にも重大なる意義を有するものであることを附加へて置きます[30]。

これによれば、憲法は他の法律とは異なり、主に人々の「規範意識」によって「生きた法として支へられて行く」性格が強いものであって、それを踏まえ、ではどうすれば憲法が守られるか、憲法にしたがう政治が実現されるかという点こそが憲法学にとって重要な課題であるはずだと、井上はいう。これは、《「恪循」される憲法の探究》とでもいうべき彼の問題意識が、明確に記された一節であった。

（2）　戦後

《「恪循」される憲法の探究》は、1945年8月以降もなお、井上にとって重要なものであり続けたようである。戦後、その問題を特に中心的に取り

扱ったのが、1954 年の論文「憲法を支ふるもの」であった。以下、主にこの論文を参照していこう。

　井上は同論文において、民法や刑法では違反者に対して「必ず強制力による制裁」が待ち構えているのに、憲法にはそれがないことを見て、「憲法違反に対しては、却つて、強制力による制裁の保障がないのがその〔憲法の〕特色」だという[31]。そして、そうした特色を憲法が有する理由として、憲法を破る可能性がある者は「政党とか、政府とか、君主とか、軍隊とか」といった「差当りの実定法上の制裁とか、国家の現実の強制力からは逸脱してをるもの」だからだと指摘する[32]。

　もしそうだとすれば、《憲法が守られるかどうか》は、「強制力」や「制裁」ではない何かほかのものにかかっている、ということになろう。では井上は、その《憲法を守らせる力》とでもいうべきものについて、どう考えたのか。

　　　憲法を憲法として通用させてをるものは、かういふ法上の制度とか、外面的の強制力とかではなく、偏に、国民の間に於ける遵法の精神である。国民の間に、憲法を尊び敬ひ畏こむ心があり、之を破るべからず、遵守循行せざるべからずとする精神が確乎不抜である場合には、野心家も之に背反するを得ず、実力者の暴力も之を奈何ともするを得ぬのであつて、かくて、始めて所謂法の支配も実現せらるゝこととなるのである[33]。

　井上はこのように、《憲法が守られるかどうか》は、「外面的の強制力」などではなく、「偏に、国民の間に於ける遵法の精神」にあると考えた。国民に尊ばれる憲法ならばいかなる権力者もそれに服するのだ、という彼のここでの指摘は、前掲の 1940 年の論文「国体・憲法・法学」に見られた「憲法がどう恪守せられるか、どう遵行せられるか、憲法政治が如何様に実現せられるか」という問いへの答えとも映る。

（3）　国民に尊ばれる憲法であるための条件

　ところで、《憲法が守られるかどうか》は国民に尊ばれる憲法であるかどうかによる、ということになると、国民に尊ばれる憲法とはどのような憲法なのか、という疑問が生ずる。この点に関して、井上の議論にもう少し付き合うことにしたい。

　国民に尊ばれる憲法とはどのような憲法なのか、という疑問への井上の回答はシンプルで、憲法に「権威」がなければ国民に尊ばれる憲法にはなれない、というものであった[34]。そうすると、その「権威」はどこからくるのかというと、「この権威は、憲法の内容そのものが適正優秀であるか、否かといふことよりも、むしろ、憲法の由緒来歴が正しいか、否かといふことによつて左右さるゝ比率が大である」と彼はいう[35]。

　このように、「由緒来歴」こそが憲法に「権威」を生じさせるものであって、憲法の「内容」に多少不満があるという程度であれば、それはまったく憲法の「権威」には影響を与えないのだと井上は考えた。そして井上は、「由緒来歴」から見て折り紙つきといえる憲法をもつ国として、アメリカやイギリスを挙げているのだが、さらに、「身近なところでも、帝国憲法の如きは正しくさうであつた」という[36]。

　他方で、「革命憲法」や「征服憲法」などは「由緒来歴」から見て危うい憲法だとし、これらは「たゞ、力によつて決定され、力によつて守られ強行されてゐるだけ」のものだと酷評されている[37]。この井上の指摘にしたがえば、そうした憲法はそれを支える力なり権力なりに頼りきりとなるわけだから、結局、《次の暴力》の出現によってその命脈を断たれてしまう、ということになろう。井上はこうした憲法の例として、フランス革命後の憲法やワイマール憲法を挙げている[38]。

　以上のとおり井上は、憲法の「由緒来歴」こそが、憲法に「権威」を生じさせる所以であると論じた。ただし、憲法の「内容」のほうはどうでもよい、というわけではかった。あまりにもおかしな「内容」だとすれば、それはやはり憲法の「権威」に傷をつけよう。

では、憲法の「内容」の良し悪しはどう判断されるのか。井上のこれに対する回答もシンプルで、それは「歴史的伝統より生え抜きのもの」かどうかで判断されるものであった[39]。どういうことか。井上は次のようにいう。

　　　「強制によつて行はるる法」であるならば、必ずしも生え抜きのものたるを要せぬ。たとへ守り難く行ひ難きものであつても、力づくで行はせることも出来るからである。それと共に、単なる生活の手段方便、就中技術的能率的規則であるならば、「輸入」でも「模倣」でも「製作」でも差し支へない[40]。

　井上は、民法や刑法ならともかく、憲法はここにいう「強制によつて行はるる法」、「力づくで行はせる」法ではないと考えている。だからこそ、憲法が守られるにはほかの何か、すなわち「権威」が必要であり、そのためには憲法の「由緒来歴」が問われるのだ、と彼は主張していた。憲法の「内容」に関する評価も、結局は、「内容」の「由緒来歴」、すなわち「生え抜きのもの」かどうかが問われることになる。政党や軍隊などの、「強制」や「力づく」ではいかんともしがたい存在を規律するための法だからこそ、こうした点を問わなければならないのである[41]。

　さて、では肝心の日本国憲法はどうなのか。その「由緒来歴」や「内容」は、井上孚麿にどう見えたのか。この答えも、実にシンプルであった。いわく、日本国憲法は、その「制定の由来」からして権威を備え得るものでなく、その「内容」も生え抜きでないものばかりであって、「守り難く行ひ難き」憲法である、と[42]。

　さらに井上は、「憲法は内容がいくら良くても、行はれねば役に立たぬ」と述べ、続けて次のようにいう。

　　　人間は草木や石ころや或は動物とも違つて、自由選択力を有するものであるから、一旦規則をきめておいても、之に背反し逸脱するもの

があるのが人生である。殊にその背反、逸脱の甚しきものが、革命、クーデター、内乱等である。かゝる波瀾重畳の人生を、夜昼となく規律して、一定の綱常を保たしめてゆく所に、憲法の任務があるのであつて、この任務を果たすことを、憲法が「行はるる」といひ、然らざるを「行はれず」といふのである。憲法の「現実的規律力」といふのが、それである[43]。

井上にとって、日本国憲法は、「行はるる」憲法であるかあやしいもの、「現実的規律力」を発揮できるかあやしいものであった。それは、日本国憲法の「由緒来歴」上の欠点から、「権威」を備えられない憲法だからであった。

こうした日本国憲法を無効であるとし、「由緒来歴」から見てもまさしく「権威」を有していた憲法、「守られ易く行はれ易き」憲法である明治憲法の復原を求めるのが、井上の憲法無効論であった。憲法が守られない事態を招来してしまうことなく、「恪循」される憲法のための道筋をつけようという考えが、井上の憲法無効論のなかにあったのだと思われる。

4　おわりに

本稿冒頭で触れたシュミットのことを、彼のもとで博士論文を書いた E. フォルストホフは、「変転きわまりない状勢の宿命的な犠牲者」であったと評している[44]。

「宿命的な犠牲者」が政治と交わる前線へと押し出されたり、あるいは自ら躍り出る者があったりするのが、「過酷な事態」と「新たな統治」とがその国を包む変革期であろう。そういった時期に一定の役割を求められることがある憲法学は、たしかに「しんどい学問」だといってよさそうである[45]。

さて、そうした変革期における憲法の様子を、憲法学者はどう描き、どう理解してきたのか。井上孚麿の憲法無効論は、八月革命説を批判する立場に

あった。そして、その憲法無効論は、彼の憲法思想をたよりにして眺めてみると、《「憲法政治」が破壊されるプロローグ》として日本国憲法の成立を描き、理解するものであった。

この井上の見立て、すなわち、日本国憲法を有効な法だと扱い続けることで「憲法政治」が破壊されるのではないか、という見立ては、さすがに今日、まさしくそうであったと首肯されはしない。本稿執筆時点（2024年）に生きる者であれば誰しも、それは的確な見立てではなかったと、後出しジャンケン的に指摘することができる。

しかしながら、仮に、日本国憲法が期待する政治が実現されていないと嘆かれる場面があるとすれば、なぜそうであるのか――なぜ憲法が「行はれず」の状態に陥っているのか――を問う際に、井上孚麿の憲法無効論をいま一度振り返ってみてもよいのではあるまいか。「過酷な事態」と「新たな統治」とが出現した時期を描こうとするラディカルな憲法学説には、かくも時間に制約されない魅力が存するのである。

注

1 Carl Schmitt, Der Hüter der Verfassung, 2. Aufl., 1969, S. Ⅲ（Vorwort）.

2 百地章『憲法の常識 常識の憲法』（文藝春秋、2005年）67-68頁。

3 一例として、佐藤功『憲法研究入門』上巻（日本評論社、1964年）135頁以下を挙げておく。

4 Ernst Rudolf Huber, Heer und Staat in der deutschen Geshichte, 2. erweiterte Aufl., 1943, S. 15.

5 Ebenda, S. 13.

6 金森徳次郎「憲法制定議会の前後」自由党憲法調査会編『日本国憲法制定の事情』（自由党憲法調査会、1954年）54頁。

7 同上。

8 憲法の自律性の問題について、参照、芦部信喜『憲法学Ⅰ 憲法総論』（有斐閣、1992年）189頁。

9 大石眞『憲法概論Ⅰ』（有斐閣、2021年）82頁。

第 7 章　憲法を支えるもの　215

10　君塚正臣『憲法』（成文堂、2023 年）113 頁。

11　以下、八月革命説については、宮沢俊義「八月革命と国民主権主義」世界文化 1 巻 4 号（1946 年 5 月）64 頁以下から引用した。よく知られるように、同論文はその後、いくらかの加筆などがなされ、同「日本国憲法生誕の法理」『憲法の原理』（岩波書店、1967 年）375 頁以下に収められた。

12　参照、菅野喜八郎「八月革命説覚書」『続・国権の限界問題』（木鐸社、1988 年）150-151 頁、日比野勤「現行憲法成立の法理」大石眞・石川健治『憲法の争点』（有斐閣、2008 年）11-12 頁。

13　八月革命説を含め、日本国憲法の有効・無効を論じる学説については、差し当たり、荒邦啓介「明治憲法と日本国憲法」山本龍彦・横大道聡編『憲法学の現在地――判例・学説から探究する現代的論点』（日本評論社、2020 年）65 頁以下、同「日本国憲法の成り立ちとは？――憲法制定史」神野潔・岡田順太・横大道聡編『教養憲法』（弘文堂、2024 年）所収を参照されたい。

14　菅原裕「占領憲法の無効を宣言せよ」『日本週報』第 309 号（1954 年 12 月）。

15　井上孚麿の経歴に簡単に触れておく（主に「退職・退任教授略歴・著作目録」『亜細亜法学』第 7 巻第 1 号（1972 年 9 月）、『官報』などを参照した）。1891 年に長崎で生まれた井上は、1914 年第五高等学校大学予科卒、1917 年東京帝大法科大学政治学科卒、大学院へ進んだ（憲法・行政法専攻）。1920 年法学部助手、翌年法政大教授、1926 年台湾総督府高等学校教授、総督府在外研究員、1928 年台北帝大文政学部教授となる。1936 年国民精神文化研究所へと移ったが、同所改組後の教学錬成所を 1944 年 7 月に辞した。戦後、日本経済短期大教授を経て、1955 年から亜細亜大学教授を務めた。1978 年逝去。

16　井上孚麿「無効・復原・改正」『自由と正義』第 7 巻第 8 号（1956 年 8 月）58 頁。

17　井上孚麿「日本国憲法の無効と帝国憲法復原の法理」菅原裕・井上孚麿述『日本国憲法無効論』（民族と政治社、1964 年）26 頁。

18　井上・前掲注（16）59 頁。

19　同上 58 頁。

20　井上孚麿『現憲法無効論』（日本教文社、1975 年）211 頁。

21　長尾龍一「『八月革命説』ノート」『日本国家思想史研究』（創文社、1982 年）146 頁。

22　井上の憲法論を読む際、戦前・戦中からのそれを見るべきだという点について

は、彼の「日本憲法学者としての思想と論理」は「戦前からの、先生〔井上〕が憲法学に志されていらいの長い思索の積みかさねが、その根底にある」との指摘がすでにある（西田廣義「解題」葦津珍彦・西田廣義・西澤泰夫編『井上孚麿憲法論集』（神社新報社、1979年）481頁）。

23　井上孚麿「君主制の帰趨」『国民精神文化』第6巻第7号（1940年7月）86頁。

24　同上 80頁以下。

25　井上孚麿「憲法制定の精神（二）」『文部時報』575号（1937年2月）14頁。

26　井上孚麿「憲法制定の精神（一）」『文部時報』574号（1937年2月）11頁。

27　井上孚麿「国体・憲法・法学」教学局編『日本諸学振興委員会研究報告 第七篇（法学）』（内閣印刷局、1940年）19頁。

28　井上孚麿「新体制憲法観」『国民精神文化』第7巻第5号（1941年5月）61頁。

29　井上孚麿「憲法恪循の一路」『教学』第9巻第7号（1943年8月）16-17頁。

30　井上・前掲注（27）23頁。

31　井上孚麿「憲法を支ふるもの」『桃李』第4巻第2号（1954年2月）6頁。

32　同上。

33　同上 7頁。

34　同上 7頁。

35　同上 8頁。

36　同上 8-9頁。

37　同上 11頁。

38　同上 11-12頁。

39　井上孚麿「憲法生死の岐路」『桃李』第6巻第1号（1956年1月）10頁。

40　同上 12頁。

41　憲法の「由緒来歴」および「内容」のほかに、井上は、憲法が「時代を通じて一貫不変に行はるるのでなければ駄目」で、そうした一貫性なしには憲法の権威も生じないとの指摘も行っている（井上孚麿「憲法の一貫性」『日本』第10巻第1号（1960年1月）11頁）。ただ、この「一貫性」という要素は、憲法無効論がいわれた頃からすれば、まだ日本国憲法が「時代を通じて一貫不変に行はるる」かどうか判定できるタイミングではないように思われることなど、筆者の理解が十分でないところがある。そのため本稿では、註において言及するにとどめる。

42　井上・前掲注（31）14頁。

第 7 章　憲法を支えるもの　217

43　井上孚麿「憲法迷信」『流れ』第 4 巻第 1 号（1956 年 1 月）14 頁。

44　エルンスト・フォルストホフ（初宿正典訳）「内乱の中の国法学者」初宿
　　『カール・シュミットと五人のユダヤ人法学者』（成文堂、2016 年）250 頁。

45　参照、長尾龍一「二つの憲法と宮沢憲法学」『日本憲法思想史』（講談社、1996
　　年）226 頁。

第 8 章 「戦後法学」のなかの「革命」
── その夢と挫折

出口　雄一

1　はじめに

　「今年、一九八九年は、憲法史の研究者にとって大変忙しい年になりそうである」と[1]、同年 2 月の『法律時報』誌の巻頭言に長谷川正安が書き記した時にはおそらく間に合っていなかったものと思われるが[2]、同号には「本稿脱稿後の一月七日早朝、ヒロヒト天皇が亡くなった」ことを急ぎ追記した論考が掲載され[3]、1989（昭和 64 ／平成元）年は国内においても大きな変動が発生した年となった。長谷川が上記巻頭言において取り上げた「四つの「八九年」」は、名誉革命及び権利章典から 300 年、フランス大革命と人権宣言から 200 年を踏まえた「明治憲法一〇〇年」についてのものであったが[4]、周知のように 6 月には天安門事件が勃発し、また東欧において発生した民主化運動が 11 月のベルリンの壁崩壊へと結びつくことで、同年は文字通りの世界史的な変革の年となっていく。

　同年に刊行が開始された長谷川正安・藤田勇・渡辺洋三編『講座・革命と法　(1)〜(3)』（日本評論社、1989 〜 1994 年）は、その後予想を遥かに上回る規模で世界大に広がった変動の大きさを知っている我々からすると一層、いささか同時代の変化に立ち遅れた企画であったようにも見える。実際、編者たち自身にも「戦争直後に私たちをとらえた「革命と法」というテーマを再び取り上げること」について「時代錯誤ではないか」という声が

220

届いていたようだが、長谷川はこのテーマのアクチュアリティとそれに対する こだわりを以下のように記録している。

　　ポーランドを始めとして東欧の社会主義国でつぎつぎに起きた政治 変革は、第二次世界大戦後の第二の革命といってよいであろう。社会 主義国家において、人民の下からの力で、自由と民主主義、生活向上 を求めて政権を交替させた戦後第二の革命を、なんとよぶべきか現段 階ではまだはっきりいえないが、それが政府形態だけでなく社会変革 をともなう革命的事件であることだけはたしかである。／社会主義国 で起きた事件が資本主義国で起きないという保障はどこにもない。 〔中略〕九〇年代に、去年のテンポで革命的世紀末が訪れるとは思わ ないが、「革命と法」というテーマが時代錯誤のものでなくなったこ とは、だれでも認めざるをえないであろう。時代錯誤どころか、この テーマはきわめて現代的意義をもっている。〔中略〕東欧の戦後社会 主義と同じで、日本の戦後民主主義は今日ではタテマエだけになり、 政府の実態は立法・行政・司法の三権にわたる一党独裁に近くなって いる。この現状を打破するのに日本国憲法が役立たないはずはない。 国際的には通用するはずのないタテマエとホンネの使い分けをやめ、 自由と民主主義という憲法の原点にもどって、日本の政治を再建する ことができれば、文字通り合法的な、戦後第二の革命が実現すること になるであろう[5]。

　1989年5月の日付をもつ、長谷川・藤田・渡辺連名の『講座・革命と法』 の「刊行の言葉」において、「八〇年代も終わろうとしている現代日本の法 学界の現状は、正面から、「革命と法」を論じるような雰囲気にはない」に もかかわらず、あえて「革命と法」というテーマをとりあげるのは、「日本 の政治が、四〇年を超える戦後民主主義の成果を総決算しようとする方向に 進み、法を学ぶものまでがその方向に流されがちな昨今であるからこそ、か

えって現在、国家と法の最も基本的な問題に立ち戻って、現状を認識しなおす原点をみつめなければならないと思うからである」と述べられていることは[6]、この講座の企図と上記の長谷川の問題意識が通底していることを示している。そして、同講座が「革命」について「ある階級の手から他の階級の手への国家権力の移行」というレーニンの定義に即して把握し[7]、かつ、マルクス『経済学批判』序言における「社会革命」を引照しつつ「土台と上部構造の全体、すなわち、社会構成体の構造的転換」への着目を改めて促している点は、長谷川と交代で『法律時報』の巻頭言を執筆していた渡辺洋三が、「現代世界の激動の時期に、ゆっくり腰を落ちつけて」、世界的にはマルクス・エンゲルス、日本においては平野義太郎理論などの「古典」を読むことを推奨していることとも共鳴している[8]。

　しかし、東欧に端を発した社会主義それ自体の動揺が、1991（平成3）年12月にソ連の崩壊へと至ると、マルクス主義の理論的求心力は急速に失われていくことになる。このような世界史的な変動を踏まえ、当時『法律時報』誌上でその成果が連載されていた「論争憲法学」研究会（1986〜1992年）において「社会主義法の基礎原理に通じる問題を、憲法学の「論争」に仕立てた」のが、辻村みよ子であった[9]。辻村は1990（平成2）年4月の『法律時報』誌において、このとき刊行されていた『講座・革命と法』の第1〜2巻を念頭に置き、2つの疑問を提起した。

　辻村が提起した第1の疑問は、フランス革命200年に際して盛んに行われていた革命史研究の新たな動向に対する応答についてである。辻村は、「ブルジョワ革命」としてのフランス革命の位置付けに対する歴史学の「修正主義」的な動きに対して[10]、「この講座が「科学としての法学」をめざし、隣接諸科学の成果を積極的に導入するという基本姿勢の上にたっている限り、歴史学界の動向は対岸の火事ではすまされない」として、上掲のように同講座において明示的に引照されるレーニンの革命概念を超えて、「従来の「マルクス主義法学」の立場から市民革命を検討してきた編者、および、諸革命の理解の基礎に従来の大塚・高橋史学等の成果を置いてきたと思われる執筆

者の方々には、各々の専門分野からの革命史研究の動向に対する評価や、あるいは従来の「ブルジョワ革命」論を基礎とした市民革命論の正統性に関する各々の見解を提示して欲しかったと思うのは、"ないものねだり"なのであろうか」と、その「科学的な研究成果」の欠落を批判した。

辻村が提起した第2の疑問は、第1の疑問とも関連した「近代市民法原理とりわけ人権原理の「普遍性」をどのように解するかという点」に関連したものである。辻村は、「マルクス主義ないし「マルクス主義法学」の立場は、市民革命や人権宣言の否定的側面に注目して、「人権」のブルジョワ性や「普遍性」という名のもとでの「マヌーバー」を批判してきたはず」であり、「従来の「マルクス主義法学」や社会主義思想自体によって重視されてきた「ブルジョワ的人権」批判や「人権の普遍性」批判の観点が、この『講座・革命と法』のなかで、どのように維持（あるいは変更）されているか」、また、眼前において生じている変化に即して「社会主義体制のもとでも次第に承認されつつあるようにみえる「人権」の価値とは、そもそも、体制をこえて全人類にとって「普遍的な」ものなのであろうか」と鋭く問いかけたのである[11]。

同講座第1巻の編者である長谷川正安は、翌月の同誌上においてただちに辻村に対して反論を行ったが、とりわけ第1の疑問については「これまで日本でもフランスでも、革命史研究の主流をなしてきたマルクス主義が、正面から否定されたり、修正されようとしている学界状況にもかかわらず、その「否定」や「修正」を克服することなしに、あいも変わらぬマルクス主義の立場で「革命と法」をあつかう本講座への、若い研究者の感じるもどかしさを、この指摘はよくあらわしている」と辻村の批判を受け入れ、「現在の世界の激変する情勢に照らしてみれば、問題意識が甘すぎるという感じがしないではない。それらの欠陥については、弁明の余地がない」と率直に述べている[12]。この、いささか拍子抜けなほどにあっさりとした長谷川の態度は、「戦後法学」の重要な一角をなしてきたマルクス主義法学において、渡辺洋三とともに終始その中心にあった長谷川正安がその学問的生涯をかけて追求

しようとした「革命」への夢が[13]、歴史の審判の下に挫折したことの表明であるようにも見える——このことは同時に、戦後日本において当初は同視すらされた「科学」概念とマルクス主義の結びつきが[14]、最終的に歴史によって切断されたことをも意味するかもしれない。

　一方で長谷川は、辻村の提起した第2の疑問については「この問題を正面から理論的にあつかえるのは第二巻である」と断った上で、「ソ連や東欧で現実に展開されている政治の中で近代市民法がどうあつかわれているかという事実問題と、科学的社会主義の立場からそれをどう見るかという理論問題」が「本来一致すべきものだが、現実には一致しないのでそこに困難な問題が生じる」と述べ、同講座の第1巻・第2巻とも「これまで人権の「特殊性」を強調してきた社会主義国の傾向の裏返しとして、今度は「普遍性」を強調するという安易な方法はとっていない」と反駁している[15]。この点は、同講座が明示的にその前提作業であることを掲げる天野和夫・片岡曻・長谷川正安・藤田勇・渡辺洋三編『マルクス主義法学講座　(1)〜(8)』(日本評論社、1976〜80年) のうち、以下のように、特に、第4巻『国家・法の歴史理論』が特記されていることと無縁ではないように思われる。

　　　　明治憲法体系の崩壊と新憲法体系の成立という一大立法改革に直面して、民主主義法学の建設につとめた研究者たちは、歴史学・社会学・経済学など社会科学の新しい成果に学んで「科学としての法学」の内容を豊かなものにした。世界史における革命と法のかかわり、現代日本における変革と法というテーマは、理論的にであると同時にきわめて実践的なテーマの一つになった。『マルクス主義法学講座』全八巻 (一九七六〜七九年)、とりわけ第四巻『国家・法の一般理論』は、その研究成果の一例である[16]。

　この短い引用文の中において、「民主主義法学」「科学としての法学」「マルクス主義法学」と異なる呼称が混在していることにまずは着目したい。広

渡清吾は、「戦前の支配的法律学との自覚的な断絶の上で、戦後の日本社会の建設に相応しい法律学の構築を課題として意識した戦後の法律学的な営み」を表示しようとする営為としての「戦後法学」について、第一に「日本社会の法的近代化を課題として設定すること」、第二に「法律学の科学化、社会科学としての法律学の形成を目指すこと」、第三に「日本国憲法への価値的コミットメントを承認すること」を特徴とするものと把えた上で[17]、1960年代半ばにおいて「憲法的体制と価値としての民主主義、方法としてのマルクス主義、および研究分野としての法社会学」が、既存の法学に対して「新しい質をあたえ、法解釈学や既存の法分野の再編成の契機となっている」ことを指摘する[18]。広渡の見立てに従うならば、民主主義という価値を擁護しようとする「戦後法学」は、少なくとも1960年代半ばまでは、マルクス主義という「方法」と法社会学という「研究分野」を構成要素としており、「科学」をその中核的な概念としていたということになるであろう。しかし、「民主主義」と「マルクス主義」、更に「科学」が「戦後法学」において持った意味は決して一様ではなく、このことの帰結として、本章において検討していくように、「民主主義法学」と「科学としての法学」、そして「マルクス主義法学」のもつ意味内容もまた、時とともに変化していくのである。

　これらの「法学」の相互の関係について歴史的観点から検討するにあたって、1970年代に編まれた『マルクス主義法学講座』のうち、上記のように、1989年の『講座・革命と法』においてその成果が特記される『国家・法の歴史理論』がどのような狙いをもっていたかは、一つの指標となり得るものと思われる。後述するように、「戦後法学」にとっての1970年代は、マルクス主義法学が自らを「民主主義法学」として定義し、かつ、その理論的強靱さを自らの魅力の大きな要因と位置づけたことで、「科学」の概念を自らの「学知」の圏域において特権的に取り扱おうとした時期であったが、その特権性が集約的に現れることになったのが、「科学」の名の下に試みられた「ブルジョア法」の一般理論の追求作業であった。『講座・革命と法』第2巻

の編者でもある藤田勇が中心となり、「ブルジョア法体系の歴史的成立・成熟・変容、社会主義革命によるその揚棄の全過程を理論的にとらえようと」した『マルクス主義法学講座』第4巻『国家・法の歴史理論』の同講座における位置付けは以下のようなものである。

　　　ここで私たちが分析対象としている国家・法の歴史は、古典的ブルジョア革命から現代の社会主義革命にいたる時期の、いいかえれば、一七世紀中葉のイギリス「ピューリタン革命」期から二〇世紀後半のベトナム解放戦争の最終的勝利にいたる時期のそれである。これを主要対象とするのは、世界史的な意味での社会主義への移行期における資本主義的社会構成体の構造、そこでの政治的・法的上部構造の位置を解明することが現代の生活実践によって私たちに提起されているぬきさしならない課題であり、この課題に立ち向かおうとする場合、ブルジョア国家・法の成立・成熟・変容、社会主義革命によるその揚棄の歴史過程全体の理論的把握が、歴史分析の第一義的対象とならざるをえないからである[19]。

　もちろん我々は、1970年代が「世界史的な意味での社会主義への移行期」とはならなかったことも、1989年を契機に「合法的な、戦後第二の革命」が日本において起きなかったことも知っている。マルクス主義法学はもはや「終焉」を迎え、民主主義法学は既に敗北したと判定するために、十分すぎる材料が備わっていると言えるかもしれない[20]。それでは、1970年代の「マルクス主義法学」が、「ブルジョア法体系」の普遍性の分析を踏まえて、その「揚棄」としての「革命」に賭けようとしたことにはどのような意義があったのだろうか。本章においては、戦後における日本の法学についての歴史的分析の観点から、「戦後法学」の中核的な構成要素となっていったマルクス主義法学／民主主義法学における、「革命」の夢と挫折のあり方を辿る。

2 「戦後法学」と「科学」
——マルクス主義法学・経験法学・社会主義法研究

　戦後日本における法学の歴史を検討するにあたり、1953（昭和28）年からの数年間がその大きな画期をなすことについては、同年の私法学会における来栖三郎の報告「法の解釈と法律家」、及び、同時期に公刊された川島武宜の「科学としての法律学」を契機として開始された法解釈論争の持った意味と関連して、おおよその共通了解があると言って良い[21]。法解釈論争に関しては、論争が終結に向かっていた1959（昭和34）年に執筆された碧海純一の論文「戦後日本における法解釈論の検討」がその論点と展開を簡潔にまとめているが[22]、その中で碧海は「価値判断の混入は主観性の導入を伴うか」という論点に即して、それを是認する来栖三郎・尾高朝雄らの「主観説」と「かならずしも、法解釈の主観化をともなわない」とする「客観説」とを区分した上で、後者の「客観説」を更に「歴史の進歩の方向というような客観的価値基準」に照らしてなされた法解釈は、価値判断を含みつつも「その科学性・客観性を維持し得る」という家永三郎・渡辺洋三・田畑忍・田中吉備彦の見解と、「ある価値判断が社会的・間主観的にひろくみとめられた価値体系に引照されうるかぎりにおいては、その判断についての合理的・科学的・客観的な論議の可能性を主張している」と思われる川島武宜の見解とを「相当の開きを示している」ものとして区別し、前者の——「歴史の進歩」の概念から出発する——「客観説」が「自然主義的ファラシー」に陥っていたことを指摘する[23]。

　このような碧海の批判に対して、渡辺洋三は「戦前の法律学のたどったみち」から教訓をくみとるつもりならば、「法主体がどのような秩序の形成を志向するかについての巨視的見とおし」についての判断停止が「権力によって肯定され強制されるところの判断への盲従」となることの問題性を指摘して反駁しており[24]、長谷川正安はよりラディカルに、資本家階級の価値体

系・労働者階級の価値体系・封建的階級の価値体系を「同日に論ずることはできない」のであり「社会の発展をおしすすめ、それをおしすすめることが自らの利益となり、それゆえ、社会の発展法則を科学的に認識しうる階級的立場にあるものの価値判断のみが科学的基礎をもつことが可能であり、したがって、首尾一貫した体系となりうる」と主張している[25]。この経緯が明らかにしているように、1950年代の「科学」概念には、敗戦直後の川島武宜が――市民への啓蒙と共に――接近し[26]、また、渡辺や長谷川ら民主主義科学者協会（民科）法律部会の影響圏内で理論形成を行っていた「戦中派」世代の法学者がその学問形成の中軸としていた、「歴史の進歩」を客観的に措定することを是認するマルクス主義と等置され得るような意味内容と、法解釈論争以降にその理論的な構成を変化させた川島が先駆的に展開し、やがて後述する経験法学へと接続していくような社会科学的な意味内容とが混在していたのである。

　ところが、占領管理体制が終結し、保守党による明文改憲の動きを中核とする「逆コース」が顕在化すると、「戦後法学」の圏域に含まれているとは言い難い多くの実定法学者たちもまた、その「反動」性に対しては明示的に警戒する立場をとった[27]。とりわけ、来栖三郎の報告の帯びた強力なメッセージ性は、「戦後法学」の批判対象であった既存の法学の担い手たちをも広く引き付け、「法解釈論争」を領域横断的に成立させる前提を構築することに繋がったと評することが出来よう[28]。別言すれば、明文改憲に直結するような明確な「危機」が去ると、このような「共闘」を成立させる条件は失われることになる――長谷川正安が、自らも執筆者として参画した『講座　日本近代法発達史』（勁草書房、1958年～）を「科学的法学の樹立の試み」と捉える一方で、同時期に刊行が開始された『法律学全集』（有斐閣、1957年～）を「新しい解釈法学の再建」と位置付けた上で、1955年から60年頃までの国内外の情勢変化が「一般的問題関心をもつ余裕を法学者に与えなかった」こととも関連して、この時期の「法学界に共通の問題意識はなくなっていった」として「解釈法学と科学的法学の二つの傾向への分裂」を指

摘するのは、このことの帰結として理解できる[29]。

これに加えて、「共闘」の条件の喪失は、「戦後法学」の「方法」としてのマルクス主義と「研究分野」としての法社会学の間に存在していた方法論的乖離をも徐々に顕在化させる。長谷川によると、戦後最初期には「既成の法解釈学に対抗して、新しく科学的法学の建設を目指そうとする、実証的な法学のすべての傾向」が「法社会学」と名指されていたが、1948（昭和23）年に開始された法社会学論争において、マルクス主義法学と法社会学の間の法学方法上の差異とともに、法社会学の性格——とりわけ、戦後最初期にその先駆者となった川島武宜と戒能通孝の法社会学の間の共通点及び相違点[30]——が議論された。しかしこの段階では、「科学としての法学／科学的法学」とは何かを自覚的に検討するための「法解釈学との対決」が行われるには至っていなかったため[31]、マルクス主義と法社会学は「戦後法学」の構成要素として機能することが出来たのである。当初から乖離のモメントを内在させながらも「悪法」への抵抗という局面で「共闘」していたマルクス主義法学と法社会学のそれぞれが[32]、碧海によって整理されたように、法解釈論争において異なる含意をもつ「科学」概念を志向し始めるという事態は、「再建」されようとする解釈法学のあり方と「戦後法学」の「対決」の中で、それぞれの学問のあり方についての方法論的議論が深められる過程で生じてきたとも言えよう。

1950年代後半におけるマルクス主義法学の側では、戦前からの図式を引き継いだ「市民法と社会法」という対抗軸の中から、国家の役割に力点を置いた「近代法と現代法」という対抗軸への理論的移行を志向する新しい世代の研究者が現れてくる[33]。このことの背景には、マルクス主義法学を志向する者たちの凝集点となっていた民科の本体が政治化して活動を休止していく過程で、法律部会が1957（昭和32）年から独立の学会として活動を開始したという事情[34]、及び、戦後資本主義の変容を踏まえた「現代マルクス主義」において「国家独占資本主義」概念がマルクス経済学において展開され始めていたことが挙げられる[35]。このような状況の中で、マルクス主義法学

において新たな理論枠組みの構築を目指す人々——NJ（Neue Juristen）研究会——は、国家独占資本主義段階における国家による市場介入を「現代法」化として問題化する理論を構築し、その方法論の一部を『岩波講座　現代法』（岩波書店、1965〜66年）に導入することを試みる。同講座は、しかし、講座名に反してすべての巻が「現代法」概念に引きつけて編集されているわけではなく、既に「戦後法学」との「共闘」のモメントを希薄化させつつあった実定法学の方法論を堅持した巻も多く含まれていた上、既にマルクス主義法学との方法論的乖離を見せ始めていた法社会学は、川島武宜・碧海純一がその主な担い手となっていた「経験法学」への接近のモメントが明示的に示され、「戦後法学」の内部の対立事由も鋭く現れていた[36]。

　『岩波講座　現代法』が公刊された後、その内容が「半アカデミズム的」であったとの認識に基づき、1967（昭和42）年の民科法律部会春季学術総会においてNJ研究会が討議資料「国家独占資本主義法としての現代日本法をいかに把握するか」を提出し、マルクス主義法学の側では「現代法論争」が本格的に展開される[37]。この論争においては、渡辺洋三が属する東京支部が上記の「国家独占資本主義論」に依拠したのに対して、名古屋大学に赴任した長谷川正安を中心とする名古屋支部では、占領管理体制を構造的に引き継いだ「二つの法体系論」が主張され[38]、東京大学社会科学研究所が偏んだ共同研究『占領改革』においては、この2つの立場の交錯が総論として議論された[39]。「現代法論争」はその後、関西支部から提起された「社会法視座」も加わり、さながら三つ巴の論争の様相を呈したが[40]、その論争の枠組みにおいて国家の（否定的な）役割が前景化することで、初期のマルクス主義法学において戒能通孝が示していたような、規範的な「市民（社会）」概念の希薄化をもたらすことにもなった[41]。

　「現代法論争」の口火が切られるのとちょうど同じ頃、「戦後法学」のもう一方の構成要素であった法社会学において、上述したような「経験法学」への方法論的傾斜が顕著となり、マルクス主義法学との「共闘」関係は失われていく。『岩波講座　現代法』の刊行に先立って、川島武宜・碧海純一を中

心として 1962（昭和 37）年に組織された「経験法学研究会」の活動に対しては、マルクス主義法学の側から再三にわたって違和感が表明されていたが[42]、法解釈論争の頃から生じていた「科学」というイコンをめぐる両者の間の「闘争」は、1960 年代後半に行われた座談会においては以下のように顕在化するに至った。

　　渡辺〔洋三〕　私は自分でかなりオーソドックスに近いと思うのだけれども、マルキシズムの中に公式的な体系になりがちな危険性があるということは認めますよ。それは私もしょっちゅう考えていることです。しかし、私の考えている、あるべきマルキシズムというのは、そういう意味ではもっと開放的な体系で、そしてまた相対的な発展を遂げていくだろうと考えているわけです。
　　碧海〔純一〕　ただその場合、私がつけ加えたいのは、開放的な体系でなければならないことはもちろんですけれども、その最も基本的と考えられているテーゼについても、少なくとも理論上は、修正の余地が常にあるということはいえませんか。たとえば唯物弁証法そのものについても。
　　渡辺　資本主義から社会主義に移行する、そういうことをも否定するということですか。
　　碧海　そういうことも全部含めて、理論上は。つまり世の中に批判できないことは一つもないというのが私の信念ですが、それに賛成していただけるかどうか。
　　川島〔武宜〕　ちょっとそのことに関連して、ぼくもいっしょに質問したいのですが、マルクスの言ったことはあれ以上修正する必要はどこにもないということを──かりにそうであるとしても──断定する根拠はどこにありますか。
　　渡辺　ぼくはそうは思っていません。つねに個々の点について、マルクスの言葉をバイブル的に一字一句が今の段階で真理だというような

ことはおかしいと思うのです。ただ資本主義の運動法則――基本的な運動法則ですね――については、資本主義社会であるかぎり、あの当時も今も貫徹する法則だというふうに考えている。その限りでは修正を認めてない。〔中略〕今日のマルキシズム理論戦線内部においても、現代資本主義論、国家独占資本主義論、帝国主義論などが深刻に争われているのである。こういう深刻な論争が起こること自体、マルキシズムが新しい状況の中でたえず理論を発展させなければならない科学の体系であるからだと私は考えているのです。もっとも、私自身は、まだ今日のところ、マルクス主義の理論命題を根本的に修正する必要は認めておりません。

川島　今後絶対に改める必要はないと君が言われたように思ったから…。

渡辺　今までのところは…、ですね。

川島　それが碧海君の考えの根本的な点なんですよ。

渡辺　マルキシズムを越えるような科学体系がかりにできてくれば、考えなければならないかもしれませんけれども[43]。

　このように、1960年代後半のマルクス主義法学においては、法社会学のなかの経験法学的手法に対する正面からの異和感が表明されており、やがて「革命を阻止する体系」として、「社会の変革＝革命を志向する体系」としてのマルクス主義との接合可能性については否定的に捉える意見が強く主張されるに至る[44]。

　ところで、「戦後法学」における「革命」についてのモメントを検討する本章においては、マルクス主義法学と社会主義法研究の動向との関係についても言及しておく必要がある。周知のように、1956（昭和31）年のいわゆる「スターリン批判」に至って社会主義法研究はようやく極端な教条主義からある程度自由になり、「資本主義から社会主義への移行が法現象において含意するものを各法部門における基本的カテゴリーに即して理論的に掘り下

げるという方向」と併せて「資本主義法と社会主義法に共通する問題とその解決方向を探るという方向」が模索される余地が生じた[45]。この後者の傾向を踏まえて、この後のマルクス主義法学の方法論に大きな影響を与える「法の一般理論」についての論考を藤田勇が『岩波講座　現代法』に寄せ[46]、ソビエト法を研究するに際しては「どうしても資本主義法についての基本的な考え方というものをもっていないと研究ができない」のであり「社会主義法を研究しながら、その基礎として、資本主義法についてあれこれ考えている」と述べていることには着目する必要がある[47]。しかし、このような藤田を筆頭とする「歴史的＝構造的アプローチ」をとる社会主義法研究者の方法論について、五十嵐清や大木雅夫のような「機能的アプローチ」をとる比較法学者が問題意識を共有することが困難であったことは、1967（昭和42）年の比較法学会シンポジウム「資本主義法と社会主義法」における「ソヴェト法とブルジョア法の比較研究は、ほとんど皆無といえる」という現状認識を踏まえた大木雅夫の以下のような文章に明らかであろう。

　　　わが国では、その種の〔方法的〕比較研究をする以前に、ブルジョア法と社会主義法の間には越え難いイデオロギー的障壁があると信じられ、それぞれの分野があたかも特殊部落を構成しているというところに問題があるのであって、かかる閉鎖的意識が打破されなければ、両体系は永遠の平行線をたどらざるをえないのである。そしてもしかかる閉鎖的意識を問題にするならば、いささかは方法論にも立ち入って局面を打開する必要がよかれあしかれ生じてくる[48]。

このように、経験法学と距離をとって「国家」の役割を前景化させる「現代法」概念と、「歴史的＝構造的アプローチ」をとる社会主義法研究とが合流することで、1970年代のマルクス主義法学は自らの方法論こそが「科学的」であると主張し、先鋭化していくことになる。

3 『法社会学講座』と『マルクス主義法学講座』

1970年代初頭、川島武宜が編者となって『法社会学講座 （1）〜（10）』（岩波書店、1972〜74年）が刊行された[49]。川島は、同講座の編集に際しては「種々の異なった立場や方法を、できるだけ客観的に紹介することに努め、私自身の立場や方法を主張することを、ことさら避けることに」することを明示し[50]、社会科学の方法論および研究技法を取り上げた同講座の第3巻・第4巻において、今日の「特にわが国の法社会学」が当面している問題は「法社会学がその方法論においてもその研究技法においても「法律学」とは異なるものだということが法律学研究者によって十分に理解されること」と共に、「「法」という現象が経験科学の対象となりうるための基礎作業がなされるということ」であるとした上で、社会科学の方法論音および研究手法を解説するにあたって、以下のような理由の下に「マルクス主義の科学方法論についての説明を省略」した。

> わが国は、マルクス主義研究の水準においてもその研究者の数においてもまたその普及度においても世界有数の国であり、限られた紙面の中でその解説をするよりはむしろ数多くのすぐれた著書論文にゆずる方が望ましく、また多くの研究者にとってはマルクス主義の科学方法論は常識化していると考えられるからであり、また特に、経験科学ないし社会科学の方法論を「法」ないし法社会学との関連で論じた研究はきわめて少ないのに比し、マルクス主義の科学方法論をそのような関連で論じた研究が甚だ多いことは、恐らく他の国に見られないわが学界の特色であろうと思われるからである[51]。

これに対して、1973（昭和48）年秋季・1974（昭和49）年春季の日本法社会学会においては、「法社会学の方法」をテーマとしたシンポジウムがも

たれ[52]、マルクス主義法学の側から編者の川島に対して、同講座の方法論の検討に「参加している社会学者の多くは、没価値的および反マルクス主義的傾向」を示す「社会体系論者ないし社会学的機能主義者に属するようである」として、「右のような傾向の社会学者を選択したところの、編集者としての川島氏の意図はどこにあるのであろうか」と強い批判が寄せられた[53]。

シンポジウムに登壇した川島はこのような批判に対して、以下のように正面から反論を行っている。

　　経験科学は常に、他の研究者による批判・修正・再構築を前提し期待しつつ模索的に理論を「試る〔ママ〕」ものであり、或る教説を「絶対的真理」とし、批判・修正・再構築を排除する前提のもとに教えを垂れるものではない。ところが、「法律学」のいわゆる「理論」は、その性質において教説（dogmatic, Dogma）の主張なのであるから、「法律学」的思考様式に慣れた人々は、経験科学における「理論」の試みをもそれと同じようなものとして受けとる傾向があるように思われるのであり、「講座」の第三巻・第四巻で紹介・解説された諸種の研究についてのみならず他の巻の諸論文についても、同様の受けとり方があるのではないか、と私は危惧するのである。／さらに推測すると、「講座」の第三巻・第四巻の諸論稿に対する反感の背後には、もう一つ別の考え方がひそんでいるように思われる。それは、マルクス主義が完全無欠なものであり、非マルクス主義的なそれらの理論の試みがすべて「誤り」であり、それらを「講座」で紹介・解説することは「有害」である、という見解および、それらの非マルクス主義的研究ないしそれの紹介・解説は反マルクス主義的主張である、という見解である[54]。

1978（昭和53）年に日本法社会学会創立30年を記念して行われたシンポジウムにおいて、戦後の現社会学の歴史を総括した利谷信義は、1960年代

後半における国内法の再編に対応して「法解釈学が「社会学的法律学」たらざるを得なくなった」ことを踏まえて、法社会学の側において「固有の法社会学」の確立への要求が出現したことを指摘し、「現代法の総体的把握への努力」が、上述の「現代法論争」に見られるような「マルクシズムの方法にもとづいたもの」として展開している一方、「システム分析の方法にもとづく法現象の総体的な把握の試み、ないしは個別的な法現象の研究の総括の試み」の進行についても言及している[55]。同シンポジウムで記念講演を行った川島武宜は、しかし、自らが「経験法学研究会」において報告した内容を『経験法学の研究』（有斐閣、1966 年）に収録したところ「これが「マルクシズム法学」への挑戦と受けとった人々から、それ以来今日に至るまでくり返し批判攻撃がつづいていることは、御存じのとおり」と述べることを逸していない[56]。

　一方のマルクス主義法学の側においても、「現代法論争」が継続されるなかで自らの学問のあり方を問い直し、その中から「民主主義法学」という呼称が選びとられていった。1964（昭和 39）年に行われた座談会「民主主義法学の回顧と展望」を踏まえて、長谷川正安はマルクス主義法学者たちが「民主主義科学者協会に属していたという形式的理由」にとどまらず、「終始、戦後の日本と、とりわけ日本の学問の民主主義化を念願しながら、法学の研究に従事し、自分たちの研究成果をそれに役立てようとしてきたという、実質的理由」により「共通した研究の経験を、「民主主義法学」とあえて名づけた」旨を記しているが[57]、戦後初期から労働法の領域においてマルクス主義法学の理論的支柱を提供してきた沼田稲次郎は、「権力側の反共的圧力が減退し、他方、スターリンの公式が崩壊し、共産党内の言論の自由も緩和し、さらに社会主義法の研究が進んだ等のこと」が、1970 年代の「民主主義法学」の先鋭化を導いたと証言する[58]。1970 年代初頭における藤田勇による「民主主義法学」についての以下の定義は、1960 年代においては「科学の民主的使命の自覚という実践的な要請を受け入れた概念」として「常識的」に捉えられていたその内容と比すと[59]、明らかに「科学」概念をマルク

ス主義的なものに敢えて接近させたものと言えよう。

　　「民主主義法学」といういい方は、「経験主義法学」「マルクス主義法学」というばあいのように特定の学問的方法をさすものではありません。それでは何をさすのかということになりますが、結論的にひとまずつぎのようにいっておきたいと思います。民主主義法学とは、民主主義思想に基礎づけられた法律学、あるいは民主主義思想によって法律学を基礎づけようとする学問的営為であり、それゆえに、客観的にも主体的にも民主主義運動と結びつく性格をもつ法律学である、と。〔中略〕私たちの当面の課題からみて、問題になるのは政治的民主主義、つまり、政治的・法的上部構造の特定の存在形態です（国家の成立前、国家の死滅後の問題は捨象してよいという意味です）。民主主義を歴史的に捉えるとはどういうことなのか。〔中略〕第一に、それは、民主主義を、何よりもまず歴史的事実に即し、歴史の発展の合法則性に即してとらえること、いいかえれば科学的にとらえることを意味します。このばあい、歴史的事実の最も基本的なものは、人間の社会生活、社会的実践、そこでの客観的な社会関係であり、人間の社会的実践のそのまた最も根本的なモメントは労働である、ということに留意したいと思います。科学的に論証されうる事実としてもです[60]。

　藤田のこのような定義は、「マルクス主義こそが民主主義の問題をつねに最も重要な核心的課題としてきたこと、今日の段階ではますますそうなっていること、が歴史的事実に即してたしかめられる」というマルクス主義法学者たちの同時代的認識に根ざしている[61]。国内における「与野党伯仲」状況の発生と革新自治体の隆盛、および、ベトナム戦争の終結とデタントの実現といった国際状況において「第二の戦後」が模索された1970年代は[62]、少なくとも前半においては「革新的な政治の動きが前進しているという印象が

強かった時期」と捉えられていたのである[63]。

　このような認識の下、長谷川正安と渡辺洋三が『法律時報』の巻頭言の執筆を担当し始めた翌年の1976（昭和51）年に刊行が開始された『マルクス主義法学講座』は、「こんにち、日本の法学は、伝統的な法解釈学と新しい法社会学という二つの傾向によって二分されるかの観を呈するようになった」という問題意識を踏まえて、以下の4つの意味付けを与えられている。

　　第一に私たちは、社会科学としての法学を、岩波版『法社会学講座』におけるような法社会学によって代表させることに満足していない。敗戦直後の「法社会学論争」において、当時の法社会学の方法論的欠陥を指摘し、科学としての法学の前進に大きく貢献したのはマルクス主義法学であった。この役割は、法社会学にアメリカの実用主義的な方法が大幅に導入されつつある現状では、いっそう大きなものにならざるをえない。／第二に私たちは、社会科学の諸分野におけるマルクス主義の前進という日本の学界状況を前提として、こんにち、マルクス主義法学こそが科学的法学の真の代表たりうることを現実に示すべき時点に到達したと考える。その戦前の蓄積に、戦後の法学理論上の成果をつけ加えるならば、マルクス主義法学は、日本の科学的法学の発展に重大な影響をもつものとして、学問的存在理由を主張しうるであろう。その影響下に育った若い研究者の層も厚くなり、相互の研究協力も強化されつつあることに、私たちは注目している。／第三に私たちは、戦後二十数年の階級闘争の歴史における国民の豊富な実践運動の経験の理論的総括が、こんにち可能かつ必然になっていると考える。実践のなかにおける法の役割を理論的に総括することも、マルクス主義法学の緊急な課題である。／第四に私たちは、法の科学的研究と法的実践を正しく統一しうる唯一の法学として、マルクス主義法学を考えている。安保体制のもとで、アメリカ帝国主義と日本の独占資本により二重に抑圧を受けている国民大衆の権利擁護に役立つ法

学の建設が私たちの目標である。そのためには、再建された法解釈学についての内在的批判と新しい「法の解釈」の創出の必要が痛感される。法学の科学的理論にもとづいてそれをなしとげうるのがマルクス主義法学である。そしてそれを緊急に要請しているのが、日本のこんにちの政治的・社会的状況である[64]。

　同講座第1巻の第1章「マルクス主義法学序説」において長谷川正安は、伝統的法解釈学の再建ぶりを示す『法律学全集』（有斐閣）が完結に近づき、新しく『現代法学全集』（筑摩書房）が刊行され始めていることに言及した後、「戦後法社会学のすべての動向を網羅しながら、マルクス主義的なものは意識的に除外した岩波書店の『法社会学講座』（全一〇巻）も出揃った。あとは、『マルクス主義法学』講座が刊行されて、それが戦後法学史において果した役割と成果を明らかにするならば、戦後法学史の主要な部分はおよそ理解できることになる」と、改めて『法社会学講座』との対抗関係を強調した上で、法解釈論争におけるマルクス主義法学の役割は「法の解釈の実践的性格を確認するだけでなく、それに科学的根拠を与える方法を考えたこと」であり、「法的実践はつねに広汎な政治的実践と結びつかなければその有効性を獲得することはでき」ず、「法の解釈が歴史の発展法則をおしすすめる立場でなされなければならない」と改めて明言している[65]。ここでは、同講座の目指す「科学的法学としてのマルクス主義法学」によって「理論と実践に分裂しがちな日本の法学界の二大潮流をどのように超えるか」という課題が明示されていると言えよう[66]。

　さて、この時期の法学の動向として本章の関心から興味深いのは、社会主義法研究会が1974（昭和49）年の年報において「革命と法」と題する特集を組んでいることである[67]。同特集は、稲本洋之助「フランス革命と法」、中山研一「パリ・コミューンの社会主義的性格」、稲子恒夫「ロシア革命と法」の3本で構成され、編者である藤田勇は特集の序文において、「各国の歴史的経験を分析してみようとした」がその一部のみの公表にとどまり、

第8章 「戦後法学」のなかの「革命」 239

「ことに、社会主義革命の経験の直接の分析としてはロシア革命にかんする
ものだけという結果になった」ことは「まことに不本意な結果」であると述
べる[68]。しかし藤田はここで、「わが国におけるマルクス主義法学の生誕」
と自らが位置づける平野義太郎の『法律における階級闘争』（改造社、1925
年）において「革命と法という問題についての法律学者の科学的アプロー
チ」が開始されてから 1970 年代に至るまでの期間、具体的には、昭和初期
及び「戦後民主主義改革期に形成される民主主義法学」の展開についてのこ
れまでの検討は不十分であったとの認識の下に、「革命と法」に関する問題
系に関する思索を理論的に展開している。やや長くなるが引用してみよう。

　　ここで革命というのは社会＝政治革命のことにほかならないが、そ
　れと法との関係について一般的に考えるばあい、まず念頭に浮んでく
　るのはつぎのような論点である。／第一は、私たちは革命をたんなる
　政権交代ではなく、社会革命としてとらえるのであるが、それは、客
　観的過程としては、社会構成体（gesellschaftliche Formation）の構
　造転換を内容とするものといいうる。〔中略〕みぎの〔マルクスの〕
　「社会革命の時期」という表現は、社会革命を一つの歴史的時代にわ
　たる社会構成体の全構造の転換過程とみる考え方を示しているものと
　解されるのであるが、具体的な歴史的事例に即してこの時期がどのよ
　うにおさえられるべきかを考えると、厄介な問題が生じてくる。それ
　は棚に上げておいて、いずれにせよ一つの歴史的時代を包含するもの
　とすれば、革命と法の関連についてつぎのことを考えておかねばなら
　ない。一つは、社会革命の展開の諸段階に対応する法的上部構造の変
　化の諸段階という問題である。ブルジョア革命にかんしては、稲本論
　文の分析しているフランス革命の展開がその例となろう。一七世紀の
　イギリス革命（ピュリタン革命と名誉革命）についてもこのことが問
　題となろう。だがさらに、新しい社会構成体に固有な法的上部構造の
　編成がどのような過程で創出されるかというところまで考えてみたば

あい、一七世紀のイギリス革命にしても、一八世紀のフランス革命に
しても、資本主義の発展のマニュファクチュア段階におけるもので
あって、それらによってきり拓かれる本源的蓄積の本格的・最終的過
程および「産業革命」による機械制大工業の創出——資本主義的生
産様式の全面的展開、全社会的規模でのブルジョア社会的階級編成の
成立、政治権力の担い手のブルジョア化、があとにつづいている。そ
して、法の特殊な歴史的類型としてのブルジョア法の成熟はこの段階
においてみとどけられうるものと考えられる。したがって、反封建ブ
ルジョア民主主義革命期に、その直接的帰結として形成される新しい
法体系（その輪郭の明確さと規模の大きさはフランス革命のばあいに
典型的に見られる）の性格は、産業革命（その「社会革命」としての
激しさ、深さはイギリスにおいて典型的にみられる）を経た時期まで
を視野においてとらえる必要がありそうである。／ブルジョア革命の
ばあいには、革命の前に資本主義的生産の一定の発展があり、これに
対応してブルジョア的法イデオロギーはもとより、その形態上ブル
ジョア的な生産関係が一定の範囲で形成されている。一九世紀中葉の
ヨーロッパ・ブルジョア諸革命においては一層そうである。これにた
いして、社会主義革命のばあいには、労働者階級の権力の樹立以前に
社会主義的社会関係が形成されることはない（物質的＝技術的前提が
形成されることは別の問題である）。したがって、新しい社会関係の
創出（社会関係の再編）が全面的に革命勢力ににになわれることにな
る。ところで、革命権力のこの創造的課題の性格、範囲はどのような
ものか。マルクスの『ゴータ綱領批判』やレーニンの『国家と革命』
が考察しているところにしたがえば、国家や法の死滅する共産主義の
高次の段階までの歴史的時期の全課題がそこにふくまれてくることに
なる。そうだとすると、社会主義革命についてみるばあいには、労働
者階級の権力による古い社会関係の解体、新しい社会主義的関係の編
成とこれに対応する新しい法類型の形成のみでなく、この社会関係の

共産主義的成熟とそれに対応する法の死滅までを視野において革命と法の問題を考察しなければならなくなるのである[69]。

　この文章の前半において示されている内容を「ブルジョア革命、資本主義の発展とブルジョア法体系の成立・展開」、後半において示されている内容を「社会主義革命と法」としてとり扱い、その中間に「帝国主義、国家独占資本主義とブルジョア法形態・体系の変化」を「現代法論」の成果を踏まえて加えると、おおよそ『マルクス主義法学講座』第4巻『国家・法の歴史理論』の章立てが完成する。このことからも、1970年代以降のマルクス主義法学／民主主義法学における「革命と法」という問題系に関しては、長谷川正安・渡辺洋三と共に『講座・革命と法』の共編者となる藤田の社会主義法研究の蓄積に裏打ちされた「ブルジョア法」の歴史的把握のあり方が果した役割が、同講座第3巻『国家・法の一般理論』に繋がる「一般理論」研究とも併せて、極めて大きなものであったと考えられる[70]。

　このように実践的・理論的目標を持って刊行が開始された『マルクス主義法学講座』は5年間かけて1981（昭和56）年に完結したが、しかし、その刊行期間の経過のさなかで、奇しくも長谷川正安が最晩年に「戦後変形期」と名付けることになる、以下のような社会変動が生じることになる[71]。

　　日本の法律学は戦後いくつかの時期を経て展開してきたのであるが、国際的にも国内的にも、戦後、最も革新的な政治状況が高揚したなかで、「マルクス主義」と銘打った法律学の体系を打ち出すことの重要性が考えられたと思われる。このようにこの講座は、政治的な状況が上げ潮に乗っていたなかで始まったといえる。／ところが、その時の主観的な意図とは正反対に、七〇年代の後半は右傾化、反動化が急速に強まっていく時期である。この講座が出発しようとしていた時の客観的な情勢と、それが完結した今日の情勢とでは非常に異なっているという意味でも、この講座はこれからどういう役割を果たしうる

のかが大きな問題となるのではないか。まず、つくられた経過と現状との違いを、強く感じざるをえない[72]。

『マルクス主義法学講座』が置かれた時代的状況との断絶のあり方は、その完結の8年後に刊行が開始され、やはり5年間かけて1994（平成6）年に完結した『講座・革命と法』と近似しているようにも見える。それでは、後者の第3巻の編者である渡辺洋三が「ソ連邦の解体をもって社会主義の終焉であるかのごとき俗説が流行している現在、あらためて世界史における市民革命と社会主義革命の意義を確認し、それを前提としたうえで、近現代における日本の社会と法の過去・現在・未来についての課題を取りあげた」と主張しているような同講座は[73]、もはや歴史に追い越された者たちの繰り言の集積でしかなかったのであろうか。本章の最後に、この点を確認することとしたい[74]。

4　おわりに

改めて、1990（平成2）年の辻村みよ子の問いに立ち戻ってみよう。その問いの中核となっているのは「市民」概念の内実、すなわち、マルクス主義法学における「ブルジョア」としてのその位置付けと「市民革命／ブルジョア革命」の歴史的位相についてであった。『マルクス主義法学講座』の第1巻『マルクス主義法学の成立と発展〔日本〕』（1976年）に集約されているように、1970年代になってから平野義太郎らの戦前の蓄積へと「自己接続」を図ったマルクス主義法学にとっては、講座派的な歴史枠組みは容易に乗り越えることのできない強固な構造的前提を構築していた[75]。このことは例えば、『講座・革命と法』の第3巻『市民革命と日本法』が最初に、同巻においては「革命そのものではないが、革命をめぐり、階級闘争が激化した時期、あるは日本社会とそれを支える法体制が大きく変化した変革の時期」を取り扱う、という表現を選んでおり[76]、同巻における検討にあたって渡辺治

が「日本に「革命」はあったか？」という問いから説き起こし、「市民革命と市民社会の欠如」という問題系を——「市民革命」の過大評価と近代ブルジョア社会の理想化の危険性に言及しつつも——用いていることからも伺うことが出来る[77]。

　しかし、同講座の編者たちは、1989（昭和64／平成元）年を待たずに、辻村の問いに予め応じるような理論的な変化を見せていた。まず「市民」概念については、第3巻『市民革命と日本法』の編者である渡辺洋三が、『マルクス主義法学講座』の第5巻『ブルジョア法の基礎理論』（1980年）に寄せた「近代市民法の基礎原理」において既に、自らの「市民」についてのそれまでの定義に重要な変更を加えていた。すなわち渡辺は、明示的に1950年代の戒能通孝の「市民社会」論を参照しつつ[78]、「論理的には階級関係を含まない市民社会およびそれを基礎とする市民国家の法」を「市民法」、「階級社会としての資本主義社会（ブルジョア社会）およびそれを基礎とする資本主義国家」を「ブルジョア法」であるとし、「市民社会」とは「その出発点において近代の市民革命の所産としてつくられる近代市民社会」を指し、「市民社会を構成する「市民」は、もともとは、市民革命の担い手であり、市民社会の理念とは、革命と人間開放の理念を原点にしている」と定義した[79]。1980年代の渡辺は、これまで用いてきた資本主義法の原理に引きつけた「市民」概念を「展回」させて、規範性を帯びた「市民社会」論へと接合することを試みたのである[80]。渡辺によるこのような「市民法論」は、1980年代の民科法律部会において清水誠が提起した「市民法論」と軌を一にする方向性を持ち[81]、同時代において進みつつあった「市民法ルネサンス」とも合流可能なものであった[82]。

　それでは、「革命」概念はどうか。『講座・革命と法』の第2巻『フランス人権宣言と社会主義』（1989年）の編者である藤田勇は、フランス革命の背景としての「政治的には「スターリン主義の問題」」があり、学問的には「階級対立論に基づく」歴史把握、すなわち「ブルジョア革命」論の批判という問題があることを指摘」を「十分理解しうる指摘である」と述べており[83]、

同巻に寄せた論考の中では、社会主義の「再生」または「ペレストロイカ」の方向は「自由と民主主義の発展の方向であることは疑いをいれない」が、「ほかならぬ社会主義の発展としてどのように評価しうるかは、経済的・社会的関係における転換とあわせて、その現実的内容に即して吟味されなければならないであろう」との観測を示す[84]。そして、そのように考える論拠として、自らが1987（昭和62）年に公表した論考において既に、「現存社会主義体制を「初期社会主義」、いいかえれば、社会システムとしての社会主義の世界史的生成・展開過程の「初期段階」にあるもの、という仮説を提示した」ことを踏まえて、「さしあたりは今日の転換をもその枠組の中でおさえておきたい」旨を表明しているのである[85]。藤田はこの後、「社会主義史」全体を検討する方向へと自らの研究をシフトさせ、第一段階（1789年～1880年代）、第二段階（1880年代～1991年）を経た「第三段階」への移行過程として1989年を位置づけた上で[86]、冷戦終結後においても『自由・平等と社会主義』（青木書店、1999年）、『自由・民主主義と社会主義』（桜井書店、2007年）、『ロシア革命とソ連型社会＝政治体制の成型――ソビエト社会主義共和国連邦史研究 1917-1937』（日本評論社、2021年）と次々と大著を公にしている。このような分析枠組みから「社会主義革命」の歴史性とその構造を捉えることが可能なのであれば、渡辺洋三が1994（平成6）年に、「ソ連邦が崩壊したのは、マルクス主義や社会主義理論がまちがっていたからではなく、全く逆に、ソ連を始め社会主義諸国の体制支配者が、権力の座につくと、マルクス主義や社会主義の原点を見失なったからにほかならない」と述べていることについても、マルクス主義法学の観点から一定の理論的整合性を――このような内実をもつものを「マルクス主義法学」となお呼び得るかどうかを別にすれば――認めることが出来るかもしれない[87]。

　このように、『講座・革命と法』の編者のうち渡辺と藤田は、1980年代にはその理論的内容をある程度、しかし実質的な部分で変質させており、1989年の衝撃を受けた自らの理論的立場の動揺をある程度「受け流す」ことが出来る素地を備えていたようにも思われる[88]。それでは、辻村の「批判をあっ

さり認め反論を避けたように思われる」長谷川正安はどうか。この点を検討
するにあたって、戒能通厚が初期の長谷川の仕事、とりわけその「歴史」理
解に着目し[89]、長谷川の歴史論は当初「歴史家のそれではなく、法の固定
化・恣意化を否定しそれに発展の方向を見いだす法学的なもの」であったと
指摘していることは、改めて取り上げる余地があるように思われる[90]。本章
において検討してきたように、「戦後法学」の「方法」を担ったマルクス主
義法学は、1950年代の「研究分野」としての法社会学との共闘から徐々に
袂を分かち、1970年代には「経験法学」的あり方に対抗する形で、「民主主
義法学」として法学における「科学」のイコンを独占しようとしたが、その
理論的先鋭化の過程は、法解釈論争において「歴史の進歩」にその客観性を
仮託したことが示すように、戦前のマルクス主義法学に遡る「史的唯物論」
的分析枠組みの再帰的確認という側面がある[91]。法解釈論争を始めとする理
論的闘争の中心にいた長谷川もまた、時代とともにその「科学性」に絡め取
られていったのだとすれば、その初期における仕事に刻み込まれた方法論に
こそ、長谷川の「マルクス主義法学」の本質的な部分が宿っているのではな
いかとも思われる——この点は、長谷川が「論争憲法学」研究会に呼び込
み[92]、1989年のドラスティックな変革について「論争憲法学」研究会におい
て検討した成果を『講座・革命と法』にも掲載しつつ[93]、後にその意義を
「4つの89年」として位置付けるようになる樋口陽一が[94]、初期の長谷川の
憲法理論研究に着目していることとも類似の問題系である[95]。

　その追悼のために編まれた論集において、冷戦終結を踏まえて退潮する社
会主義／マルクス主義について正面から向き合うことが避けられたことの問
題性を複数の論考・随想が指摘しているように[96]、マルクス主義法学の
「チャンピオン」であった長谷川において「歴史の進歩を導く人民の闘争の
成果とする方向にその「市民革命論」は再定位された」とする戒能通厚の評
価は、やや甘すぎるところがあるかもしれない[97]。そのような長谷川の限界
性は、しかし、「戦後」の規範性を力強く擁護しなくてはならなかったとい
うある種の使命感に支えられてもいるであろう[98]。「戦後」の法学について

考える際には、その主体がそれぞれにもつ歴史性――マルクス主義法学の担い手たちの「戦時」に遡る学問形成のあり方を含む――についてのきめ細やかな歴史研究が求められる、というのが、本章の暫定的な結論である[99]。

※本稿は、JSPS 科研費 M03KE23007、M03KF23054 による研究成果の一部である。

注

1 長谷川正安「四つの「八九年」」日本評論社法律編集部編『〈戦後変形期〉への警鐘――長谷川正安・渡辺洋三『法律時報』巻頭言 1975-1998』（日本評論社、2011 年〔初出 1989 年〕）162 頁。

2 なお長谷川はこの年、フランスに数カ月間滞在している（長谷川正安「革命二百年と人権宣言二百年」日本評論社法律編集部編・前掲注（1）166 頁）。

3 山田健太「天皇代替り報道と言論の自由」『法律時報』61 巻 2 号（1989 年）61 頁。

4 長谷川・前掲注（1）162 頁。

5 長谷川正安「革命と法」日本評論社法律編集部編・前掲注（1）174 頁〔初出 1990 年〕。本章における引用にあたっては、「／」で改行を示した。〔〕は筆者による注記である。なお本章では、引用文を除いて「マルクス主義／マルクス主義法学」の表記を用いる。

6 長谷川正安・藤田勇・渡辺洋三「刊行の言葉」同編『講座・革命と法（1）　市民革命と法』（日本評論社、1989 年）ⅱ頁以下。

7 なお、同年の日本共産党第 19 回党大会においては、東欧での体制崩壊を「スターリン・ブレジネフ型」の独裁体制崩壊と非難する一方、レーニンに依拠して共産主義の正しさが擁護されている（中北浩爾『日本共産党』（中央公論新社、2022 年）294 頁以下）。

8 渡辺洋三「二著『法律学の旅立ち』『日本社会はどこへ行く』」日本評論社法律編集部編・前掲注（1）179 頁〔初出 1990 年〕。

9 辻村みよ子「憲法学のアヴァンギャルドとして――三つの憲法研究会の軌跡と成果」『法律時報』80 巻 10 号（2008 年）102 頁。同「長谷川憲法学と比較憲法史研究――フランス憲法史を中心に」杉原泰雄・樋口陽一・森英樹編『長谷川正安先生追悼論集　戦後法学と憲法――歴史・現状・展望』（日本評論社、2012

年）680 頁以下。

10　フランス革命史研究の動向については、さしあたり、松浦義弘・山崎耕一編『フランス革命史の現在』（山川出版社、2013 年）を参照。

11　辻村みよ子「フランス革命二〇〇年を顧みて──『講座・革命と法』を中心に」杉原泰雄・樋口陽一編『論争憲法学』（日本評論社、1994 年〔初出 1989 年〕）307 頁以下。

12　長谷川正安「『市民革命と法』の基本問題──辻村批判に応えて」杉原・樋口編・前掲注（11）318 頁以下。

13　戒能通厚「『法律時報』巻頭言の系譜のなかの長谷川・渡辺──本書の一つの読み方」日本評論社法律編集部編・前掲注（1）7 頁以下。本章の長谷川正安のマルクス主義法学理解は、戒能通厚の分析によるところが大きい。

14　石田雄『日本の社会科学〔増補新装版〕』（東京大学出版会、2013 年〔初出 1984 年〕）。

15　長谷川・前掲注（12）319 頁。

16　長谷川・藤田・渡辺編・前掲注（6）ⅱ頁以下。なお、後述するように、同講座の完結は 1980 年である。

17　広渡清吾「日本社会の法化と戦後法学」『社会科学研究』49 巻 2 号（1997 年）45 頁。

18　広渡清吾「戦後法学と法社会学」『法律時報』80 巻 10 号（2008 年）70 頁。

19　藤田勇「序」『マルクス主義法学講座（4）　国家・法の歴史理論』（日本評論社、1978 年）3 頁以下。

20　森下敏男「わが国におけるマルクス主義法学の終焉──そして民主主義法学の敗北　上〜下（3）」『神戸法学雑誌』64 巻 2 号〜66 巻 1 号（2014 〜 16 年）。

21　高橋裕「戦後日本における法解釈学と法社会学──川島武宜と来栖三郎における事実と法」『法と社会研究』1 号（2015 年）を参照。

22　碧海純一「戦後日本における法解釈論の検討」同編『法学における理論と実践』（学陽書房、1975 年）135 頁以下〔初出 1959 年〕。

23　碧海・前掲注（22）144 頁以下。

24　渡辺洋三「法解釈論争の意義と内容」同『法解釈学と法社会学』（岩波書店、1959 年）18 頁。

25　長谷川正安『憲法判例の研究』（勁草書房、1956 年）19 頁以下。

26 高橋裕「川島武宜の戦後——1945-1950年」和田仁孝他編『法の観察——法と社会の批判的再構築に向けて』（法律文化社、2014年）29頁以下。

27 例えば「〈座談会〉占領政策は行き過ぎだったか」『ジュリスト』30号（1953年）18頁以下を参照。

28 来栖三郎「法の解釈と法律家」、及び、清水誠「解説」『来栖三郎著作集（1）法律家・法の解釈・財産法』（信山社、2004年）73頁以下を参照。

29 長谷川正安『法学論争史』（学陽書房、1976年）114頁以下。

30 広渡清吾「市民社会論のルネッサンスと市民法論」同『比較法社会論研究』（日本評論社、2009年））238頁以下。

31 長谷川・前掲注（29）20頁以下。

32 拙稿「立法・解釈・「科学」——「戦後法学」の思想と行動」『桐蔭法学』28巻2号（2022年）51頁以下。

33 拙稿「「戦後法学」の形成——一九五〇年代の社会状況との関係から」「年報日本現代史」編集委員会編『戦後システムの転形（年報日本現代史第20号）』（現代史料出版、2015年）37頁以下。

34 清水誠「民科法律部会の軌跡」『法の科学』25号（1996年）6頁以下。

35 高岡裕之「「構造改革」論の成立に関する覚書——一九六〇年前後のマルクス主義」北河賢三・黒川みどり編著『戦中・戦後の経験と戦後思想——一九三〇〜一九六〇年代』（現代史料出版、2020年）207頁以下。

36 詳しくは、拙稿「「講座」の系譜——「岩波講座」を中心に」小石川裕介・出口雄一編『法学者たちと出版』（弘文堂、2025年刊行予定）を参照。

37 戒能通厚・広渡清吾・前田達男「〈座談会〉現代法論争の到達点と課題」『季刊現代法』10号（1979年）55頁以下。NJ研究会のこの討議資料は、稲本洋之助「資本主義法の歴史的分析に関する覚書——現代における外国法研究の問題点」『法律時報』38巻12号（1966年）に依拠していた（田中茂樹「現代法論の総括」『法の科学』25号（1996年）37頁）。「国家独占資本主義」の主唱者となる一方で、稲本洋之助は『マルクス主義法学講座（4）国家・法の歴史理論』のフランスに関する分析の主要な執筆者となり、『講座・革命と法（1）市民革命と法』にも寄稿している他、後述のように社会主義法研究会の特集「革命と法」にも寄稿している。その理論的影響力の広汎さについては別の機会に検討を行いたい。

38 本秀紀「「二つの法体系」論の今日的意義と課題」杉原・樋口・森編前掲注（9）

788 頁以下。

39　渡辺洋三「戦後改革と日本現代法」同『現代法の構造』（岩波書店、1975 年）179 頁以下〔初出 1974 年〕。

40　森英樹「略歴及び業績一覧への備忘録的解題」『龍谷法学』43 巻 3 号（2011 年）556 頁以下。

41　広渡・前掲注（30）263 頁。

42　江守五夫「経験法学の方法と史的唯物論——主として川島教授の論文「社会科学における人間の地位」をめぐって」『法律時報』38 巻 5 号（1966 年）、天野和夫「経験法学の問題点」『法律時報』38 巻 9 号（1966 年）等。

43　碧海純一他「経験法学——マルクス主義法学との対比で」潮見俊隆編『戦後の法学』（日本評論社、1968 年）245 頁以下〔初出 1967 年〕。

44　潮見俊隆他「民主主義法学の回顧と展望」同編・前掲注（43）158 頁〔初出1964 年：渡辺洋三発言〕。

45　小森田秋夫「戦後日本におけるソビエト法研究（7）」『法律時報』52 巻 4 号（1980 年）122 頁。

46　藤田勇「法と経済の一般理論」『岩波講座現代法（7）　現代法と経済』（岩波書店、1966 年）1 頁以下。

47　藤田勇「「法と経済の一般理論」をめぐって——一九六〇年代における方法論の問題状況をふまえて」『法学セミナー』167 号（1970 年）52 頁。

48　大木雅夫「ソヴェト法とブルジョア法の比較可能性」『比較法研究』29 号（1968年）11 頁以下。このシンポジウムにおける「歴史的＝構造的アプローチ」をとる登壇者は、針生誠吉・隅野隆徳・横山晃一郎・影山日出也（国家権力と基本的人権）、利谷信義・稲本洋之助・清水誠・藤田勇（農地所有と相続）であった。

49　なおこの講座は「川島氏の指導のもとに企画・編集」されたという位置付けのため、「岩波講座」に含まれていない（岩波書店編『岩波書店八十年〔第 2 刷〕』（岩波書店、1997 年）603 頁、1375 頁）。

50　川島武宜「編集にあたって」同編『法社会学講座（1）　法社会学の形成』（岩波書店、1972 年）vii 頁。

51　川島武宜「はじめに」同編『法社会学講座（3）　法社会学の基礎（1）』（岩波書店、1972 年）1 頁以下。

52　「日本法社会学会 1973 年秋季大会要旨」「日本法社会学会 1974 年春季大会要旨」

『法社会学』27 号（1974 年）170 頁以下。

53　及川伸「法社会学の方法論と法社会学講座——講座三・四巻を中心に」『法社会学』27 号（1974 年）52 頁以下。

54　川島武宜「法社会学の方法論について——「法社会学講座」に対する批判に答えて」『法社会学』27 号（1974 年）6 頁。なお川島は、1973 年秋季シンポジウムには体調不良のため参加していない。

55　利谷信義「序説——戦後法社会学の主要な問題関心の推移について」日本法社会学会編『日本の法社会学』（有斐閣、1979 年）64 頁以下。

56　川島武宜「私と法社会学」日本法社会学会編・前掲注（55）18 頁。

57　長谷川正安「戦後民主主義法学の問題史的考察」『法律時報』37 巻 5 号（1965 年）4 頁。

58　沼田稲次郎「戦後日本における民主主義法学と労働法学」同『民主主義法学と学者像』（法律文化社、1982 年）98 頁以下〔初出 1975 年〕。

59　沼田・前掲注（58）98 頁。

60　藤田勇「70 年代における民主主義法学の課題」『法学セミナー』196 号（1972 年）81 頁以下。

61　藤田・前掲注（60）85 頁。

62　福永文夫編『第二の「戦後」の形成過程——1970 年代日本の政治的・外交的再編』（有斐閣、2015 年）。

63　長谷川正安「『講座』成立の経緯」『法律時報』53 巻 9 号（1981 年）84 頁。

64　天野和夫・片岡昇・長谷川正安・藤田勇・渡辺洋三「刊行のことば」同編『マルクス主義法学講座（1）　マルクス主義法学の成立と発展〔日本〕』（日本評論社、1976 年）iii 頁以下。

65　長谷川正安「マルクス主義法学序説」天野他編・前掲注（64）6 頁。

66　天野他・前掲注（64）iv 頁。

67　社会主義法研究会は、山之内一郎の指導のもとに 1956 年に結成された「ソヴエト法研究会」を前身とし、1960 年に改称したものである（福島正夫「序」社会主義法研究会編『レーニンの国家・法の理論』（法律文化社、1971 年））。

68　藤田勇「序——革命と法という問題について」『社会主義法研究年報』2 号（1974 年）10 頁。

69　藤田・前掲注（68）2 頁以下。

70　藤田勇の研究は、法社会学とマルクス主義法学が対抗関係を示すようになった後にも、実定法学の側からも高く評価されていた（星野英一『ときの流れを超えて』（有斐閣、2006 年）135 頁。

71　戒能・前掲注（13）3 頁。

72　長谷川・前掲注（63）84 頁。

73　渡辺洋三「あとがき」長谷川正安・藤田勇・渡辺洋三編『講座・革命と法（3）市民革命と日本法』（日本評論社、1994 年）409 頁。

74　なお、冷戦終結後の比較法学における社会主義法研究については、さしあたり、「〈特集〉旧社会主義諸国における「西欧法」原理の導入」『比較法研究』55号（1993 年）を参照。

75　森英樹『マルクス主義法学の史的研究』（日本評論社、2022 年）。

76　渡辺洋三「序説」同編・前掲注（73）1 頁。

77　渡辺治「戦後改革と法──天皇制国家は打倒されたか」長谷川・藤田・渡辺編・前掲注（73）207 頁以下。

78　渡辺洋三「近代市民法の基礎原理」天野和夫他編『マルクス主義法学講座（5）ブルジョア法の基礎理論』（日本評論社、1980 年）16 頁。

79　渡辺・前掲注（77）13 頁。

80　広渡清吾「渡辺法学の構図」戒能通厚・原田純孝・広渡清吾編『渡辺洋三先生追悼論集　日本社会と法律学──歴史、現状、展望』日本評論社（2009 年））840 頁以下。

81　清水誠「市民法論の意義と課題」『時代に挑む法律学──市民法学の試み』（日本評論社、1992 年）12 頁以下〔初出 1985 年〕。

82　山口定『市民社会論──歴史的遺産と新展開』（有斐閣、2010 年）67 頁以下。

83　藤田勇「序説　フランス人権宣言と社会主義」長谷川正安・藤田勇・渡辺洋三編『講座・革命と法（2）　フランス人権宣言と社会主義』（日本評論社、1989 年）1 頁。

84　藤田勇・鮎京正訓「フランス人権宣言と社会主義思想」長谷川・藤田・渡辺編・前掲注（83）99 頁以下〔藤田勇執筆〕。

85　藤田・鮎京・前掲注（84）100 頁。ここで引照されているのは、藤田勇「現存社会主義体制の歴史的位置──「初期社会主義論」的視角からの一考察」同編『権威的秩序と国家』（東京大学出版会、1987 年）267 頁以下である。

86 藤田勇「社会体制と民主主義」『比較と歴史のなかの日本法学——比較法学への日本からの発信』（成文堂、2008 年）172 頁以下。

87 渡辺洋三「一九九〇年代の世界と日本のゆくえ」長谷川・藤田・渡辺編・前掲注（73）348 頁以下。

88 もっとも、渡辺洋三は晩年に至るまで、自らの市民社会論について「理論的整理ということになると、まだ私の頭のなかでも決着はついていない」と述べていた（渡辺洋三『社会と法の戦後史』（青木書店、2001 年）233 頁）。また、藤田勇の仕事は現在進行形で続けられているが、そのあり方については森下敏男が鋭い批判を加えている（森下敏男「歴史に裁かれたわが国の社会主義法研究　上・中・下」『神戸法学雑誌』59 巻 3 号〜60 巻 1 号（2009 〜 10 年）、同「藤田勇教授著『法と経済の一般理論』批判——マルクス主義法学終焉論の最終章　(1) 〜 (4)」『神戸法学雑誌』67 巻 2 号〜68 巻 3 号（2017 〜 18 年))。

89 長谷川正安「歴史と法」長谷川正安・宮内裕・渡辺洋三編『新法学講座（3）法学の基礎理論』（三一書房、1962 年）151 頁以下。戒能が指摘するように、この中で長谷川が「法と法学の固定化・恣意化を防ぐための一つの方法」として法と歴史の問題を検討するにあたって、「概念法学を時間の問題の順に配列したような、法制史学の法の歴史の問題とは同じではないことは当然である」と述べていることは興味深い（158 頁）。戦後法制史学におけるマルクス主義の影響については、歴史学全般の動向とも連動した検討を要するが、今後の課題とせざるを得ない。

90 戒能・前掲注（13）14 頁以下。

91 このことは別言すれば、社会科学一般におけるマルクス主義的方法論が「マルクス主義法学／民主主義法学」と実際にどのような位相にあったのか、その異同を再確認する必要性があることを指し示してもいるように思われる。本章においてその余裕はないが、課題として提示しておきたい。

92 樋口陽一・蟻川恒正『戦後憲法史と並走して——学問・大学・環海往還』（岩波書店、2024 年）87 頁。

93 樋口陽一「フランス革命と近代憲法——「フランス近代の典型性」をめぐる議論の今日的意義」長谷川・藤田・渡辺編・前掲注（6）121 頁以下。

94 樋口陽一「4 つの 89 年——人権宣言 200 年を考えることの意味」『思想』783 号（1989 年）、同『自由と国家——いま「憲法」のもつ意味』（岩波書店、1989 年）。

95 樋口陽一「追想──一九六一年モンパルナスに始まって」杉原・樋口・森編前掲注（9）1131 頁以下。この点は、樋口にとってのマルクス主義法学がどのようなものであったかを検討する必要性をも示唆するであろう。この点についてさしあたり、齋藤暁「初期樋口陽一の憲法学と〈戦後憲法学〉の知的状況──日本戦後憲法学史・序説　(1)〜(3・完)」『法学論叢』183 巻 4 号〜 185 巻 2 号（2019年）を参照。

96 小林直樹「ＭＬ主義をめぐる未済の『討論』に向けて」、杉原泰雄「長谷川憲法学について思う」杉原・樋口・森編前掲注（9）540 頁以下、1175 頁以下。

97 戒能・前掲注（13）17 頁。

98 例えば、農地改革に関する判例についての、1950 年代半ばにおける長谷川の以下のような評価を見られたい。「憲法上、社会的・経済的弱者として特別の権利（二八条）を保障されている「勤労者」さえ、第二九条の財産権者（経営者・資本家）にたいしては対等なものとしてあつかわれたのに、本判決〔昭和 28 年12 月 23 日最高裁判決〕では、憲法上なんら特別の保障のない小作人のために、地主（財産権者）の土地所有権が、「公共の福祉に適合する」ものとして法律で制限をうけただけでなく、「公共のために用いる」のだとして買収され、それも、いちじるしく時価より安い価格が「正当な補償」だとされたのである。〔中略〕憲法第二八条にみられるように、現憲法は、資本家的所有権は、社会的・経済的弱者である勤労者のために一定の制限をうけることを予想している。資本家的所有になんら欠陥がないとしても、したがって、「勤労者」の中でも、労働者よりもはるかに社会的・経済的に弱者である小作人のために、憲法が原則として否定している、封建的土地所有に、解釈上可能なかぎりの制限（剥奪ではない）を加えることは、憲法の解釈としてそう無理ではない。すなわち、農地改革において、封建的土地所有は、ブルジョア的憲法の原則によって否定される（川島〔武宜〕説）のではなく、昭和憲法のもっている社会政策的性格によって、資本家的所有以上に制限をうける、というのが私の結論である」（長谷川・前掲注（25）110 頁以下）。

99 晩年の長谷川は、比較的饒舌に自らの戦前から戦時にかけての経験を語っており（長谷川正安「ある憲法学者のあゆみ　(1)〜(12)」『人権と部落問題』55巻 5 号〜 56 巻 4 号（2003 〜 04 年））、かつ、端々に「エリート」であった渡辺洋三との距離を表明していることも注目される。

編者・執筆者一覧（掲載順、*は編者）

坂井 大輔（さかい・だいすけ）*

1984年生まれ。一橋大学大学院法学研究科博士後期課程修了。博士（法学）。千葉大学大学院社会科学研究院准教授（日本法制史）。

主な業績：「上杉慎吉の国家論は「宗教」的か」『法と文化の制度史』4号（2023年）、「憲法学史の「語られ方」と法学方法論」日本評論社法律編集部編『法学者・法律家たちの八月十五日』（日本評論社、2021年）、「憲法学における天皇論の位置」『法律時報』92巻1号（2020年）ほか。

現在の関心：戦前期日本の法学史・法思想史。

山内 進（やまうち・すすむ）

1949年生まれ。一橋大学大学院法学研究科博士課程単位取得退学。法学博士。一橋大学名誉教授（西洋法制史）。

主な業績：『新ストア主義の国家哲学——ユストゥス・リプシウスと初期近代ヨーロッパ』（千倉書房、1985年）、『掠奪の法観念史——中・近世ヨーロッパの人・戦争・法』（東京大学出版会、1993年。増補新装版、2024年）、『北の十字軍——「ヨーロッパ」の北方拡大』（講談社、1997年。学術文庫版、2011年）、『決闘裁判——ヨーロッパ法精神の原風景』（講談社、2000年。ちくま学芸文庫版、2024年）、『グロティウス『戦争と平和の法』の思想史的研究——自然権と理性を行使する者たちの社会』（ミネルヴァ書房、2021年）ほか。

現在の関心：人権の歴史

北谷 昌大（きたたに・まさひろ）

1997年生まれ。一橋大学大学院法学研究科博士後期課程（西洋法制史）。

主な業績：「18世紀前半のドイツにおける「軍法学」（ius militare）の形成——ブランデンブルク＝プロイセンの状況を中心に」『法と文化の制度史』5

号（2024 年）、「16 世紀半ばのドイツの法学識者の軍法論の特質——ユスティン・ゴープラー『諸法鑑』を例に」『一橋法学』22 巻 1 号（2023 年）ほか。
現在の関心：近世ヨーロッパ、とくにドイツの軍事・戦争に関する制度、法思想および法学史。

鈴木 直志（すずき・ただし）
1967 年生まれ。中央大学大学院文学研究科博士後期課程単位取得退学。博士（史学）。中央大学文学部教授（ドイツ近世史・ヨーロッパ軍事史）。
主な業績：『広義の軍事史と近世ドイツ——集権的アリストクラシー・近代転換期』（彩流社、2014 年）、「近世プロイセンの軍事条章」『法と文化の制度史』1 号（2022 年）、「洋学の軍事科学化とドイツ兵書」『軍事史学』60 巻 1 号（2024 年）ほか。
現在の関心：19 世紀転換期のドイツにおける軍隊と社会。

遠藤 泰弘（えんどう・やすひろ）*
1976 年生まれ。北海道大学大学院法学研究科博士後期課程単位取得退学。博士（法学）。松山大学法学部教授（ドイツ政治思想史・政治学）。
主な業績：『オットー・フォン・ギールケの政治思想』（国際書院、2007 年）、「フーゴー・プロイスとカール・シュミット——ヴァイマル憲法 48 条をめぐって」『新興デモクラシー諸国の変貌』（年報政治学 2021 − II）、Yasuhiro Endo, „Land und Meer, Himmel und Sonne: Eine Notiz zur ostasiatischen Weltordnung in Carl Schmitts Nomos der Erde", *Archiv des Völkerrechts*, Bd. 61, H. 2-3, 2023 ほか。
現在の関心：ヴァイマル期ドイツの国法学

大和友紀弘（やまと・ゆきひろ）
1990 年生まれ。明治大学大学院文学研究科史学専攻博士後期課程修了。博士（史学）。明治大学文学部兼任講師（日本近現代史）。

主な業績：「佐々木惣一と里見岸雄——憲法と国体を巡る対話」『法史学研究会会報』第27号（2024年）、「帝国憲法への郷愁と「象徴」への懐疑——敗戦後の佐々木惣一における法・天皇・ナショナリズム」『人民の歴史学』第226号（2021年）、「立憲政治と国民道徳——佐々木惣一『立憲非立憲』における「責任」を巡って」『駿台史學』第169号（2020年）ほか。

現在の関心：戦前期日本の憲法史、法（法学）と国体論について。

荒邦 啓介（あらくに・けいすけ）

1985年生まれ。東洋大学大学院法学研究科公法学専攻博士後期課程修了。博士（法学）。淑徳大学コミュニティ政策学部准教授（憲法・憲法史）。

主な業績：「海軍法務官の武官化をめぐる一幕」『淑徳大学研究紀要』58号（2024年）、「『戦後憲法学』の多様化」鈴木敦・出口雄一編『「戦後憲法学」の群像』（弘文堂、2021年）、『明治憲法における「国務」と「統帥」』（成文堂、2017年）ほか。

現在の関心：戦後の憲法改正論、明治憲法下の軍事法制。

出口 雄一（でぐち・ゆういち）

1972年生まれ。慶應義塾大学大学院法学研究科公法学専攻後期博士課程単位取得退学。博士（法学）。慶應義塾大学法学部教授（日本近現代法史、法文化論）。

主な業績：『戦後法制改革と占領管理体制』（慶應義塾大学出版会、2017年）、『概説　日本法制史〔第2版〕』（共編：弘文堂、2023年）、『「戦後憲法学」の群像』（共編：弘文堂、2021年）、『戦争と占領の法文化』（編著：国際書院、2021年）、「「皇道」と「邪教」のあいだに——第一次・第二次大本教事件と「国体」の語り」『法と文化の制度史』4号（2023年）ほか。

現在の関心：戦時・戦後にかけての日本の法及び法学の歴史。

索　引

あ行

碧海純一　226, 228-231

アクィナス（T. Aquinas）　22-23

家永三郎　160, 226

イェリネック（G. Jellinek）　144-146

稲本洋之助　238-239, 248

井上孚麿　12, 205-216

岩波講座現代法　229, 232

ヴァーガ（S. Waga）　72, 82, 90

ヴァイマル共和国　123, 129, 131

ヴァイマル憲法（ワイマール憲法）　11,
　123-136, 211

ヴァイマル憲法48条　11, 123-128, 130-
　136

ヴェーバー（M. Weber）　20, 28, 30, 33

ウェゲティウス（Vegetius）　70

上杉愼吉　11, 139-154, 156, 158-162, 177,
　183-184, 186, 190, 199

ヴォルフ（C. Wolff）　10, 46, 67-68, 73-86,
　92-93, 96-97

永久（永遠）平和　101-102, 115, 117

エムプザー（J. V. Embser）　102-103

エンゲルハルト（R. Engelhard）　67-68,
　73, 75-86, 88, 93, 96

大谷美隆　11-12, 162-165, 179-189, 192-
　193, 197-199

尾高朝雄　169, 189-190, 226

か行

戒能通孝　228-229, 243

恪循　209, 213

筧克彦　179-180, 197

金森徳次郎　204

鎌田栄吉　170-171, 194

川島武宜　226-231, 233-235, 249-250, 253

カント（I. Kant）　102-104, 144, 180, 182

教皇革命　13-19

紀律化　25, 27, 31-34, 37, 39-40

緊急命令　124, 126-127, 131, 133-135,
　150, 158

近世常備軍　11, 99-100, 105-107, 116

クノレ（C. G. Knorre）　71

黒田覚　169, 189-190

グロティウス（H. Grotius）　10, 35-48, 50,
　60-62, 69-70, 74, 77, 82, 96

結合意欲　182, 184-187

ケルゼン（H. Kelsen）　172, 174, 176, 185,
　196

憲法改正限界説　201, 205

憲法制定権力　169, 174, 177, 196

憲法制定国民議会　126

憲法闘争　129

憲法の自律性　204, 214

合憲的独裁　123-124

講座・革命と法　12, 219-222, 224, 241-

245, 248

国際法　16, 32, 34-35, 39-40, 50, 52-54, 65-67, 73-75, 79, 85-86, 88, 92-93, 96, 128, 172

国事裁判所　128

国体　11, 140, 148, 151-153, 157, 159-169, 173, 175, 177-179, 183, 185-194, 196, 200, 209-210

国体憲法学（派）　11, 162-168, 186, 189-192, 194, 200

今野元　156

さ行

裁可　145-146, 156-157

佐々木惣一　169

里見岸雄　11-12, 162-169, 173, 176-178, 181, 184-189, 191-194, 200

サン＝ピエール（C. I. Castel, abbé de Saint-Pierre）　101

サンフランシスコ講和条約　203

自己所有物　45-46, 48, 50-51, 61

自己保存　40, 42-43, 45-46, 116

私戦　21, 23, 25, 29, 35, 41-42, 44-45, 61, 78, 83

自然権　40, 43-45, 47-49, 62

自然法　10, 27, 35-36, 38-39, 46-48, 60, 65-68, 73-86, 92-93, 179, 182-183

市民的啓蒙　100, 103-105, 114-117

社会主義　142, 177, 188, 220-223, 225, 230-232, 235, 238, 240-245, 248, 250-251

社会進化（論）　142, 155

シャルンホルスト（G. Scharnhorst）　11, 100, 104, 111-117

シュヴェリーン（K. C. v. Schwerin）　106-109

主権者　26, 50, 148, 151, 204

授権法　130

シュタムラー（R. Stammler）　180, 182, 198

シュトルーフェ（G. A. Struve）　69-70

シュナイダー（J. F. Schneider）　71

シュミット（C. Schmitt）　11, 55, 124-136, 138, 169, 173, 176-178, 196, 201, 213

ショルテン（J. A. A. v. Scholten）　108-109, 111, 116

シラス　178

人権　15, 40, 46-47, 49-50, 56, 115, 219, 222-223, 243

人権革命　15, 40, 46, 49-50, 56

人道主義　108, 116, 198

末弘厳太郎　168-169, 187

菅原裕　205

鈴木安蔵　178

正戦　16, 22-24, 35, 38-39, 41

戦後法学　9, 12, 222, 224-225, 227-229, 231, 238, 245

専制主義　115

祖先教　151-152, 159-160

た行

大臣責任（論）　149

ダンコ（J. S. Dancko）　71, 82

ツヴァイゲルト（E. Zweigelt）　132

辻村みよ子　221-223, 242-244

天皇機関説事件　161-164, 167, 172, 175-
177, 179, 183-184, 189-190

ドイツ革命　9, 13-15, 25, 123

ドイツ帝国憲法　124

ドーム（C. W. Dohm）　103

な行

長尾龍一　207

日蓮主義　165-166

ネッテルブラット（D. Nettelbladt）　84

は行

バーンズ回答　203-204

バイアー（A. Beier）　68-73, 77-78, 81-82,
85, 89, 96

長谷川正安　219-223, 226-229, 235, 237-
238, 241, 245-246, 252-253

八月革命（説）　12, 139, 201-202, 204-207,
213, 215

樋口陽一　245, 253

非常権限　11, 123-128, 130-131, 133-136

ピュッター（J. S. Pütter）　86, 96

フーバー（E. R. Huber）　203

フォルストホフ（E. Forsthoff）　213

藤田勇　219-220, 223-224, 232, 235-236,
238-239, 241, 243-244, 251-252

普遍　47, 81, 124, 176, 179-182, 184, 186-
187, 189, 222-223, 225

プラトン（Platon）　144

フランス革命　13-15, 34, 40, 49, 53, 99-
100, 111, 211, 221, 238-240, 243, 247

ブリューニング（H. Brüning）　131-132

ブルンチュリ（J. C. Bluntschli）　144

ブレンケンホフ（L. S. v. Brenkenhoff）
109-110

プロイス（H. Preuß）　123-125, 133, 136

プロイセン州憲法55条　127

ヘーゲル（G. W. F. Hegel）　144-145, 156

ヘッセン＝カッセル公子ゲオルク（Georg,
Landgraf von Hessen-Kassel）　76

ヘッセン＝カッセル方伯ヴィルヘル
ム8世（Wilhelm VIII., Hessen-Kassel,
Landgraf）　84

ベンダースキー（J. Bendersky）　132

法規命令　126, 130, 134

法社会学　224, 228-229, 231, 233, 235,
237, 245, 251

法社会学講座　12, 233, 237-238

ボダン（J. Bodin）　26-28, 32, 144, 156

ポツダム宣言　202-204

ホッブズ（T. Hobbes）　29, 40-46, 48

穂積陳重　142, 155

穂積八束　11, 139-140, 142-143, 145-155,
159-160, 162, 177, 184, 186, 190

ま行

マキャベリ（N. Machiavelli） 201

マッカーサー（D. MacArthur） 203

マルクス主義 166, 176, 178, 221-224,
　227-228, 231, 233-234, 236-238, 241,
　244-246, 252

マルクス主義法学 12, 221-225, 228-232,
　234-239, 241-242, 244-247, 251-253

マルクス主義法学講座 12, 223-225, 233,
　237, 241-242

美濃部達吉 139, 149, 153, 159, 161-163,
　167-168, 172, 175, 177, 183-185, 190, 196

宮澤俊義 174, 204

民主主義法学 223-225, 235-236, 239,
　241, 245, 252

明治憲法復原論 206

森元拓 151, 160

や行

ヤコービー（E. Jacobi） 124-125, 130, 138

山崎又次郎 11-12, 162-165, 170-179,
　184-186, 188-189, 193-196, 199

ユステイニアヌス帝（Kaiser Justinian）
　68-71, 89

ら行

ライヒ議会 128, 130-131, 134-136

ライヒ大統領 123-135

立憲君主政（制） 126, 129, 164, 175

立憲政治 148-149, 157, 162, 164, 170-171

立憲政体 150-151

リプシウス（J. Lipsius） 27-33, 35

ルソー（J. J. Rousseau） 47, 50-52, 101-
　102, 104

ルソー・ポルタリス原則 53-56

ルドウィキ（J. F. Ludovici） 71

例外状態 124-126, 129, 134

ロック（J. Locke） 40, 45-46, 48, 61-62

わ行

渡辺洋三 219-223, 226-227, 229-231,
　237, 241-244, 252-253

[叢書刊行委員]（※は叢書刊行委員長）

森　　光※　中央大学

岩谷十郎　慶應義塾大学

藤本幸二　岩手大学

宮坂　渉　筑波大学

山内　進　一橋大学名誉教授

山口亮介　中央大学

革命と戦争

法文化（歴史・比較・情報）叢書㉑

編者　遠藤泰弘・坂井大輔

2025 年 1 月 1 日初版第 1 刷発行

・発行者──石井　彰　　　　　　　・発行所＿＿＿＿＿＿

モリモト印刷（株）

KOKUSAI SHOIN Co., Ltd.
3-32-6, HONGO, BUNKYO-KU, TOKYO, JAPAN.

© 2025 by Society for the Study of
Legal Culture

（定価＝本体価格 3,800 円＋税）

ISBN978-4-87791-331-1 C3032 Printed in Japan

株式会社 **国際書院**

〒113-0033 東京都文京区本郷 3-32-6-1001

TEL 03-5684-5803　　FAX 03-5684-2610

Ｅメール：kokusai@aa.bcom.ne.jp

http://www.kokusai-shoin.co.jp

本書の内容の一部あるいは全部を無断で複写複製（コピー）することは法律でみとめられた場合を除き、著作者および出版社の権利の侵害となりますので、その場合にはあらかじめ小社あて許諾を求めてください。

法

小野博司・出口雄一・松本尚子編

戦時体制と法学者
1931～1952

87791-272-7　C3032　　　　　A5判　415頁　5,600円

公法・私法・刑法・経済法・社会法、それぞれの学問分野を可能な限り取り上げ、戦時日本における「法治主義の解体」の実相に迫り、21世紀の法および法学研究の羅針盤の発見を見通す作業の書である。　　　　　　　　　　　　　　　(2016.3)

出雲　孝

ボワソナードと近世自然法論における所有権論：
所有者が二重売りをした場合に関するグロチウス、プーフェンドルフ、トマジウスおよびヴォルフの学説史

87791-277-2　C3032　　　　　A5判　頁　6,400円

国際法の側面、立法の基礎理論の提供、かつ「世界道徳」を内在させる自然法に関し、啓蒙期自然法論とボワソナードの法思想が異なるという通説を近世自然法論における二重売りの問題を通して検証する。　　　　　　　　　　　　　　(2016.9)

東　史彦

イタリア憲法の基本権保障に対するEU法の影響

87791-278-9　C3032　　　　　A5判　323頁　4,600円

古代ローマから現代に至る長く豊かな法文化の伝統を持っているイタリアにおける憲法とEU法、国際条約、欧州人権条約法との関係をそれぞれ時系列に沿って追い基本権保障の視点から総合的に考察した。　　　　　　　　　　　　　　(2016.11)

小野田昌彦

法の条件
―法学新講

906319-43-2　C1032　　　　　A5判　319頁　3,107円

近代市民法の思想的背景から説き起こし、20世紀における法の実態を鮮明にしながら、我が国の現行法制度の構造を浮き彫りにする。法現象の理論的淵源を論理的に追究する思考訓練の方法も示され、各種の国家試験にも有益である。　　(1993.12)

山川一陽・堀野裕子

民法のはなし

87791-297-0　C1032　¥3200E　　A5判　291頁　3,200円

民法という法律を知りたいと希望する人たちにこの法律の基本的知識を提供する。初めて民法を学ぶ人たちのための入門書。民法が日常生活においてどのように運用され、機能しているのか事例を示して解説する。　　　　　　　　　(2019.3)

山川一陽編著

法学入門

906319-49-1　C1032　　　　　A5判　361頁　3,689円

法の歴史を述べ、日本法の「法の十字路」としての性格を明らかにする。各種の基本法の必須事項を示した上で、実際の裁判がどのように行われるかを解説する。保健関係法を扱った「社会法」、国際私法についても説明が行われる。　(1994.5)

稲田俊信

商法総制・商行為法講義

906319-61-0　C3032　　　　　A5判　195頁　2,200円

基本的事項を分かり易く説明し、どのような法的考え方が現代社会にとって有効か、また将来への先導制を有するものであるか、過去はどうであったかを考える。本書は「制度の維持」より「利用者の権利」を中心に叙述されている。　(1995.5)

山村忠平

監査役制度の生成と発展

906319-73-4　C3032　　　　　四六判　185頁　2,600円

監査役制度の制度的展開の基礎事情を説明する。監査役制度を商法の枠組みから論述し、背景の社会的要請をも検討し、併せてその延長線上に展望される監査役制度の発展の方向を示唆する。今日見直される監査役制度の新しい理論書。(1997.3)

山内　進編

混沌のなかの所有

87791-101-4　C3032　　　　　A5判　283頁　3,800円

[法文化（歴史・比較・情報）叢書①] 地域や集団の歴史的過去や文化構造を含む概念としての法文化における対立と交流を総合的に考察する。本書は「自己所有権」に基づく近代所有権思想に21世紀的問い掛けをする。　　(2000.10)

法

加藤哲実編

市場の法文化

87791-117-0　C3032　　　A5判　281頁　3,800円

［法文化（歴史・比較・情報）叢書②］市場あるいは交換や取引の背後にある法文化的背景、法文化的意味を探る本書は、地理的・歴史的な角度から、市場経済、市場社会などの概念が持つ深層の意味理解に向けて果敢な挑戦を試みた。　　　（2002.2）

森　征一編

法文化としての租税

87791-143-×　C3032　　　A5判　229頁　3,200円

［法文化（歴史・比較・情報）叢書③］租税を法文化として捉え直し、租税の歴史の深層に入り込むことによって問題の根源を浮上させ、21世紀の租税の姿を描くべく法学としての租税の新しい地平を開拓する。　　　（2005.3）

森田成満編

法と身体

87791-149-9　C3032　　　A5判　223頁　3,600円

［法文化（歴史・比較・情報）叢書④］生物進化と法、イスラム法での身体と内面、自己・所有・身体、王の身体・法の身体、犯罪人類学と人種、身体刑と生命刑の連続性と非連続性、清代の医療提供の仕組みなどを論ず。　　　（2005.9）

津野義堂

コンセンサスの法理

87791-149-2　C3032　　　A5判　239頁　3,600円

［法文化（歴史・比較・情報）叢書⑤］本書は、キケロー・古典期ローマ法・イギリス契約法・無名契約・引渡しの正当原因・典雅法学・ヘーゲルの契約論・婚姻・所有権におけるコンセンサスの意味を明らかにする。　　　（2007.5）

林　康史編

ネゴシエイション
―交渉の法文化

87791-190-4　C3032　　　A5判　247頁　3,600円

［法文化（歴史・比較・情報）叢書⑥］法の実効性を支える法意識・コンセンサスをネゴシエイション・交渉の法文化の視点から捉え直す作業は、法意識・コンセンサスが情報の影響を受けやすいことから情報化時代における意義は大きい。　　　（2009.6）

佐々木有司編

法の担い手たち

87791-192-8　C3032　　　A5判　313頁　3,800円

［法文化（歴史・比較・情報）叢書⑦］法の形成・運用に携わり、これを担う人たちを法文化現象として捉える本書では、地域的・時代的に種々の法文化における多彩な「法の担い手たち」を取り上げ、論じている。　　　（2009.5）

王雲海編

名誉の原理
―歴史的国際的視点から

87791-207-9　C3032　　　A5判　269頁　3,600円

［法文化（歴史・比較・情報）叢書⑧］「名誉と不名誉の法的原理」の追究を通して、その裏に潜在している「文化的原理」および世界各地の「精神」を明らかにし、よりよく共存する世界の方途を思想する。　　　（2010.5）

眞田芳憲編

生と死の法文化

87791-208-6　C3032　　　A5判　255頁　3,400円

［法文化（歴史・比較・情報）叢書⑨］「いのちの尊厳」をめぐり法文化論的探求をおこなう。いのちをめぐる、歴史の中の、医療技術・いのちの尊厳、家族崩壊の中での、それぞれの「生と死の法文化」を追究する。　　　（2010.6）

屋敷二郎編

夫婦

87791-234-5　C3032　　　A5判　333頁　3,600円

［法文化（歴史・比較・情報）叢書⑩］変容する社会、国家を背景に見据えつつ、「夫婦」の法文化を法哲学・法制史学・比較法学・法実務などの多元的な学際的アプローチによって意欲的に探究する。　　　（2012.8）

| 法 | 教養 |

堅田　剛編

加害／被害

87791-247-5　C3032　　　A5判　215頁　3,600円

[法文化（歴史・比較・情報）叢書⑪] テーマの「加害／被害」の関係がなぜスラッシュなのか。公害事件など関係の逆転現象さえあるように見える事態がある。いま法的な責任の所在について足場を固める必要性を説く　　　　　　　　（2013.5）

小柳春一郎編

災害と法

87791-262-8　C3032　　　A5判　223頁　3,600円

[法文化（歴史・比較・情報）叢書⑫] 災害対応に当たって公的制度のみならず、歴史における災害、災害と民事法、災害と司法制度、国際的文脈での災害などさまざまな角度からの法的研究である。　　　　　　　　　　　　　　　　　（2014.11）

林　康史編

貨幣と通貨の法文化

87791-275-8　C3032　　　A5判　　頁　3,600円

[法文化（歴史・比較・情報）叢書⑬] 現代における貨幣制度は経済におけるグローバル化がすすみ、国家とコミュニティーの関係が貨幣制度を介して再考される。本書では貨幣と通貨の構造を理論面、制度面から解明しようとする。　（2016.9）

岩谷十郎編

再帰する法文化

87791-279-6　C3032　　　A5判　215頁　3,600円

[法文化（歴史・比較・情報）叢書⑭] 古来より地域・国境を超えてきた普遍としての法、国家・社会の固有としての法。双方の対立・親和を通して紡いできた法のアイデンティティの今日的「再帰性」を追究した。　　　　　　　（2016.12）

中野雅紀編

身分：法における垂直関係と、水平関係

87791-285-7　C3032　　　A5判　197頁　3,600円

[法文化（歴史・比較・情報）叢書⑮] 「身分」をいま法学において問い直すことは重要である。民法における「親族・相続」、刑法の「身分犯」、憲法における「国家」と「社会」の分離の問題など課題は多い。　　　　　　　　　（2017.12）

高塩　博編

刑罰をめぐる法文化

87791-293-2　C3032　　　A5判　263頁　3,600円

[法文化（歴史・比較・情報）叢書⑯] 監獄改良論における思想的基盤、清朝時代の裁判と刑罰、近世・近代刑事法改革での量刑論・罪刑均衡論、刑罰文化を踏まえたスウェーデンにおける刑法理論など刑罰をめぐる法文化をみる。　（2018.10）

松本尚子編

法を使う／紛争文化

87791-300-7　C3032　　　A5判　301頁　3,600円

[法文化（歴史・比較・情報）叢書⑰] 利用者の視点から法的手段を考えること、本書の各章からは紛争を解決するための種類、手段・選択する人々の姿が浮かび上がってくる。同時に「文化」の枠組みで法・紛争を捉える。　　　　（2019.10）

大学セミナー・ハウス編

大学は変わる（絶版）
―大学教員懇談会 15 年の軌跡

906319-07-6　C3037　　　四六判　324頁　2,718円

大学と大学観の変貌を分析し、様々な課題に関する議論を通して新しい大学教育像を模索する。大学改革、一般教育、大学間交流、大学の国際化などを、高等教育関係の法規、省令、臨教審報告等を参照しながら論ずる。　　　　　（1989.7）